JOHN PERKINS

DAS VERMÄCHTNIS EINES ECONOMIC HIT MAN

Wie wir unsere Welt vor der endgültigen Zerstörung bewahren

New York Times-Bestsellerautor

JOHN PERKINS

DAS VERMÄCHTNIS EINES ECONOMIC HIT MAN

Wie wir unsere Welt vor der endgültigen Zerstörung bewahren

Bibliografische Information der Deutschen Nationalbibliothek
Die Deutsche Nationalbibliothek verzeichnet diese Publikation in der Deutschen Nationalbibliografie. Detaillierte bibliografische Daten sind im Internet über http://dnb.d-nb.de abrufbar.

Für Fragen und Anregungen
info@finanzbuchverlag.de

1. Auflage 2021

Türkenstraße 89
80799 München
Tel.: 089 651285-0
Fax: 089 652096

Die englische Originalausgabe erschien 2020 bei Berrett-Koehler Publishers, Inc. unter dem Titel *Touching the Jaguar*.

Übersetzung: Petra Pyka
Redaktion: Ulrich Wille
Korrektorat: Anke Schenker
Umschlaggestaltung: Marc-Torben Fischer, München
Umschlagabbildung: shutterstock.com/Michal Sanca
Abbildung Weltkugel: Shutterstock.com/Ohmega1982
Satz: Carsten Klein, Torgau
Druck: CPI books GmbH, Leck
Printed in Germany

ISBN Print 978-3-95972-391-6
ISBN E-Book (PDF) 978-3-96092-721-1
ISBN E-Book (EPUB, Mobi) 978-3-96092-722-8

Für die indigenen Völker, die den Weg in eine Zukunft bereiten, die unsere Kinder gerne erben möchten, für Kiman Lucas, die mir auf diesem Weg die Hand hält, und für meinen Enkel Grant Miller, der mich dazu inspiriert, ihn weiterzugehen.

INHALT

DRITTER TEIL

Ein neuer Traum *1987 bis 1993*

Die Welt ist so, wie du sie dir erträumst. Dein Volk träumte von riesigen Fabriken, hohen Gebäuden, so vielen Autos wie Regentropfen im Fluss. Und jetzt merkt ihr allmählich, dass euer Traum ein Albtraum ist.

VIERTER TEIL

Den Adler mit dem Kondor vereinen *1993*

Der Prophezeiung zufolge haben Adler und Kondor nach 500 Jahren – zu Anfang des fünften Pachacuti, also jetzt – die Gelegenheit, zusammen zu fliegen, sich zu paaren und etwas ganz Neues hervorzubringen: ein höheres Bewusstsein.

FÜNFTER TEIL

Die Begegnung mit dem Jaguar *1993*

Sie sagten, sie hätten davon geträumt. Ihre Schamanen hätten die Bedeutung ihrer Visionen ergründet und beschlossen, dass sie uns berühren müssten – dass ihr Volk unser Volk berühren müsse – und Kontakt zu dem herstellen, wovor sie sich am meisten fürchten.

SECHSTER TEIL

Die Legende von den Evias *1994 bis 1995*

Sie sollten sich fragen: Wer sind die Evias in Ihrem Leben? Wovor fürchten Sie sich? … Was müssen Sie tun, um das zu ändern? … Das müssen Sie alleine tun. Dabei kann Ihnen keiner helfen. Und nur wenn Sie es tun, werden Sie nicht mehr mit sich selbst im Widerstreit liegen.

SIEBTER TEIL

Eine Wirtschaft des Lebens aufbauen *1993 bis 2017*

Die Wirtschaft des Lebens beseitigt Umweltschäden, saniert verwüstete Gegenden, setzt auf Wiederverwertung und entwickelt neue Technologien, von denen Mensch und Natur profitieren. Unternehmen, die Anlegern Renditen zahlen, die in eine Wirtschaft investieren, welche selbst eine erneuerbare Ressource ist, wurden zur Erfolgsgeschichte.

Einleitung

KENNEN SIE IHREN JAGUAR?

»Den Jaguar berühren« – das bedeutet, die eigenen Ängste und Hindernisse zu erkennen, sich ihnen zu stellen, sie bewusst anders wahrzunehmen, ihre Kraft anzunehmen und sich aktiv zu verändern – und die Welt ebenfalls.«

ALS ICH MIT DER ARBEIT AN DIESEM BUCH begann, schwebte mir ein Brückenschlag zwischen meinen bisherigen Büchern über indigene Kulturen wie *Shapeshifting* und meinen Büchern zur Weltwirtschaft wie *Bekenntnisse eines Economic Hit Man* vor. Ich ahnte nicht, dass ihm nicht nur dies, sondern noch viel mehr gelingen würde.

Mein Weg begann 1968, als Freiwilliger beim US-Friedenskorps. Damals wurde ich in den Dschungel Amazoniens nach Ecuador entsandt, um Kredit- und Spargenossenschaften aufzubauen – ein Ding der Unmöglichkeit, wie ich bald merkte. Dort kam ich mit indigenen Völkern in Berührung, die mit meiner – der industrialisierten – Welt noch nie Kontakt gehabt hatten. Sie lebten im Einklang mit der Natur, kämpften aber ständig gegen ihre Nachbarn, um ihre Territorien zu sichern. Diese Feindschaften bestanden seit Jahrhunderten. Bis etwas Unerwartetes geschah.

Ausländische Öl- und Bergbauunternehmen tauchten auf und begannen, ihre Wälder zu zerstören.

Die indigenen Völker erkannten: Ihre einzige Hoffnung war, »den Jaguar zu berühren«. Bei den Azteken, Inka und Maya stand der Jaguar für Kraft und Mut. Er verkörperte physische Stärke und Geistesgegenwart. Wer heute in Amazonien auf einer Visionsreise einen Jaguar berührt, für den symbolisiert das den Mut, Zweifel zu überwinden, Feinde herauszufordern und Barrieren niederzureißen. Der Jaguar hat nicht nur ein besonders großes Sichtfeld, er sieht auch in der Nacht. Deshalb heißt es, er verkörpere unser Vermögen, in die dunklen Seiten unserer Seele zu blicken und alles um uns herum wahrzunehmen, uns den Weg in die Zukunft zu weisen und uns auf diesem Weg Orientierung zu geben. Der Volksmund erzählt, der Jaguar habe schon verirrte Jäger auf den richtigen Weg zurückgeführt und Verletzte, die sonst im Dschungel verhungert wären, mit getöteten Beutetieren versorgt und ihnen so das Leben gerettet. Der Jaguar sei zwar gefährlich, aber auch großzügig, und seine Gaben könnten physischer, psychologischer oder spiritueller Natur sein.

Ein Schamane aus Amazonien erzählte mir einmal: »›Den Jaguar berühren‹ – das bedeutet, die eigenen Ängste und Hindernisse zu erkennen, sich ihnen zu stellen, sie bewusst anders wahrzunehmen, ihre Kraft anzunehmen und sich aktiv zu verändern – und die Welt ebenfalls.«

Als die großen Öl- und Bergbaugesellschaften kamen, wurde den Menschen Amazoniens klar, dass es nicht mehr ihre Nachbarn waren, die sie am meisten fürchteten. Es war der Einmarsch ausländischer Unternehmen in ihr Land. Und dieser Angst mussten sie sich stellen. Sie mussten den Jaguar berühren, der ihnen die Weisheit und die Kraft schenken würde, mit alten Vorurteilen und Traditionen aufzuräumen. Sie mussten ihr Bild von ihren Nachbarn verändern und sich aktiv mit ihren Erzfeinden verbünden, um ihre Welt zu schützen.

Später erkannten sie: Die eigentliche Gefahr ging nicht nur von diesen Unternehmen aus, sondern von der Geisteshaltung der Länder, die die Erde verwüsten, um ihr ihre Ressourcen zu entreißen. Sie sahen, dass ihr Land Gefahr lief, von Fremden requiriert zu werden, die ihre Wirtschaft, ihren Lebensstil, ihren Geist, ihre Umwelt und sogar ihre Regierungsform beeinflussen wollten. In anderen Worten: von Fremden, die entschlossen waren, sie zu kolonisieren.

Die neu geschmiedeten Bündnisse nahmen es auf sich, auf das zuzugehen, wovor sie sich am meisten fürchteten: auf uns, die Menschen aus der Welt der Kolonisatoren. Sie baten mich, diesen Menschen die Botschaft zu überbringen, dass die zerstörerischen Muster industrialisierter Zivilisationen dringend verändert werden müssten. Sie forderten mich auf, ihnen eine kleine Gruppe von Menschen zuzuführen, die in der Lage wären, Netzwerke aufzubauen, um diese Botschaft weltweit zu verbreiten.

Als unsere Gruppe in Amazonien eintraf, wurden wir von den indigenen Völkern aufgefordert, die Art, wie wir unsere Beziehungen zu ihnen und zu unserer Heimat, der Erde, wahrnehmen, zu verändern. Sie verlangten von uns, unsere alten Werte und Systeme, die auf gesellschaftlichen Hierarchien und Ausbeutung beruhten, durch andere zu ersetzen, die Gleichstellung und Mitgefühl würdigten. Sie drängten uns, unsere Mentalität, unsere Wirtschaft und unseren Lebensstil zu entkolonisieren. Und sie rieten uns, uns nicht länger nach dem Prinzip »wir gegen die anderen« zu definieren. Sie meinten, wenn sie, die so lange verfeindet gewesen waren, ihre Kräfte bündeln konnten, um ihr Territorium zu verteidigen, müssten dazu doch auch Menschen aus anderen Ländern, Kulturen und wirtschaftlichen und politischen Systemen in der Lage sein – wie die Amerikaner, die Russen und die Chinesen. Überlieferte Antagonismen konnten im Angesicht einer größeren Gefahr beiseitegeschoben werden. Sie forderten uns auf, mit geeinten Kräften für unsere Kinder und Enkel eine Welt zu schaffen, die diese gern würden erben wollen.

Worum uns die indigenen Völker baten, hatten sie selbst offensichtlich bereits geschafft. Sie hatten ihre Vorstellungen verändert, um ihre Realität zu verändern, und dasselbe verlangten sie jetzt von uns.

Bei der Arbeit an diesem Buch wurde mir klar: Ich berichtete über wahre Begebenheiten, die so skurril waren, dass sie erfunden wirkten. Amazonische Völker, die offiziell noch keine Berührung mit uns gehabt hatten, als ich erstmals in ihr Territorium vordrang, kamen, um Dinge an uns wahrzunehmen, die wir selbst noch gar nicht bemerkt hatten. Sie erkannten: Unser Drang, andere zu kolonisieren, fügte uns ernsthaften Schaden zu. Er führte zu einem globalen Wirtschaftssystem, das sich selbst aufzehrte, bis es irgendwann ausgelöscht wäre – zu einer Wirtschaft des Todes. Dieser lag das Ziel zugrunde, den kurzfristigen Profit zu maximieren, ohne Rücksicht auf die Kosten für Gesellschaft und Umwelt. Diese Wirtschaft des Todes war von Ökonomen und Politikern in den 1970er- und 1980er-Jahren aggressiv propagiert worden. Zuvor – als ich Ende der 1960er-Jahre Wirtschaftswissenschaft studiert hatte – hatte man den Unternehmenslenkern noch beigebracht, sich gut um ihre Belegschaft, ihre Zulieferer und Kunden und die Kommunen zu kümmern, in denen ihre Betriebe tätig waren, und für ihre Investoren angemessene Renditen zu erwirtschaften.

Als ehemaliger Agent im Auftrag der Wirtschaft des Todes und als jemand, der mit den Menschen Amazoniens zusammengelebt hat und bei Schamanen in die Lehre gegangen ist, verstehe ich es heute als meine Pflicht, meine eigenen Vorstellungen zu verändern und alles zu tun, was ich kann, um dazu beizutragen, dysfunktionale Systeme in solche zu verwandeln, die nicht nur uns gute Dienste leisten, sondern allen Lebewesen auf diesem Planeten. Es tröstet mich, zu wissen, dass unsere Vorfahren in der Menschheitsgeschichte die meiste Zeit über Gesellschafts-, Regierungs- und Wirtschaftssysteme geschaffen haben, die auf das langfristige Wohl von Mensch und Natur ausgerichtet und selbst eine erneuerbare Ressource waren. Die indigenen Völker, die immer noch so leben, drängten und drängen uns noch dazu, die Wirtschaft des Todes so umzubauen, dass Umweltverschmutzung beseitigt, zerstörte Ökosysteme wiederhergestellt, Materialien wiederverwertet und Technologien entwickelt werden, die Ressourcen wiederauffüllen und der Umwelt nützen, statt ihr zu schaden – zu einer Wirtschaft des Lebens.

Ich möchte deutlich machen, dass ich einzelne Angehörige indigener Völker weder idealisiere noch verteufle. Meiner Erfahrung nach gibt es unter ihnen Tückische und Tugendhafte, Brutale und Friedfertige, Psychotische und Ausgeglichene – wie eben in allen Kulturen. Aber ich respektiere, dass sie sich gemeinschaftlich dem langfristigen Denken verschreiben. Ihre Philosophien und ihr Handeln sind der Fürsorge für ihre Umwelt, ihre Kulturen und ihre Nachkommen gewidmet. Die Geschichten, die die indigenen Völker seit jeher ihren Kindern erzählen – und jetzt auch uns –, wie die Prophezeiung von Adler und Kondor, die Maya-Prophezeiung von 2012 und die Legende von Etsaa und den Evias vermitteln uns eindringlich, dass wir alle in der Lage sind, Hindernisse zu überwinden und unsere Vorstellungen – und dadurch auch die Realität – zu verändern. In dieser Hinsicht haben jene Geschichten viel mit den in Kulturen in aller Welt eingebetteten Mythen und mit den Methoden der modernen Psychotherapie und der Quantenphysik gemein.

In diesem Buch geht es um den Schaden, den ich als Agent im Dienste der Wirtschaftsmafia angerichtet habe, und um die realitätsverändernden Lektionen, die mir Amazonien erteilte. Im Anschluss beschreibe ich, was ich in den vergangenen 40 Jahren getan habe, um mich meinen Jaguaren zu stellen und das Gelernte anzuwenden, um den Schaden zu beheben, den ich mitverursacht habe. Ich gehe auf die Probleme ein, die durch die derzeit herrschende Gier und Kurzsichtigkeit entstehen. Vor allem aber sage ich Ihnen, liebe Leserinnen und Leser, was Sie tun können, um Ihr Leben zu verändern und allen Menschen zu helfen, harmonischer mit der Natur und miteinander zu leben.

Prolog

AMERIKANISCHER KOLONIALISMUS, GUATEMALA, 1993

Weltreiche hatten Stämme und Nationen seit Jahrhunderten kolonisiert, sich ihrer Wirtschaft, ihres Landes, ihrer Menschen, ihrer Regierungen und ihres Denkens bemächtigt … im Namen von Religion, Zivilisation und Verwestlichung. Dieses Mal geschah es unter dem Vorwand der Demokratisierung …

»LETZTE WOCHE WURDEN HIER acht Menschen getötet.« Der Land Rover bremste vor der Kurve ab. »Guatemaltekische Soldaten hielten genau hier einen Bus an.« Jorge, unser Dolmetscher, der die Sprache der Maya für uns ins Spanische übertrug, schaute über die Rückenlehne zu Lynne Twist, die hinter ihm saß, und dann zu mir, gleich daneben. »Sie zerrten die acht Mayamänner aus dem Bus und erschossen sie. Einen nach dem anderen.« Er zeigte auf ein paar dürre Sträucher gleich vor dem Autofenster. »Dort drüben. Letzte Woche.«

Ich starrte in das Gebüsch. Mein Herz klopfte schneller. Der Land Rover fuhr weiter. »Der Bürgerkrieg ist noch nicht vorbei«, erzählte Jorge weiter. »Er wird jetzt seit über 30 Jahren geführt.« Sein Blick wanderte zwischen Lynne und mir hin und her. »Diese Soldaten wurden vom US-Militär ausgebildet, um die reichen Familien hier zu unterstützen, die

die Kultur der Maya zerstören und die Ausbeutung unserer Ressourcen durch US-Unternehmen fördern möchten. Das ist das jüngste Beispiel für amerikanischen Kolonialismus.«

Amerikanischer Kolonialismus. Mir krampften sich die Eingeweide zusammen.

»Völkermord«, meinte Lynne. Auch ihre Augen ruhten auf mir.

Ich schaute aus dem Fenster, schluckte und schmeckte bittere Galle. Ich war früher einmal Agent im Auftrag der Wirtschaftsmafia gewesen, ein Handlanger der reichen Familien, von denen Jorge sprach – ein Mensch, der Kolonialismus von Berufs wegen förderte. Wie ich später in *Bekenntnisse eines Economic Hit Man* schreiben sollte:

> *Economic Hit Men (EHM) sind hoch bezahlte Experten, die Länder auf der ganzen Welt um Billionen Dollar betrügen. Sie schleusen Geld von der Weltbank, der US Agency for International Development (USAID) und anderen ausländischen »Hilfsorganisationen« auf die Konten großer Konzerne und in die Taschen weniger reicher Familien, die die natürlichen Rohstoffe unseres Planeten kontrollieren. Die Mittel der Economic Hit Men sind betrügerische Finanzanalysen, Wahlmanipulationen, Bestechung, Erpressung, Sex und Mord. Ihr Spiel ist so alt wie die Macht, doch heute, im Zeitalter der Globalisierung, hat es neue und erschreckende Dimensionen angenommen.*
> *Ich weiß das, ich war ein EHM.*[1]

Ich hatte mich als EHM 1980 offiziell zur Ruhe gesetzt, doch 13 Jahre später kam ich wieder zurück nach Guatemala. Ich arbeitete als Berater für ein Unternehmen – ein wichtiges Rädchen in dem System, das Jorge als »Kolonialismus« bezeichnet hatte. Gleichzeitig gehörte ich während dieser Reise dem Verwaltungsrat einer gemeinnützigen Organisation an, die das Volk der Maya in diesem schrecklichen Bürgerkrieg unterstützte. Welch eine Ironie. Meine Arbeit als Berater rechtfertigte ich damit, dass ich meine Familie ernähren musste. Ich redete mir ein, ich würde meine Firmenkunden schon überzeugen, bei ihren Projekten in Guatemala und anderswo umwelt- und sozialbewusst vorzugehen. Was ich über die Maya erfuhr, ließ meine Versuche, meine Position zu rechtfertigen, allerdings sehr fragwürdig erscheinen.

Schätzungsweise 200 000 Maya waren von einer von Washington und US-Unternehmen unterstützten Regierung getötet worden oder waren »verschwunden«. Viele weitere hatten ihre Heimat als Flüchtlinge verlassen.[2] Dutzende von Dörfern waren ausradiert worden. Familien waren von ihren kleinen Bauernhöfen vertrieben und von großen Landwirtschaftskonzernen, die in US-amerikanischer Hand waren oder zumindest von US-Amerikanern unterstützt wurden, verdrängt worden. Neben den Maya zählten aber auch aktivistische Studenten, Arbeitnehmerführer und katholische Priester, die sich an gewaltlosen Bewegungen beteiligt hatten, zu den Opfern. In diesem Konflikt kamen so viele Menschen ums Leben wie in keinem anderen lateinamerikanischen Krieg des 20. Jahrhunderts – ein Umstand, der den meisten Amerikanern nicht bekannt ist.[3]

Nun war ich mit Lynne auf dem Weg in die Berge – die Hochburg genau der Menschen, die wir EHMs ausgebeutet und getötet hatten. »Ja, Völkermord«, wiederholte ich. Ich versuchte, den bitteren Geschmack in meinem Mund hinunterzuschlucken, und kämpfte gegen die Schuldgefühle an, die mir meine Taten bereiteten, und gegen die Angst vor dem, was uns erwartete. Ich starrte durchs Fenster in das raue Bergland und auf die Straße, die uns von dem Ort wegbrachte, an dem das Unverzeihliche geschehen war.

»Manchmal ist es gar nicht so einfach, Amerikaner zu sein«, meinte Lynne. Sie war mir vorgestellt worden als philanthropische Aktivistin und Hauptspendensammlerin für das Hunger Project. Das war, bevor sie ihren Bestseller *Die Seele des Geldes* geschrieben, den Woman of Distinction Award der Vereinten Nationen erhalten hatte, Beraterin der Nobel Women's Initiative geworden und bei *Oprah* aufgetreten war – neben vielen weiteren Auszeichnungen.

Es war auch noch, bevor der Kolonialismus die ebenso schrecklichen wie tragischen Merkmale an den Tag legte, die in der zweiten Dekade des 21. Jahrhunderts offenbar wurden, als die Welt von extremen Einstellungen und Maßnahmen gegen Zuwanderer, Zulauf zu Bewegungen für weiße Vorherrschaft und Nationalismus, zunehmender Einkommensungleichheit, eskalierenden sozialen und gesellschaftlichen Spaltungen und Klimawandelleugnern heimgesucht werden sollte. Und es war, bevor China weltweit wachsende Macht und immer mehr Einfluss genoss.

Lynne fasste mich am Arm. »Wie fühlt sich das für Sie an, wieder hier zu sein?«

Ich wusste nicht, was ich sagen sollte. Ich wollte nicht zugeben, dass mir die Galle hochstieg, das Herz schmerzte und sich mein Magen verkrampfte. Ich fühlte mich hin- und hergerissen zwischen meinem Job als von der Wirtschaft angeheuerter Meuchelmörder und meiner Rolle als Verteidiger indigener Rechte. »Komisch«, sagte ich schließlich. »Sehr komisch.« Ich suchte ihren Blick. »Als wäre ich gefangen zwischen zwei Welten.«

Ich schaute die Straße entlang und auf die dunklen Wolken, die sich über den Bergen zusammenballten – unserem Ziel. Ich dachte an meine Rolle bei der Kolonisierung der Welt im Auftrag der Vereinigten Staaten und ihrer Unternehmen. Weltreiche hatten Stämme und Nationen seit Jahrhunderten kolonisiert, sich ihrer Wirtschaft, ihres Landes, ihrer Menschen, ihrer Regierungen und ihres Denkens bemächtigt … im Namen von Religion, Zivilisation und Verwestlichung. Dieses Mal geschah es unter dem Vorwand der Demokratisierung – wenngleich das in diesem Fall dem Sturz oder der Ermordung demokratisch gewählter Präsidenten in so unterschiedlichen Ländern wie dem Iran oder Panama gleichkam, falls diese Präsidenten und ihre Politik die US-amerikanische Wirtschaft oder Hegemonie bedrohten. Gleichzeitig wurden brutale Diktatoren in so verschiedenen Ländern wie Chile und Saudi-Arabien verteidigt, denn sie unterstützten die USA. So war ein Wirtschaftssystem entstanden, das, wie wir schließlich feststellen sollten, gescheitert war.

Lynnes Hand auf meinem Arm holte mich in die Gegenwart zurück. »Sie haben während des Krieges hier für die guatemaltekische Regierung gearbeitet, nicht wahr?« Ich hörte aus diesen Worten den Vorwurf heraus: *für die Regierung, die Maya tötet.*

»Na ja …«, setzte ich an und suchte nach Worten. »Ich habe eigentlich nie für die Regierung gearbeitet. Nicht so richtig, jedenfalls.« Ich warf ihr einen Blick zu und schaute dann wieder aus dem Fenster, während ich überlegte, wie ich meine komplizierte Geschichte wohl am besten erzählen könnte.

Ich war als Lehrerssohn in einem Internat für Jungen aus reichem Hause in New Hampshire aufgewachsen. Ich hatte brav alles getan, was von mir erwartet wurde, ein Vollstipendium fürs College erhalten und war dann die Karriereleiter emporgeklettert, bis ich schließlich noch vor meinem 30. Geburtstag zum Chefvolkswirt von Chas. T. Main (MAIN) befördert wurde, einem Beratungsunternehmen mit Sitz in Boston. Diesen Job hängte ich nach nur zehn Jahren an den Nagel – desillusioniert und bestürzt über die Folgen der Arbeit, die ich dort erledigte. Ich begann zu schreiben und zu lehren und war inzwischen Verwaltungsratsmitglied von Katalysis, einer gemeinnützigen Organisation, die Maya-Frauen dabei unterstützte, sich in Form von Mikrokreditgenossenschaften zu organisieren. Das alles hatte sie in meinem Lebenslauf gelesen, so viel war mir klar. Doch was wusste sie noch über mich? Auch als ich den Posten des leitenden Ökonomen längst aufgegeben hatte, hatte ich doch all die Jahre ganz bewusst verschwiegen und verschleiert, dass »Chefvolkswirt« in meinem Fall nur ein Deckname für »Economic Hit Man« war.

»Ich war Berater«, erzählte ich Lynne und vermied es dabei, ihr in die Augen zu sehen. »Ich kam in den 1970er-Jahren hierher, um Weltbankkredite zu arrangieren.« Mit einem gezwungenen Lächeln wandte ich mich zu ihr um. »Das war's so ungefähr.«

»Ich dachte, Sie seien erst kürzlich hier gewesen …«

»Oh ja, natürlich …« Wo hatte sie denn das gehört? »Aber nur als Berater für ein US-Ingenieurbüro – Stone and Webster.« Mehr wollte ich eigentlich nicht sagen.

Doch Lynne saß abwartend neben mir …

»Ich sollte einen Deal mit einer guatemaltekischen Firma aushandeln, zur Erschließung eines Geothermieprojekts«, schob ich nach.

»Eine guatemaltekische Firma?« Ihrer Stimme war die unausgesprochene Frage anzuhören.

»Ja, die Firma gehörte einer der mächtigsten Familien«, ich nickte zu Jorges Hinterkopf hin. »Nichts, worüber ich hier und jetzt sprechen könnte.«

Sie lächelte milde. »Ich verstehe. Aber wenn Sie darüber sprechen möchten – ich würde Ihre Geschichte gern hören … « Sie lehnte sich zurück, schloss die Augen und setzte hinzu: »Manchmal hilft es, wenn man darüber spricht.«

Als ich das hörte, spürte ich, dass ich reden wollte. Und auf dem Rücksitz eines Land Rovers, der rasch auf die Berge zufuhr, begann ich, zum ersten Mal meine Geschichte zu erzählen …

Erster Teil

Die Wahrnehmungsfalle

1968 bis 1970

Mir war ganz und gar nicht klar, dass er mir einen Aufstieg vom Spion zum Economic Hit Man vorschlug.

Kapitel 1

WILLKOMMEN IM WUNDER

IM SOMMER 1968, noch vor meinem Abschlussjahr an der Wirtschaftswissenschaftlichen Fakultät der Boston University, heiratete ich meine beste Freundin Ann. Ich war überzeugter Gegner des Vietnamkriegs, hätte mich aber nicht als Pazifisten bezeichnet. Mein Vater und meine Onkel hatten im Zweiten Weltkrieg gekämpft, und ich gab mich gern dem Glauben hin, dass ich das ebenfalls getan hätte. Gegen den Vietnamkrieg war ich aus philosophischen Gründen. Ich hielt es mit Muhammad Ali: »Ich habe kein Problem mit den Vietcong.«[4]

Anns Vater war ein hohes Tier im Marineministerium, und sein bester Freund bekleidete eine Führungsposition in der National Security Agency, der am wenigsten bekannten, doch in fast jeder Hinsicht größten Geheimdienstorganisation. Mir war klar: Ein Job bei der NSA könnte mich vorerst vor der Einberufung retten. Deshalb bat ich »Onkel Frank« (wie ihn Ann nannte) um Hilfe. Er sorgte dafür, dass die NSA meine Bewerbung bevorzugt behandelte.

Ich musste gleich mehrere mörderische Vorstellungsgespräche und Psychotests über mich ergehen lassen, während ich an einen Lügendetektor angeschlossen war. Als ich zugab, dass ich gegen den Krieg war, überraschte es mich, dass meine Gesprächspartner das Thema nicht vertieften. Stattdessen konzentrierten sie sich auf meine Jugend als Sohn eines Lehrers an einem Jungeninternat, auf meine Einstellung zu meinen puritanischen Eltern und auf die Frage, wie das für mich war, mit wenig

Geld an einer Schule aufzuwachsen, die so viele reiche und oft hedonistische Schnösel besuchten. Viele Fragen bezogen sich auch auf meine Gefühle hinsichtlich der Abwesenheit von Frauen in meinen Jugendjahren, darauf, ob ich mich in weiblicher Gesellschaft unwohl fühlte, schüchtern war und entschlossen, es den reichen Schnöseln heimzuzahlen, die nach den Weihnachtsferien damit angaben, welche Orgien sie gefeiert hatten, während ich meine Tage damit zugebracht hatte, allein in der Schulturnhalle Zielwürfe auf den Basketballkorb zu üben. Später begriff ich, dass meine Fixierung auf Frauen, mein Wunsch nach materiellem Erfolg und meine Wut mich als verführbaren Menschen kennzeichneten. Was ich über den Krieg dachte, war der NSA gleich. Dort wusste man, dass die USA verlieren würden. Für die NSA-Leute war nur von Bedeutung, dass ich Schwachstellen hatte, die mich anfällig machten.

Bald nach diesen Gesprächen rief mich Onkel Frank an, um mir zu sagen, ich sei »dabei«. Einen Tag nachdem ich das Angebot der NSA erhalten hatte, geriet ich zufällig in ein Seminar an der Boston University, das von einem Anwerber des Friedenskorps gehalten wurde. Begeistert beschrieb er die Projekte des Friedenskorps als Brückenschlag zwischen Menschen in anderen Ländern und Amerikanern – Projekte, die solche Kommunen mit Trinkwasser und anderen Leistungen versorgten, denen die Mittel fehlten, sie sich selbst zu beschaffen. Nebenbei erwähnte er, dass Freiwillige im Friedenskorps nicht zum Militärdienst einberufen wurden – genau wie NSA-Mitarbeiter. Er sprach von mehreren Regionen der Welt, in denen Freiwillige besonders dringend gebraucht wurden. Eine davon war der Regenwald Amazoniens, wo indigene Völker noch mehr oder minder so lebten wie in Nordamerika vor Kolumbus, wie er sagte.

Ich war in einer Familie aufgewachsen, deren Wurzeln zurückreichten bis ins Neuengland des 17. Jahrhunderts. Geschichten über das Pionierleben, die Kriege gegen die Franzosen und die Indianer und die Revolution hatten mich schon immer fasziniert, und ganz besonders interessierte mich alles über den Stamm der Abenaki, die als Jäger und

Sammler tief im Wald überlebt hatten – und die Siedlungen angegriffen hatten, in denen meine Vorfahren lebten. Ich verschlang Bücher wie *Der letzte Mohikaner*, *Nordwestpassage*, *Trommeln am Mohawk* und andere über die Kriege der Pionierzeit. Wie viele Jungen meines Alters schwärmte ich für den Disney-Mehrteiler *Davy Crockett*. Von so einem Leben träumte ich. Als Kind kam mir nie in den Sinn, dass diese Geschichten die Kolonisierung verherrlichten – ein System, das entsteht, wenn eine dominante Gruppe aus einer ausländischen Kultur die Macht über einheimische Völker an sich reißt, um ihre Ressourcen auszubeuten, ihnen ihr Land zu stehlen, ihre Wirtschaft zu manipulieren, ihre Männer, Frauen und Kinder zu versklaven oder zu missbrauchen, ihnen religiöse Überzeugungen, Sprachen und eine Kultur aufzuzwingen und ihnen durch Gewalt, Gefangenschaft und manchmal auch Völkermord körperlichen Schaden zuzufügen, wie ich heute weiß. Die Geschichten, die ich aus der Schule, aus Büchern und Filmen kannte, machten mich blind. In der siebten Klasse schrieb ich im Rahmen eines Projekts für den Geschichtsunterricht eine Kurzgeschichte über den Krieg zwischen den europäischen Siedlern in meinem Heimatstaat New Hampshire und den Abenaki. Wie ich es gelernt hatte, stellte ich die Kolonisten als Helden dar. Doch aus meinem Text wurde auch deutlich, wie sehr mich die Kultur der Abenaki faszinierte. Da nahm mich meine Lehrerin zur Seite und erzählte mir, dass im amazonischen Regenwald noch heute Menschen so lebten. Sie zeigte mir ein Foto, das von einem Kleinflugzeug aus aufgenommen worden war. Darauf war ein Mann mit gefiedertem Kopfschmuck und Lendenschurz abgebildet, der neben einer strohgedeckten Hütte auf einer Waldlichtung stand und mit Pfeil und Bogen auf den Fotografen in der tieffliegenden Maschine zielte. »Da muss ich hin«, erklärte ich meiner Lehrerin damals. Als ich im Hörsaal dem Werber des Friedenskorps lauschte, erinnerte ich mich daran und dachte: Vielleicht ist jetzt der Moment.

Ich rief Onkel Frank an.

»Das Friedenskorps? Der Amazonas«, er lachte in sich hinein. »Wunderbar. Das können wir einrichten. Da lernst du eine andere Sprache und erwirbst interkulturelle Kompetenzen und Überlebenstechniken. Danach kannst du dann bei uns einsteigen.« Nach kurzer Pause fügte er hinzu: »Vielleicht lässt du dich am Ende aber auch lieber von einem Wirtschaftsunternehmen einstellen statt vom Staat.«

Mir war ganz und gar nicht klar, dass er mir einen Aufstieg vom Spion zum Economic Hit Man vorschlug – dieser Begriff und das Konzept dahinter waren mir damals absolut unbekannt und würden es noch ein paar Jahre lang bleiben. Seinerzeit wäre ich nie darauf gekommen, dass Hunderte von »Beratern und Beraterinnen«, die von Privatunternehmen bezahlt wurden, den Interessen der US-Regierung und dem rasch expandierenden Weltreich der Wirtschaft dienten.

Ann erklärte, dass sie gern mit nach Amazonien gehen würde und den Gedanken gut fand, ihrem Land zu dienen – und den Menschen, die Hilfe brauchten. Also traten wir ins Friedenskorps ein und wurden zu einer achtwöchigen Schulung in Spanisch, Kredit- und Spargenossenschaften und Hygiene nach Kalifornien geschickt – in ein Trainingslager bei Escondido, das früher mal eine Nudistenkolonie gewesen war. Am Ende bestanden wir den elementaren Spanischtest. Unmerklich – und ich habe keinerlei Grund zu der Annahme, dass dies in der Absicht des Friedenskorps lag – war ich, wie mir viel später klar wurde, darauf vorbereitet worden, die Fackel des Kolonialismus weiterzutragen. Wir wurden in eine entlegene Gegend des amazonischen Regenwalds in Ostecuador geschickt, die die meisten Ecuadorianer »Oriente« nennen. Ann sollte den Frauen dort die Grundlagen der Kinderpflege beibringen. Mit meinem wirtschaftswissenschaftlichen Studium würde ich für den Aufbau von Kredit- und Spargenossenschaften zuständig sein. In der Literatur, die ich in der Boston Public Library über die Region auftreiben konnte, in die wir gehen wollten, wurde diese als »Shuar-Territorium« bezeichnet und mit dem amerikanischen Grenzland verglichen. Ein junger Shuar (so eine Quelle) wurde erst zum Mann und konnte eine Frau nehmen, wenn er einen Feind getötet und dessen Kopf geschrumpft hatte. Zwischen den verschiedenen Shuar-Clans und deren gemeinsamen Feinden, den benachbarten Achuar, tobte der Kampf.

Als unser Flugzeug die ecuadorianische Hauptstadt Quito anflog, wuchs in mir die Spannung. In einer ecuadorianischen Zeitung, die mir eine Flugbegleiterin gereicht hatte, war ein Schrumpfkopf abgebildet. Die Bildunterschrift übersetzte ich mir mit: »Ecuadors Wilde greifen Texaco-Teams an«. Wilde »Indios« stellten sich gegen die Kräfte der Zivilisation. Genauso hatte ich es in Büchern gelesen und in Filmen gesehen. Ich würde dasselbe erleben wie Davy Crockett. Erst viel später sollte ich erkennen, wie himmelschreiend rassistisch und imperialistisch diese Sichtweise war – als ich sah, dass die indigenen Völker darum kämpften, ihre Umwelt vor der mutwilligen Zerstörung durch die Ölförderung zu bewahren. Sie kämpften, um ihr Leben und das ihrer Kinder vor Soldaten der Regierung und Söldnern der Ölfirmen zu schützen.

Ann und ich verbrachten noch eine Woche in Quito, wo uns interkulturelle Kompetenzen vermittelt wurden. Dann wurden wir ins Regionalbüro des Friedenskorps nach Cuenca versetzt, einer Provinzstadt in den Anden, in der jede Menge Gerüchte über Scharmützel zwischen Texaco und indigenen Bevölkerungsgruppen umgingen. Ein paar Tage nach unserer Ankunft fuhr unser Regionalleiter Jim mit Ann und mir auf einen Markt unter freiem Himmel.

»Dort nehmt ihr den Bus, auf dem ›Fin del Camino‹ steht«, instruierte uns Jim. »Das Ende des Wegs.« Dann gab er uns noch schnell ein paar Anweisungen und fügte hinzu: »Das ist zwar nicht die amtliche Ortsbezeichnung, doch ihr wisst, dass ihr da seid, wenn ihr ein Schild seht, das euch in ›El Milagro‹ willkommen heißt.«

»Das Wunder?«, fragte Ann und schaute skeptisch drein.

»So heißt es übersetzt.« Er lachte. »Nehmt es nicht so wörtlich. Die Geschichte ist aber nicht schlecht. Ein Goldsucher, der sich verlaufen hatte und Hunger litt, irrte tagelang im Dschungel umher, bis er zu dieser Gemeinde geführt wurde – von der Stimme eines Engels, wie er behauptete. Er nannte den Ort ein Wunder, und seither reißen die Leute Witze darüber.«

Jim fuhr ab und ließ uns zurück, umgeben von Menschen, die Ponchos, Wollröcke und Hosen trugen und Quichua* sprachen, die gängigste indigene Sprache der Anden. Viele von ihnen führten Schweine oder Ziegen an einem Strick oder trugen rohe Holzkäfige, in denen Hühner saßen. Babys schrien, aus einem Lautsprecher in der Nähe dröhnte eintönige Musik, Hähne krähten und Hunde bellten. In der Luft lag ein durchdringender Geruch – eine Mischung aus fauligen Früchten, Fäkalien und gebratenem Schweinefleisch.

Wir waren zwar schon mehrere Tage in Cuenca gewesen, hatten uns aber in den bezaubernden kolonialen Stadtteilen aufgehalten. Dies war unsere erste Erfahrung mit dem, was damals noch »El Mercado Indio« hieß. Fassungslos und bedrückt sah ich Ann an. »Das ist unglaublich«, sagte ich und wusste noch nicht, dass ich solche Märkte einmal als den wahren Kapitalismus bezeichnen sollte, im Gegensatz zu der räuberischen Variante, die in dem Teil der Welt um sich griff, den wir als »industrialisiert« bezeichneten und der ein versagendes System hervorbrachte, das als »Wirtschaft des Todes« definiert werden würde.

»Ja.« Sie seufzte tief. »Zum Glück kommen wir hier bald raus und in den Dschungel.«

Plötzlich wurden die übrigen Geräusche von einer lauten, durchdringenden Hupe übertönt. Die Menge teilte sich und die Kabine eines uralten Ford-Lasters tauchte auf. Auf dem, was offenbar einmal der Lkw-Rahmen gewesen war, war eine längliche Holzkiste montiert, ungefähr mannshoch. Sie war zwar fröhlich bemalt, in Regenbogenfarben, mit Blumen dazwischen, doch die Farben waren ausgeblichen und lehmverkrustet. Seitlich waren in unregelmäßigen Abständen Löcher ins Holz gesägt und

* Es gibt unterschiedliche Schreibweisen und Definitionen für Wörter und Aspekte der indigenen Kulturen. Ich habe jeweils die Versionen verwendet, die allem Anschein nach die gebräuchlichsten sind. »Quechua« steht in diesem Buch für die meisten indigenen Völker, die in den Anden leben. »Quichua« ist die Sprache, die die meisten von ihnen in Ecuador sprechen (ein Dialekt, der sich leicht von dem in Peru gesprochenen Quechua unterscheidet). Die Kichwa sind eine amazonische Kultur, die mit denen der Anden verwandt ist und anders als Achuar und Shuar einen Quichua-Dialekt spricht. Den Begriff »Stamm« meide ich bewusst und ersetze ihn durch den angemesseneren Terminus »Kultur« oder vielfach auch das juristisch korrekte »Nation« – es sei denn, es geht um die Geschichte des Imperialismus.

mit durchsichtiger Kunststofffolie bespannt worden. Sie dienten als Fenster. Als das Gefährt anhielt, sahen wir die Aufschrift: »Fin del Camino«.

»Das soll unser Bus sein?«, stieß Ann hervor.

Männer, Frauen und Kinder drängten mitsamt ihren Schweinen, Ziegen und Hühnern an uns vorbei und kletterten in die Holzkiste.

»Fin del Camino? Fin del Camino?«, herrschte mich ein Mann in einer zerlumpten Jacke an. Ich nickte.

Er schob ein paar andere beiseite und verfrachtete uns in den Bus. Dort empfing uns der Geruch von Urin und Schweiß. Mein Blick wanderte über die Reihen roher Holzbänke voller Passagiere mit ihren Tieren. Mir war, als hätte mir jemand einen Vorschlaghammer in den Magen gerammt.

Der Mann in der abgerissenen Jacke blaffte auf Quichua ein älteres Paar an, das auf der vorderen Bank saß. Ohne ein Wort erhoben sich die beiden langsam und gingen nach hinten durch. »Para los gringos«, sagte der Mann und wies auf die frei gewordenen Sitzplätze.

»Sollten wir ›Gringos‹ das annehmen?«, fragte Ann. »Mir kommt das falsch vor.«

»Irgendwie elitär«, meinte ich. »Aber wir sollten mitspielen. Sie erwarten das.« Ich fühlte mich schuldig, weil ich mich zu unserem privilegierten Status bekannte, doch ich wollte unbedingt vorne sitzen und schob rasch nach: »Der Mann, der uns diese Plätze angewiesen hat, könnte beleidigt sein, wenn wir uns woanders hinsetzen. Und er ist vermutlich der Fahrer.«

Wir setzten uns und verbrachten die nächsten Stunden in der Holzkiste – mit Schweinen, Ziegen und Hühnern und Menschen, deren Körpergeruch so intensiv war, dass ich unwillkürlich auf den Gedanken kam, manche von ihnen könnten in den schmuddeligen Rupfentaschen, die sie auf dem Schoß hielten oder im Gang oder auf den Regalen über ihren Köpfen stapelten, verwesende Leichenteile mit sich führen.

Wir hörten immer wieder das Wort »Gringos«, konnten aber nicht verstehen, was sie über uns sagten, weil unsere Mitreisenden entweder Quichua sprachen oder ein so schnelles Spanisch, dass wir überfordert waren. Ihr Tonfall und ihr Gelächter ließen aber vermuten, dass man sich gut über uns amüsierte.

Am späten Nachmittag, als sich der Bus auf der Serpentinenstraße in die Kurven legte, griff ich panisch nach der Papiertüte mit unserem Reiseproviant, drückte Ann den Inhalt in die Hand und übergab mich.

Die Frau hinter mir strich mir sanft über den Rücken, sagte leise etwas auf Quichua und reichte Ann ein Körbchen. Der Mann neben ihr bedeutete ihr mit den Händen, dass ich hineinspucken könne. Diese Geste machte die Großherzigkeit deutlich, die für die Andenbewohner typisch war, wie ich erfahren sollte. Ganz gleich, wie arm sie waren oder wie sehr ihnen unsere Privilegien gegen den Strich gingen – sie waren stets mitfühlend und extrem freigiebig.

»Weißt du«, meinte Ann später, »so bewegen sich Millionen von Menschen auf der ganzen Welt ständig fort. In den USA sind wir sehr privilegiert. Und wir halten unsere unglaublichen Vorrechte auch noch für selbstverständlich.«

Diese Busfahrt, die Tatsache, dass uns Plätze ganz vorne überlassen wurden, meine Übelkeit und die Freundlichkeit des Paares hinter uns machten mich demütig. Wir waren tatsächlich privilegiert. Das würde ich nie mehr vergessen.

Das Andenhochland war ganz anders, als ich es mir vorgestellt hatte – nicht idyllisch, sondern öde. Die Menschen, die hier lebten und Ackerbau betrieben, trotzten dem scheinbar Aussichtslosen. Hin und wieder kamen wir an einer winzigen Hütte aus Lehmziegeln vorbei und ich erhaschte einen Blick auf die Arbeiter auf den umliegenden Feldern. In gebückter Haltung mühten sie sich, an fast senkrechten Steilhängen Mais anzupflanzen. Solche Szenen weckten in mir noch mehr Angstgefühle. Konnte ich es zwei Jahre lang in diesem Land aushalten? Hatte ich so viel Durchhaltevermögen wie diese Menschen? Die nötige Ausdauer, um zu überleben? Ich befürchtete, ich könne es nicht schaffen, meinen Lebensstil und meine Einstellung so zu verändern, wie es von mir verlangt wurde.

Ich schloss die Augen und versuchte, diesen Ort und die Zukunft, die mir so düster erschien, aus meinem Kopf zu verbannen. Ich zwang mich, über die ecuadorianische Geschichte nachzudenken, wie ich sie mir noch in den Vereinigten Staaten angelesen hatte. Die Menschen, die ich da draußen durch die kunststoffüberzogenen Löcher im Bus sah, die Ureinwohner der Anden, waren von den Inka erobert worden, die ihnen ihre Sprache, ihr Wirtschaftssystem und ihre Kultur überstülpten. Später wurden die Inka von den Konquistadoren besiegt, die den Katholizismus, die spanische Sprache und ihre Form des Feudalismus mitbrachten. Da kam mir noch ein Gedanke – nämlich, dass die Vereinigten Staaten versuchten, Vietnam zu kolonisieren. Die Überlegung, dass mein Land in die Fußstapfen gewaltbereiter Weltreiche trat, war zwar verstörend, machte mir aber erneut klar, wie viel Glück ich hatte, dass ich nicht in Vietnam war.

Die eine Nacht auf der Strecke verbrachten wir in einem »Gasthaus« am Straßenrand. Unser Zimmer in der baufälligen Holzkonstruktion war über eine wackelige Außentreppe zu erreichen. Die ganze Einrichtung bestand aus einem kippeligen hölzernen Hocker und einem Bettgestell aus Holz, das kreuz und quer mit Seilen bespannt war. Auf den Seilen lag eine schmutzige, dünne Matratze, die aussah, als hätte sie ein verrückter Künstler mit einer Vorliebe für gelbe Flecken gestaltet. Wir rollten unsere Schlafsäcke aus, breiteten sie auf die Matratze und fielen erschöpft in den Schlaf.

In der Nacht blieb mir nichts anderes übrig, als das übelriechende, rattenverseuchte Plumpsklo aufzusuchen, das mir bei unserer Ankunft aufgefallen war. Als meine Füße den Boden berührten, bewegte sich dieser. Kakerlaken! Schnell zog ich die Füße wieder hoch. Da fiel mir ein, was Ann über unsere Privilegien gesagt hatte, die wir für selbstverständlich nahmen. Ich versuchte, mir einzureden, dass das nur harmlose Käfer waren und alle anderen hier sicher damit klarkamen. Ich trat auf den Boden, machte einen Schritt und dann noch einen. Die Kakerlaken knirschten unter meinen Füßen, als ich das Zimmer verließ und die Treppe zum Klo hinunterging.

Am nächsten Morgen waberte Dunst um die Häuser und den Bus. Viele unserer Mitreisenden begrüßten uns mit »Buenos días«, einem freundlichen Lächeln und neugierigen Blicken. Mir wurde klar: So fremd sie und all diese Erfahrungen für Ann und mich waren, so fremd waren wir für sie. Mit meinen 1,80 Meter – mit lockigem hellbraunem Haar – überragte ich die meisten von ihnen. So etwas wie Anns lange rotblonde Haare, ihre Jeans und ihre hohen Lederstiefel hatte noch keiner von ihnen je gesehen – bis auf den Busfahrer, der uns versicherte, er kenne sie aus einem Hollywoodfilm.

An diesem unserem zweiten Tag hielt der Bus immer wieder an, um Mensch und Tier an Abzweigungen abzusetzen, die in den Nebel führten, oder auch mal an einer Lehmziegelhütte. Während der Bus bergab durch die Anden fuhr, in den Dschungel hinunter, schlidderte er mitunter gefährlich nahe an den Rand der unbefestigten Straße, die hoch über einem wilden Fluss mit Stromschnellen verlief. Man sah immer weniger menschliche Ansiedlungen. Die Landschaft veränderte sich. Karges Bergland wich steilen Felswänden, von üppigem Nebelwald bedeckt. Auch die Häuser sahen anders aus. Sie bestanden aus von Hand behauenen Brettern, die aber nicht parallel zum Boden aneinandergesetzt worden waren, sondern vertikal.

Nach zwei Tagen mit unzähligen Haltestellen und der Kakerlakennacht war der Bus fast leer – bis auf drei betrunkene *Mestize*-Männer (Menschen spanischer und indigener Abkunft), Ann und mich. Gegen Mittag hielt er geräuschvoll an einer Ansammlung armseliger Holzhütten, umgeben von undurchdringlichem Urwald.

Ich schaute hinaus und sah, dass die Straße einfach aufhörte. Sie endete an einer Mauer von Bäumen. Ab hier regierte der Dschungel. Dem Stapel Spitzhacken und Schaufeln und dem altersschwachen Bulldozer nach zu schließen handelte es sich bei der Siedlung um ein Straßenbaucamp. An einem langen Brettertisch saßen ein paar zerlumpte bärtige Männer beim Mittagessen. Ihre abgerissenen Kleider starrten vor Dreck. An einer rohen Holzlatte waren ein paar Pferde angebunden. Auf dem Schild daneben stand »Para alquilar« (zu vermieten).

Wir blieben vorn im Bus sitzen und wussten nicht, was wir tun sollten. Unsere drei angetrunkenen Reisegefährten stolperten mit ihren Rupfentaschen an uns vorbei. Jeder schüttelte uns die Hand und murmelte etwas, das ich nicht verstand, doch als Aufmunterung auffasste. Sie sprachen mich so an, wie ich meine ganze Friedenskorpszeit in Ecuador über genannt werden sollte: einfach als »Mister Gringito«. Ann war »Mistera Gringita«.

Wir kletterten aus dem Bus. Ich ging auf den Tisch zu. Die Männer gafften Ann an, als hätten sie noch nie eine Frau gesehen. »Dónde está El Milagro?«, fragte ich. (Wo ist El Milagro?) Einer der Männer zeigte auf die Pferde. Wir gingen hinüber.

»Die sind ja winzig«, meinte Ann. »Ganz anders, als ich erwartet hatte.«

»Die sind wohl eher an Ecuadorianer gewöhnt, nicht an uns übergroße ›Gringos‹.« Ich sprach den Mann an, dem sie zu gehören schienen, und fragte in meinem holprigen Spanisch, ob sie uns nach El Milagro bringen könnten.

»Claro«, sagte er. »Natürlich.« Dabei rieb er zwei Finger gegeneinander: das universelle Zeichen für Geld. »Tres dólares.«

»Drei Dollar«, sagte ich zu Ann. »Ich glaube, das sollten wir machen.«

Wir mieteten drei Pferde – für jeden von uns eines zum Reiten und ein Packpferd, das unsere Rucksäcke tragen sollte. Ein barfüßiger Junge, wohl der Sohn des Eigentümers, sollte uns zu Fuß begleiten. Wie uns erklärt wurde, war seine Aufgabe, uns den Weg zu zeigen und die Pferde zurückzubringen, wenn wir unser Ziel erreicht hatten.

Mein Pferd ächzte und stöhnte unter meinem Gewicht, als es sich durch den oft kniehohen Schlamm kämpfte. Ich wusste gar nicht, mit wem ich mehr Mitleid haben sollte – mit dem armen Tier oder mit mir. Doch abzusteigen und zu versuchen, zu Fuß durch den Morast zu waten, kam für mich nicht infrage. Ich hielt mich mit jedem Muskel meines Körpers auf dem Pferd.

Hinter uns sah ich den Jungen auf einem Grat oberhalb des Reitwegs entlanglaufen, zwischen Bäumen, Unterholz und Matsch. Bei jeder Gabelung schrie er auf die Tiere ein und dirigierte sie mit einem langen Stock. Ich schätzte ihn auf zehn Jahre. Statt zur Schule zu gehen, arbeitete er, damit wir an unser Ziel kamen. Wieder klang mir das Wort »privilegiert« im Ohr.

Einmal wurden wir von einem Regenguss durchnässt, wie ich noch keinen erlebt hatte. Wir hatten zwar Plastikponchos in unseren Rucksäcken, konnten sie aber unmöglich schnell genug herausziehen. Also ergaben wir uns in unser Schicksal und wurden nass bis auf die Haut.

Am Spätnachmittag kamen wir an eine ramponierte handgemalte Holztafel, die schief an einen Baum genagelt war: »Bienvenidos al Milagro.« (Willkommen im Wunder.) So mitgenommen sie auch wirkten – als ich die gepinselten Worte las, war ich erleichtert. Die entsetzliche Reise musste bald enden. Wir hatten unser Ziel erreicht, das Wunder. In mir regte sich wieder der Enthusiasmus, den ich in Quito verspürt hatte.

Doch als ich die Siedlung zu Gesicht bekam, verflog mein neu gewonnener Optimismus. Ich weiß nicht, was ich erwartet hatte – vielleicht ein märchenhaft anmutendes Disneyland-Dorf –, doch hier war gar nichts märchenhaft, sondern grauenhafter, als ich es mir hätte ausmalen können oder wollen. Ein schlammiges Fleckchen karger Boden wurde gesäumt von einem Dutzend lehmbesprenkelter Hütten aus rohen, handbehauenen Brettern wie die, die wir auf der Fahrt schon gesehen hatten. Die Latten waren senkrecht in den Boden gerammt und wirkten windschief und baufällig. Ein paar magere Hunde bellten und schnappten nach den Beinen unserer Pferde. Nackte Kinder kamen angerannt und patschten durch den Matsch. Sie warfen Steine nach den Hunden und riefen mir Worte zu, die ich nicht verstand.

Fassungslos schaute ich zu Ann. »Vielleicht wäre Vietnam doch besser gewesen.«

Sie rang sich ein schwaches Lächeln ab. »Das glaubst du doch wohl selber nicht.«

»Du kannst gern nach Hause fahren«, erklärte ich. »Ich würde dir das nicht übel nehmen.«

Wortlos zeigte sie mir den Stinkefinger.

Ich hatte das schreckliche Gefühl, wir seien verdammt zu einem Leben als Gefangene in diesem Land voller Regen und Schlamm, mit seinen furchtbaren Bussen, seinen schmutzigen Menschen und ihren stinkenden Tieren. Ich stellte mir vor, im Dschungel wimmele es nur so von gefährlichen Schlangen, blutsaugenden Insekten und tödlichen Bakterien. Im Rückblick schäme ich mich für meine furchtbar vorurteilsbehaftete Sicht der Dinge. Damals wusste ich natürlich nicht, dass es mich immer wieder in diese Region zurückziehen würde und dass ich ihren Dschungel und ihre Menschen lieben lernen sollte.

Von irgendwoher tönte da der Ruf: »Hola, gringo!«

Ein Mann, der strahlte, als hätte er soeben einen lange vermissten Verwandten wiedergefunden, bahnte sich einen Weg durch die Kinder und streckte uns die Hand entgegen. »Ich bin Professor Mata, der Lehrer«, erklärte er auf Spanisch. Er trug Khakihosen und ein industriell gefertigtes Hemd, beides zerknittert und durchgeschwitzt. Sein Lächeln offenbarte einen einzelnen Goldzahn vorne im Mund – und die Zahnlücke rechts daneben. Ich sollte feststellen, dass er abgesehen von mehreren seiner kleinen Schüler einer der wenigen war, die hier Spanisch konnten. Alle anderen sprachen Shuar oder Quichua. »Willkommen in El Milagro, unserer kleinen Schulgemeinde.« Er nahm die Zügel unserer Pferde und half uns herunter. Während er mir die Hand drückte, erklärte er: »Sie sind also der Agrarexperte, den uns das Friedenskorps versprochen hat.«

»Agrarexperte?« Ich stürzte beinahe vom Pferd und wäre um ein Haar vornüber zu Boden gefallen. Ich versuchte, mir den Matsch von der durchnässten Hose zu reiben. Dabei musterte ich die Menschen, die sich versammelt hatten, um diese seltsamen Fremden zu bestaunen, die da in ihr Territorium vorgedrungen waren. »Ich verstehe gar nichts von Landwirtschaft«, sagte ich in meinem dürftigen Spanisch.

»Ach, nicht?« Überrascht lehnte er sich zurück. »Aber das hatten wir doch angefordert.«

Da krampften sich meine Eingeweide zusammen. »Entschuldigen Sie bitte, Professor, aber wo ist denn hier die Toilette?«

»Da drüben.« Er zeigte auf den Wald.

Ich rannte, so schnell ich konnte. Über einem Fluss waren zwei rohe Bretter angebracht, mit einem Loch dazwischen. An einem überhängenden Zweig hing ein Bündel Blätter. Vorsichtig, um nicht auf den matschigen braunen Klumpen auszurutschen, die ich gern für Schlamm halten wollte, erledigte ich, wozu ich hergekommen war.

Als ich zu Professor Mata zurückkam, versammelten sich immer mehr Menschen um uns. Ann wühlte in ihrem Rucksack, als suche sie etwas. Vermutlich wich sie aber nur den vielen Fragen aus. »Aber wenn Sie kein Agrarexperte sind«, wollte Professor Mata wissen, »was machen Sie dann hier?«

Mich vor dem Militärdienst drücken. Doch das konnte ich schlecht sagen. Hilfesuchend schaute ich zu Ann.

Sie ließ ihren Rucksack sein und sprang mir zur Seite. »Kredit und Sparen«, soufflierte sie auf Englisch.

Ich wandte mich wieder Professor Mata zu, versuchte tapfer, zu lächeln und stotterte auf Spanisch, wie ich es im kalifornischen Trainingslager des Friedenskorps gelernt hatte: »Estoy aquí para formar una cooperativa de crédito y ahorros.« (Ich bin hier, um euch zu helfen, eine Kredit- und Spargenossenschaft aufzubauen.)

»Eine Kredit- und Spargenossenschaft?«, entgegnete er auf Spanisch und starrte mich ungläubig an. »Soll das ein Witz sein?« Er runzelte die Stirn. »Kein Witz, oder?«

Ich schüttelte den Kopf.

Er zeigte auf die um uns verstreuten Hütten. »Was denn für Kredite? Welche Ersparnisse? Wir haben kein Geld. Hier tauscht man Papayas gegen Bananen …«

So lernte ich die Arbeit der US-Regierung kennen: Man brachte uns Spanisch bei und schickte uns an einen Ort, wo die meisten Menschen Shuar oder Quichua sprachen. Und dann vermittelte man uns Kenntnisse, die in den zwei oder mehr Jahren unserer Stationierung keiner brauchen konnte.

In den nächsten Tagen versuchten Ann und ich, uns ans Leben im Dschungel zu gewöhnen. Da sich das Friedenskorps nicht um eine Bleibe für uns gekümmert hatte, bot uns Professor Mata ein winziges Zimmer im Erdgeschoss seines Hauses an. Sein Haus war zwar klein, doch das größte und solideste in der Gemeinde. Es stand am Rand eines Steilhangs. Die Vorderseite und die Tür gingen auf den Platz hinaus, den alle nur »La Plaza« nannten – das matschige Fleckchen Erde, auf dem wir vom Pferd gestiegen waren und auf dem die Kinder mit einem Garnknäuel Fußball spielten. Der Platz war auch der gesellschaftliche Mittelpunkt des Ortes. Hinten wurde unser Haus von Stelzen getragen, die mich locker überragten. Unser Zimmer hatte einen Bretterboden. Durch die fehlenden Dielen sah man den Morast darunter. Nachdem wir uns an den Gestank der Schweine gewöhnt hatten, die unter uns Zuflucht suchten, fanden wir die Löcher ganz praktisch, wenn man nachts pinkeln musste. Der einzige Nachteil war, dass der plätschernde Urin noch mehr Schweine anlockte. Die Wände unseres Zimmers überzog Schimmel, doch sie boten willkommenen Schutz vor den suchenden Blicken der neugierigen Einheimischen, die uns auf Schritt und Tritt verfolgten. Wir schliefen in Schlafsäcken auf dem Boden. Professor Mata wohnte über uns – in einem etwas größeren Zimmer, das er über eine Leiter erreichte. Gedeckt war das Haus mit einem Blechdach, das sich wie tausend Trommeln anhörte, wenn die täglichen Regengüsse niedergingen, die dann etwa eine Stunde anhielten.

Bei unseren Streifzügen durch den kleinen Ort fiel uns die innere Stärke der Menschen auf – und die Herzlichkeit, mit der sie uns willkommen hießen. Sie wussten, wir waren gekommen, um das Unmögliche zu versuchen – eine Kredit- und Spargenossenschaft zu gründen. Aufgrund der Geschichte des Landes, die von Ausbeutung durch Fremde geprägt war, und der laufenden Konflikte zwischen den indigenen Einwohnern und Texaco ein paar Hundert Kilometer nördlich von uns hatten sie jeden Grund, unseren Motiven zu misstrauen. Doch früher oder später kam ausnahmslos jeder lächelnd auf uns zu, schüttelte uns die Hand und sagte uns seinen Namen.

Professor Mata verpflegte uns zweimal täglich oben in seinem Zimmer. Seine Gastfreundlichkeit überraschte uns zunächst, denn schließlich hatten wir ihn durch unsere mangelnden landwirtschaftlichen Kenntnisse ja sehr enttäuscht. Die Überraschung wich jedoch rasch einem gewissen Widerwillen. Die Mahlzeiten bestanden fast immer aus einem gebratenen Ei mit gebratenem Maniok oder Kochbananen auf einem Teller, der mit einem schmutzigen Lappen abgewischt worden war. Gebraten wurde in tierischem Fett – schwarz, schmierig und viele Male wiederverwendet, sodass ich das Endprodukt höchst unappetitlich fand. Ab und zu bot er uns eine Schale öliger Suppe mit einem Stück knochigem Huhn oder Fisch oder kleinen nudelartigen Teilchen an – einer besonderen Delikatesse, wie er sagte: Larven, die aus verfaulten Baumstämmen gepult wurden. Die Menschen in Amazonien wissen, dass man das Wasser der Flüsse nicht trinken kann, weil es durch umgestürzte Bäume und tote Tiere organische Stoffe enthält. Deshalb trinken sie *Chicha*. Das ist eine Art Bier, das die Frauen herstellen, indem sie pürierte Maniokwurzeln kauen und die Flüssigkeit dann in eine Schüssel spucken, wo sie fermentiert. In der ersten Woche tranken wir schlammiges Wasser, das wir mit den übel schmeckenden Jodtabletten aus der medizinischen Ausrüstung des Friedenskorps versetzt hatten. Doch als diese zu Ende gingen, war das Spuckebier die einzige Alternative. Trotz unseres Ekels hatten wir keine Wahl, als zu essen und zu trinken, wovon sich die Einheimischen ständig ernährten. Dafür zahlten wir Professor Mata zwei Dollar die Woche.

Ann und ich sprachen immer wieder über Privilegien. Wir waren uns des starken Kontrastes sehr bewusst, in dem unser Leben in den USA mit großen, gut ausgestatteten Häusern, Lebensmittelläden mit Hunderten Varianten verschiedener Nahrungsmittel, jederzeit verfügbarer Gesundheitsversorgung und so vielen weiteren Annehmlichkeiten zum Leben dieser Menschen stand.

El Milagro war kein typisches Shuar-Dorf. Es war, wie Professor Mata gesagt hatte, eine »Schulgemeinde«, in der sich Menschen angesiedelt hatten, die aus übervölkerten und verarmten Orten in den Anden vertrieben worden waren. Sie wurden »*Colonos*« genannt (»Kolonisten« – ein Wort, das später noch an Bedeutung gewinnen sollte). »Die Shuar leben nicht in Holzhäusern wie wir«, fuhr Professor Mata fort. »Sie leben zusammengepfercht in Strohhütten.« Angewidert schüttelte er den Kopf. »So primitiv.« Dann setzte er hinzu: »Hier leben viele Shuar-Kinder. Sie kommen in meine Schule, um Spanisch und Rechnen zu lernen – oder weil ihr Land von den Ölfirmen zerstört wurde. Oder … « Er zögerte. »Oder weil ihre Eltern bei einem Überfall ums Leben kamen.«

»Also stimmt es, dass es noch immer Stammeskriege gibt?«, fragte ich.

»Ja, Fehden zwischen Shuar-Clans und Konflikte mit den Achuar, die schon seit Generationen andauern.« Er klopfte mir auf den Rücken. »Aber keine Angst, hier wird man uns nicht angreifen. Wir sind eine Schulgemeinde, die nach ihren Gesetzen unter Schutz steht.«

Ich fragte mich unwillkürlich, wie streng ihre Gesetze wohl vollstreckt würden.

Und noch ein Faktor schlich sich damals in meine Überlegungen ein. 300 Jahre neuenglischer Yankee-Geschichte hatten mir das Gebot eingebläut: »Wird dir eine Aufgabe übertragen, dann erfülle sie um Gottes Willen!« Ich war geschickt worden, um Kredit- und Spargenossenschaften aufzubauen. Das war meine Aufgabe, und trotz Professor Matas Bedenken war ich fest entschlossen, sie zu erfüllen.

Das Friedenskorps hatte mich mit einem Rucksack voller Comichefte in den Dschungel geschickt, die die Vorzüge von Kredit- und Spargenossenschaften anpriesen. In Farbe. Auf Spanisch. Sie waren vom US-amerikanischen Information Service gedruckt worden und hießen »USIS« – was ich für mich bald zu »USELESS« verballhornte: unbrauchbar. Ich stand jeden Morgen mit der Sonne auf und verteilte die Hefte an die Männer, Frauen und Kinder, die sich auf den Weg in den Dschungel machten, um Feuerholz zu schlagen, Nahrung und medizinische Kräuter zu sammeln oder zu jagen. Ann betrieb eine Ambulanz, in der sie anwendete, was sie aus ihren Schulungen über Hygiene gelernt hatte, und Müttern beibrachte, wie sie bei Kindern Verletzungen und Insektenbisse auswaschen und mit der Jodtinktur behandeln sollten, die in unserer Erste-Hilfe-Ausrüstung enthalten war. Jeden Abend ging ich auf den Dorfplatz und hielt einen Vortrag. Angesichts meines mangelhaften Spanischs und des Themas – die Vorzüge von Kredit- und Spargenossenschaften – hatte ich keine Ahnung, ob überhaupt irgendjemand ein Wort davon verstand. Ich wusste nur: Es war meine Pflicht und Schuldigkeit.

Zu meiner Überraschung fanden sich jeden Abend mehr Menschen ein. Manche marschierten stundenlang durch den Dschungel und liefen dann mitten in der Nacht zurück nach Hause – ohne Taschenlampe. Professor Mata hatte unrecht. Die Hartnäckigkeit des Yankees zahlte sich aus! Dachte ich jedenfalls.

Eines Morgens, ich war gerade mit meinem Stapel Comichefte zum Waldrand unterwegs, rannte ein kleines Mädchen auf mich zu, berührte mich am Arm und lief davon. Ein paar Minuten später kam sie zurück und starrte mich unverwandt an.

»Warum du kein Schmutz?«, fragte sie in stockendem Spanisch.

»Wie bitte?«

»Schmutz.« Sie schaute zum Himmel. »Schmutz von Stern.«

»Sternenstaub«, sagte ich auf Englisch. Das spanische Wort dafür kannte ich nicht. »Schmutz von Stern«, plapperte ich ihr nach.

Sie nickte. »Ja.«

»Warum? Ich. Schmutz von Stern. Warum?«

Sie linste zum Wald hinüber. »Mein Bruder … « Sie zeigte auf einen Jungen, der im Schatten unter den Bäumen stand. »Er sagen, du kommen von dort.« Sie zeigte nach oben. »Ich dich anfassen, du zu Schmutz werden – Schmutz von Stern.« Wieder schaute sie dorthin, wo gerade noch ihr Bruder gestanden hatte. Jetzt war er fort. Sie rannte in den Wald und rief nach ihm.

Und ich stand da und begriff: Diese Kinder glaubten, ich käme aus dem Weltraum.

Professor Mata kam zu mir herüber. »Sie verunsichern die Menschen.«

Ich schaute ihn an. »Ich bin Schmutz vom Stern.«

Er nickte.

»Aber sie kommen und hören sich an, was ich zu sagen habe. Über Kredit- und Spargenossenschaften.«

»Das kommt Ihnen so vor.« Er lächelte. »Ist Ihnen schon mal aufgefallen, dass es hier keine Radios gibt? Keine Fernseher. Keinen Strom.« Er hielt kurz inne. »Auch keine Zeitungen oder Zeitschriften.« Wieder eine Pause. »Ich wäre auch so ziemlich der Einzige, der sie lesen könnte.«

Da fiel es mir wie Schuppen von den Augen. »Sie meinen …«
»Sie sind hier das Unterhaltungsprogramm.«
Wie hatte ich so dumm sein können? Nun begriff ich: Für die Kinder war ich der Außerirdische und für die Erwachsenen eine Art Late-Night-Comedy-Show. Jeden Abend!

Kapitel 2

AYAHUASCA

EINES MORGENS BRACH ANN AUF, um ein paar Tage mit einem anderen Ehepaar zu verbringen, die als Freiwillige des Friedenskorps in einer Gemeinde in der Nähe stationiert waren. Zu Fuß wurden regelmäßig Nachrichten zwischen unseren beiden Gemeinden überbracht und die Nachbarn hatten Ann eingeladen, sich die höchst erfolgreiche Ambulanz anzusehen, die die Frau dort auf die Beine gestellt hatte, um den einheimischen Müttern mehr Wissen über moderne Hygiene und Kinderpflege zu vermitteln – was einen Schritt weiter ging als das von Ann bereits eingeführte Wundsäuberungs- und Desinfektionsverfahren.

Ann war kaum ein paar Stunden fort, als mich plötzlich höllisch schmerzhafte Bauchkrämpfe überfielen. Ich kroch zu dem Loch im Fußboden und übergab mich. Wieder und wieder. Dann bekam ich Durchfall. Bis abends behielt ich nichts bei mir. Ich konnte mich kaum noch auf den Beinen halten. Ich litt unter Schüttelfrost und zog meinen Schlafsack und den Rucksack zu mir zum Loch. Ich nahm die Medikamente, die in dem kleinen Erste-Hilfe-Kasten des Friedenskorps enthalten waren, den ich bei mir hatte. Ich betete. Ich meditierte. Nichts half. Der Tag ging in eine meiner schwärzesten Nächte über und Erbrechen und Durchfall verschlimmerten sich. Ich hatte nicht nur Schmerzen, sondern auch schreckliche Angst. Ich schlief kaum, und wenn doch, erwachte ich schweißgebadet.

Am nächsten Morgen würgte ich mit leerem Magen. Ich glühte vor Fieber und überlegte verzweifelt, was ich tun konnte. Vom nächsten Arzt trennten mich ein weiter Fußmarsch und eine strapaziöse Busfahrt. Das würde ich auf keinen Fall schaffen. Professor Mata brachte mir heißen Haferbrei, doch ich konnte nichts essen. Ich fand mich damit ab: Ich würde sterben.

Am Spätnachmittag brachte Professor Mata einen Shuar-Mann zu mir, während ich in meinem Schlafsack lag. Als ich ihn sah, dachte ich, ich müsse im Delirium sein. Sein faltiges Gesicht war über und über mit furchterregenden schwarzen Tätowierungen bedeckt – eine Schlange glitt von einer Wange übers Kinn zur anderen, auf der Stirn prangte ein doppelseitiger Speer, und von seiner Nase gingen strahlenförmige Linien aus wie die Schnurrhaare eines Jaguars. Seine perlweißen Zähne waren so makellos und bildeten einen so krassen Kontrast zu denen Professor Matas, dass es mir unnatürlich vorkam. Sein Oberkörper war nackt. Er trug einen braunweiß gestreiften Rock, der fast bis zu seinen bloßen Füßen reichte. Sein glattes schwarzes Haar fiel ihm bis auf den Rücken. In meinem Zustand wirkte er auf mich wie einer der grimmigen Indianer auf dem Kriegspfad, von denen ich gelesen hatte.

»Ich bin Entsá, der Schamane«, sagte er, wie Professor Mata übersetzte.

»Schamane?« Wir schrieben 1968. Ich hatte keine Ahnung, was das bedeutete.

»Der Heiler«, erklärte Professor Mata.

Ein Medizinmann also! Wie die, die ich in Filmen gesehen hatte und die Wagenzüge mit bösen Flüchen belegten, wenn sie die Prärie nach Westen durchquerten. Er war sicher gekommen, um Rache an mir zu nehmen, weil ich seine Leute zu Kredit- und Spargenossenschaften überreden wollte, und hatte gewartet, bis ich absolut hilflos war. Ich hatte Angst und fühlte mich ohnmächtig.

Entsá griff nach meinen Händen und zog mich auf die Füße. Ich wollte mich wehren, zitterte aber vor Schwäche. Er reichte mir zwar nur bis zur Schulter und sah uralt aus, hatte aber einen kräftigen Griff. Professor Mata stützte mich von hinten.

Entsás kohlschwarze Augen glitten über meinen Körper. Er musterte mich von Kopf bis Fuß. Er schaute mir so durchdringend in die Augen, dass er bis in meine Seele zu blicken schien. Dann fuhr er mir mit seinem knorrigen Zeigefinger vor dem Gesicht herum und murmelte Professor Mata etwas zu. Dieser verzog das Gesicht.

»Was hat er gesagt?«, fragte ich mit so schwacher Stimme, dass ich mich selbst kaum hören konnte.

Professor Mata zögerte und sagte dann leise: »Er hat gesagt, Sie sterben.«

Da erzitterte mein Körper noch heftiger als zuvor. »Lassen Sie mich los«, sagte ich.

Professor Mata sagte etwas zu Entsá. Sie legten mich zurück auf meinen Schlafsack.

Entsá kniete neben mir, beugte sich über mich und murmelte etwas. Professor Mata runzelte die Stirn. »Er sagt, Sterben sei gut.«

Erst viel später erfuhr ich, dass die Shuar an Wiedergeburt glaubten, und für diesen Schamanen war mein ganzes Gerede über Kredit- und Spargenossenschaften der Beweis dafür, dass ich verrückt war. Und dass es höchste Zeit für mich war, zur nächsten Station weiterzuziehen. Ich brach in Schluchzen aus.

Professor Mata kniete neben Entsá, der flüsternd auf ihn einsprach.

Professor Mata lächelte flüchtig, runzelte wieder die Stirn und schüttelte den Kopf. Sie unterhielten sich länger. Selbst in meinem Fieberwahn hörte sich das für mich nach einem Streit an. Schließlich hob Entsá die Hände, stand auf und ging.

Professor Mata sah ihm nach, bis er fort war, und drehte sich dann zu mir um. Er sagte nichts und schaute mich nur an.

»Bitte«, flehte ich. »Was war da gerade los?«

»Er hat mir erklärt, er könne Sie heilen«, meinte er.

»Wirklich?«

»Nur dass Ihre Heilung sehr gefährlich ist.«

Angst durchzuckte mich. »Sie meinen … sie könnte mich töten?«

»Oh nein.« Er zögerte. »Gefährlich für ihn und mich.« Er erhob sich und wischte die Hände an seiner Hose ab. »Er könnte Sie heilen und würde uns andere dadurch in Gefahr bringen.«

In mir keimte Hoffnung auf – und gleichzeitig Verzweiflung. »Wieso?«

»Das hier ist eine Missionsgemeinde.« Er schaute durch die offene Tür. Meine Augen folgten seinem Blick bis zur Plaza und zu dem gegenüberliegenden schimmligen Holzbau, über dessen Tür ein kleines hölzernes Kreuz genagelt war.

Mir kam ein Gedanke. Ich musste ihn überzeugen. »Jesus hat Menschen geheilt. Er erweckte Lazarus von den Toten.«

Professor Mata rieb sich das stoppelige Kinn. »Schon.« Er sah auf mich herab. »Und er wurde gekreuzigt.« Er ging zur Tür und kam wieder zurück. »Sehen Sie, meine Schule wird von der katholischen Kirche gefördert.« Er ließ sich wieder auf die Knie fallen. »Die Kirche und die ecuadorianische Regierung verbieten, was diese Schamanen tun.«

Verdutzt fragte ich: »Was tun die Schamanen denn?«

»Sie brauen eine Art Tee aus einer Pflanze. Den müssen Sie trinken.«

»Gift?«

Er schüttelte den Kopf. »Er verändert – das Bewusstsein.«

»Wie LSD?«

»Was ist das?«

»Marihuana?«

»Ach so! Das habe ich nie ausprobiert.«

»Und diese Pflanze – von den Schamanen?«

Er schaute sich verstohlen um. »Darüber darf ich nicht sprechen.«

»Also haben Sie sie ausprobiert, stimmt's?« Er antwortete nicht. Ich war ganz aufgeregt. »Und? Hat es geholfen?«

Er legte einen Finger an die Lippen und nickte.

Ich stützte mich auf den harten Boden, um mich aufzurichten. »Ich möchte es versuchen.«

Professor Mata brabbelte etwas Unverständliches, bekreuzigte sich und setzte sich auf seine Fersen. »Vielleicht«, sagte er. »Es könnte helfen, aber …«

Er rieb sich das Kinn. »Sie müssen mir versprechen, nie jemandem davon zu erzählen.«

In meine Aufregung mischte sich Hoffnung. »Natürlich.«

»Keiner Menschenseele. Nicht einmal Ihrer Frau.«

»Ich verspreche es.«

»Wenn die Kirche oder die Regierung herausfindet, dass ein Shuar-Schamane einen Gringo kuriert hat, landet er im Gefängnis.« Er blickte sich um. »Oder ihm stößt noch Schlimmeres zu.« Er schaute wieder zur Tür hinaus. »Und mir auch«, flüsterte er. »Vielleicht sogar Ihnen.«

»Ich werde es niemandem sagen«, versicherte ich.

Nach Sonnenuntergang halfen mir Professor Mata und ein junger Shuar, durch den Dschungel zu Entsás Haus zu humpeln. Ich war im Fieberwahn, doch mein Magen war leer, und das Brechen und Würgen hatte aufgehört.

Entsás Haus wirkte auf mich seltsam vertraut. Es war oval, die Wände bestanden aus Spaltholz, das horizontal in den Boden gerammt war. Als wir eintraten, überkam mich selbst in meinem verängstigten, geschwächten Zustand ein Gefühl der Erleichterung. Der Boden war zwar aus gestampftem Lehm, sah aber absolut sauber aus. Das gewölbte Dach war so hoch, das drei oder vier Männer aufeinander stehen konnten, und kunstvoll mit Palmwedeln gedeckt. Das Haus wirkte dadurch offen und luftig. Durch die Ritzen zwischen den Holzlatten konnte man den Dschungel sehen. Der Rauch eines schwelenden Feuers mitten im Raum zog um uns herum und ins Blätterdach hinauf. Am Feuer saß eine Frau und sang leise vor sich hin.

Ich wurde auf eine Holzbank gelegt. Als ich mich umsah, verstärkte sich das Gefühl der Vertrautheit. Ich war mir sicher, dass ich so einen Ort noch nie zuvor gesehen hatte. Dennoch kam es mir so vor. Vielleicht war es ja der Geruch nach Rauch und Feuer, der in mir Erinnerungen an Abende vor dem offenen Kamin in dem Landhaus in New Hampshire weckte, in dem ich die Sommer meiner Kindheit verbracht hatte, dachte ich. Vielleicht aber auch die sanfte Frauenstimme im Hintergrund. Da fiel es mir ein. Ich hatte diesen Ort schon einmal gesehen – auf dem Foto, das mir meine Geschichtslehrerin in der siebten Klasse gezeigt hatte, und in Filmen. Er erinnerte an die Häuser in der Verfilmung des Buches *Nordwestpassage*. An die Häuser, in denen im 18. Jahrhundert die Abenaki in meiner Heimat New Hampshire gelebt hatten.

Professor Mata und der junge Mann trugen mich mitsamt der Bank näher zum Feuer und stellten mich vor einen geschnitzten hölzernen Hocker, der einer Schildkröte glich. Sie richteten mich an der Rückenlehne auf. Professor Mata schob mir eine Decke in den Rücken, damit ich nicht umfiel.

Aus dem dunstigen, rauchigen Dunkel auf der anderen Seite des Feuers schälte sich ein Schatten: Entsá. Im Feuerschein wirkte er noch furchterregender. Die roten Wellenlinien, die über die schwarzen Tätowierungen auf seinem Gesicht gemalt waren, schienen diabolisch zu tanzen, als er auf mich zukam. Bis auf einen Lendenschurz, einen riesigen Reißzahn, der an einem Lederband vor seiner Brust hing, und einen gefiederten Kopfschmuck war er nackt. Er hob die Hände in meine Richtung, murmelte etwas, das sich wie eine Beschwörungsformel anhörte, drehte sich weg und bewegte sich dann langsam um das schwelende Feuer herum. In dem schaurigen Dunst schüttelte er eine Rassel und verfiel in einen tiefen, leisen Singsang, der so gar nicht menschlich klang, sondern eher an das Knurren eines Tieres erinnerte.

Ich musste gegen den Drang ankämpfen, meinen schwachen Körper von der Bank zu stoßen und davonzukriechen. Dabei wusste ich, dass das sinnlos gewesen wäre. Ich war zu krank. Ich sagte mir, wenn er oder Professor Mata mich hätten tot sehen wollen, hätten sie mich einfach alleine sterben lassen. Dieser Schamane war meine letzte Hoffnung. Da überkam mich wieder dieses seltsame Gefühl, hier schon einmal gewesen zu sein. Ich zwang mich, mich zu entspannen und anzunehmen, was auf mich zukam.

Entsá schien sofort zu merken, dass sich meine Stimmung verändert hatte. Er wandte sich mir zu. Mit einer Hand zog er ein brennendes Stück Holz aus dem Feuer, wedelte damit in meine Richtung und stellte sich neben meine Bank. Mit der anderen Hand schüttelte er die Rassel so nahe vor meinem Gesicht, dass ich den Lufthauch spüren konnte.

Zum ersten Mal seit zwei Tagen hatte ich den Wunsch, ganz bewusst zu erleben, was um mich herum vorging. Vergeblich sah ich mich nach der Frau um, die gesungen hatte. Ich beobachtete aufmerksam, wie sich Entsá auf dem Schildkrötenhocker vor mir niederließ, weiter mit der Rassel klapperte und das brennende Holz schwang. Sein Singsang wurde lauter.

Dann hielt er plötzlich inne. Zu hören war nur noch das hohe Krächzen der Laubfrösche – und die Geräusche der Insekten draußen im Wald. Entsá warf das brennende Holzstück ins Feuer zurück, saß ganz still und sah mich eine gefühlte Ewigkeit lang an. Da er das Feuer im Rücken hatte, konnte ich sein Gesicht nicht sehen, doch ich fühlte, wie sein Blick auf mir herumwanderte wie schon am Nachmittag. Da legte er die Rassel neben mich auf die Bank, ging wieder zum Feuer, griff nach einer Kalebasse und einem Becher, die auf dem Boden standen, kam zurück, setzte sich auf den Hocker und goss den Inhalt der Kalebasse vorsichtig in den Becher. Er beugte sich über den Becher, flüsterte hinein, hob den Kopf, um mich anzusehen, und blies dann auf die Flüssigkeit.

»Trinken Sie.« Professor Matas Stimme schreckte mich auf. Ich spürte, wie er mir die Hand führte, bis der Becher meine Finger berührte.

Ich beugte mich vor. Als sich meine Hand um den Becher schloss, kippte ich vornüber.

Entsá schob mich auf die Bank zurück. Er griff nach meiner Hand, führte mir den Becher an den Mund und neigte ihn.

»Trinken Sie«, wiederholte Professor Mata. »Alles. Jetzt.«

Es schmeckte grauenvoll. Ich würgte und verschluckte mich.

Die beiden lachten in sich hinein. Entsá berührte meine Stirn und murmelte etwas.

»Was ist?«

»Träumen Sie«, übersetzte Professor Mata. »Berühren Sie den Jaguar.«

»Den Jaguar?« Ich schaute mich um, starr vor Angst.

»Der Jaguar«, erklärte Professor Mata, »ist für die Shuar ein machtvolles Symbol. Wenn Sie ihn gleich in Ihren Visionen sehen, laufen Sie nicht weg. Stehen Sie zu Ihren Ängsten. Berühren Sie sie. Bedienen Sie sich der Kraft des Jaguars. Lassen Sie sich vom Jaguar zeigen, was Sie tun müssen, um sich zu verändern – um gesund zu werden.«

Ich lag auf der Bank und um mich herum geriet die Welt aus den Fugen. Ich sah Lichtblitze, vor allem aber war mir furchtbar schwindelig. Mein Magen verkrampfte sich. Ich wollte mich übergeben, doch es kam nichts. Etwa nach einer halben Stunde musste ich erneut würgen – mit aller Gewalt. Der Schamane sang und rieb meinen Körper mit Blättern ab. Da ergoss es sich plötzlich aus meinem Mund – orange Flüssigkeit, gefolgt von abscheulichen Schlangen, widerwärtigen reptilischen Monstern und sich windenden Würmern, die auf den Boden platschten und zu Bäumen wurden.

Ich weiß heute, dass ich halluzinierte – dass mir Entsá etwas gegeben hatte, das in den letzten Jahren auch außerhalb Amazoniens populär geworden ist, wovon ich damals aber noch nie gehört hatte: einen Sud aus verschiedenen Pflanzen, der auf Quichua »Ayahuasca« hieß.

Als der Brechreiz langsam nachließ, sank ich zurück auf die Bank. Vor meinen Augen flackerten immer mehr Bilder auf. Erst waren es geometrische Formen und leuchtende, fluoreszierende Lichtstrahlen. Sie setzten sich zu einem Jungen aus New Hampshire zusammen. Das war ja ich! Ich sah, wie er dazu erzogen wurde, sich oft die Hände zu waschen und hygienisch von sauberem Geschirr zu essen. Dann sah ich mich, wie ich ein rohes Ei aß, fettige Kochbananen und Larvensuppe aus schmutzigen Tellern. Wie ich das Spucke-Bier Chicha trank.

In meiner Trance sah ich, dass ich solche Dinge aß und trank, weil es sonst nichts gab.

Da erschien mir meine Mutter. »Dieses Zeug wird dich umbringen«, sagte sie. Plötzlich verwandelte sie sich in einen Jaguar. Die Großkatze stand vor mir, fletschte die Zähne und knurrte.

»Berühre den Jaguar.« Entsás Worte hallten durch den Dschungel.

In meiner Vision trat ich auf den Jaguar zu, streckte die Hand aus und berührte ihn. Er löste sich auf und ich sah Shuar-Männer und -Frauen. Sie waren gesund und kräftig. Unter ihnen waren auch Ältere. Ich hörte eine Stimme sagen: »Viele von uns werden sehr alt. Unsere Nahrung ist frisch und gesund und stärkt uns. Wir trinken Chicha, weil es das Flusswasser reinigt.«

Der Schamane hörte auf zu singen. Da waren nur noch die Geräusche des dunklen Dschungels – Laubfrösche, Fledermäuse, Insekten und Nachtvögel. Ich fiel in einen tiefen Schlaf.

Als ich aufwachte, schien die Sonne. Zu meiner Überraschung hatte ich keine Bauchkrämpfe mehr. Keine Übelkeit, kein Fieber, keinen Durchfall. Ich hatte Hunger. Ich lag da auf der Bank und begriff: Nicht das, was ich aß und trank, brachte mich um, sondern meine Einstellung dazu – meine Überzeugung, dass es mich umbringen würde. Ich war in die Falle meiner eigenen Wahrnehmung getappt. Als ich das erkannte, fühlte ich mich wie ein neuer Mensch. Ich schaute durch die Zwischenräume zwischen den aufgestellten Holzlatten in den Wald hinaus. Er wirkte grüner als zuvor und nicht mehr so feindselig. Ich holte tief Atem. Die Luft roch frischer. Mir kam der Gedanke, dass ich in Wirklichkeit gar keine Angst vor den Speisen und Getränken und vor dem Dschungel selbst hatte, sondern vor etwas ganz anderem – dem Fremden, Unbekannten. Mein Leben lang hatte ich Angst vor Veränderungen gehabt.

Entsá und Professor Mata gesellten sich zu mir. »Es geht dir besser«, sagte Entsá auf Spanisch und lächelte freundlich.

Als ich ihm danken wollte, hielt er mir eine dicke Ranke hin – etwa so lang wie sein Arm. »Das hier hat dich geheilt«, sagte er. »Ayahuasca. Du hast dich von einem Sterbenden in einen Lebenden verwandelt.«

Wir gingen zusammen nach draußen. Ich streckte die Arme aus, als wollte ich den Dschungel umarmen, und schrie meinen Dank hinaus. Ich fühlte mich befreit.

Entsá klopfte mir auf den Rücken. »Gut«, sagte er. Dann erzählte er mir in stockendem Spanisch – hin und wieder unterstützt von Professor Mata –, er sei vor meiner Ankunft in ihrer Gemeinde von den Weisen besucht worden, *Los Sabios*, die in blauen Kugeln vom Himmel kamen.

»Sie meinen Außerirdische, von anderen Sternen?«, fragte ich.

»Einstige Schamanen«, sagte er. »Sie verwandeln sich. Sind klüger als wir. Reisen zu anderen Sternen, ja. Aber nicht in Metallröhren wie Flugzeugen. Sondern durch …« Er deutete auf seinen Kopf und sein Herz und lachte kehlig. Er erzählte, sie hätten ihm gesagt, dass ihm Menschen in fernen Ländern, die die Erde zerstörten, einen Schüler senden würden. Er erklärte, dass mein Volk und unsere Ölgesellschaften für die Shuar das waren, was sie am allermeisten fürchteten. Seine Aufgabe war es, sich diesen Ängsten zu stellen und etwas zu tun, um die Ölfirmen aufzuhalten. Er hatte auf jemanden wie mich gewartet. »Du wirst ein Schamane werden«, sagte er. »Damit du dein Volk verändern kannst.« Er lächelte. »Du wirst mein erster Gringo-Schüler.«

Ich hatte Wirtschaftswissenschaften studiert und Schamanismus hatte damals keine Zukunft. Doch weil Entsá mir das Leben gerettet hatte, fühlte ich mich in seiner Schuld und stimmte zu. Immerhin hatte er mit seiner Pflanze das scheinbar Unmögliche zuwege gebracht. Die Vorstellung, tiefer in die Mysterien dessen einzutauchen, was er da auch immer getan hatte, faszinierte mich.

Professor Mata erklärte Entsá, ich müsse ein heimlicher Schüler werden. »Niemand darf davon wissen«, sagte er. »Noch nicht einmal seine Frau.« Der Schamane lächelte und nickte begeistert.

Am selben Nachmittag kehrte Ann zurück. Wir umarmten uns und beteuerten uns, wie sehr wir einander vermisst hätten. Sie hatte keine Ahnung, was ich durchgemacht hatte, und ich hielt mein Versprechen: Ich sagte ihr kein Wort. Sie war total begeistert von dem Kinderpflegeprojekt, das die andere freiwillige Helferin ins Leben gerufen hatte, und erklärte mir, sie wolle das ebenfalls versuchen.

Professor Mata nahm es auf sich, uns zu helfen, unser Spanisch zu verbessern. Den ganzen Tag über verwickelte er uns in lange Gespräche. Dass Entsá mehr Spanisch konnte, als er zunächst zugegeben hatte, motivierte mich, meine Kenntnisse zu erweitern.

Professor Mata half mir auch, meine Schamanenausbildung vor Ann geheim zu halten. Er richtete es so ein, dass ihre Kinderpflegetermine auf die Zeiten fielen, die ich mit Entsá verbrachte. Rückblickend ist mir klar, dass das der Anfang eines Lebens der Täuschung war, das sich während meiner Jahre als Agent im Dienste der Wirtschaftsmafia fortsetzen sollte. In den nächsten Monaten schlich ich mich davon, wenn Ann mit Müttern und Kindern beschäftigt war, um mich von Entsá in die Geheimnisse des Schamanismus einweihen zu lassen.

Etwa im dritten Monat teilte mir Entsá mit, er werde mir jetzt »Tsentsak« ins Herz pflanzen (so bezeichnete er unsichtbare Pfeile nach dem

Muster der echten Pfeile, die die Shuar in ihren Blasrohren verwendeten). Er legte mir die hohlen Hände aufs Handgelenk und blies hinein. So verrückt es sich anhört, ich spürte, wie etwas in mein Handgelenk eindrang und durch den Arm rasch bis in mein Herz hinauffuhr. Er erklärte mir, wenn ich in die USA zurückkehrte, könne ich solche Pfeile Menschen einblasen, die geheilt werden müssten. Ich könne sie aber auch verwenden, wenn eine Situation verändert werden müsste. Ich würde dann Antworten darauf erhalten, was ich tun könne, um die nötigen Veränderungen herbeizuführen.

Aus diesen heimlichen Treffen mit Entsá erwuchs bei mir ein intellektuelles Interesse am Schamanismus. Einmal im Monat mussten Ann und ich uns beim Regionalbüro des Friedenskorps in Cuenca melden – sozusagen als Lebenszeichen. Ich sage »mussten«, doch in Wirklichkeit genossen wir es sehr, andere Freiwillige zu treffen, Steak und Pommes zu essen und echtes Bier und sauberes Wasser zu trinken. Rückblickend weiß ich, dass das nur ein weiteres der vielen Privilegien war, die uns zukamen, aber den Menschen von El Milagro und den meisten anderen Ecuadorianern seinerzeit verschlossen waren.

Im Büro des Friedenskorps gab es eine gut bestückte englischsprachige Bibliothek. Dort entdeckte ich Bücher wie *At Play in the Fields of the Lord* von Peter Matthiessen und Artikel wie »The Sound of Rushing Water« von Michael Harner. Daraus erfuhr ich mehr über das Ayahuasca, das ich eingenommen hatte, und über die Grundprinzipien des Schamanismus.

Ich fragte mich, ob meine Krankheit nur durch meine Voreingenommenheit ausgelöst worden war. Die Labortests, die das Friedenskorps vorschrieb, während wir in Cuenca waren, ergaben, dass ich mir wohl irgendwann Parasiten zugezogen hatte. War das die eigentliche Ursache gewesen? Jahre später las ich, dass Ayahuasca durch die darin enthaltenen Alkaloide dazu beitragen kann, den Körper von Parasiten zu befreien.[5] Ich weiß zwar immer noch nicht ganz genau, was in jener Nacht passiert ist, doch ich weiß, dass ich nach der Einnahme des Ayahuasca eine ganz andere Einstellung zu allem hatte, das ich zu mir nahm, und zu dem Chicha, das ich trank, und dass sich mein Gesundheitszustand verbesserte.

Je mehr ich mit Entsá arbeitete, desto klarer wurde mir, was es bedeutete, »den Jaguar zu berühren«: zu erkennen, dass die menschliche Realität von unseren Wahrnehmungen bestimmt wird. Um uns selbst oder unsere Welt zu verändern, müssen wir die Barrieren durchbrechen, die uns in alten Denk- und Handlungsweisen gefangen halten. Laufen wir vor unseren Ängsten weg oder verleugnen sie, verfolgen sie uns. Stellen wir uns ihnen, beziehen wir daraus neue Kraft. Entsá verwendete dafür das Wort »Arutam«. Das beschreibt auf Shuar die Fähigkeit, sich zu verwandeln – eine andere Gestalt anzunehmen.

Kapitel 3

DER KAMPF GEGEN DEN KOMMUNISMUS

EIN PAAR TAGE nach meiner Ayahuasca-Erfahrung kamen drei Freiwillige des Friedenskorps in unsere Siedlung. Die drei Männer hatten Maultiere dabei, beladen mit Vermessungsgerät, Bauwerkzeugen und Säcken mit Bulgurmehl, Mais und Grassamen. Professor Mata begrüßte sie begeistert und wies sie an, alles in einem Schuppen gleich neben seinem Haus zu verstauen.

Als wir abends beisammensaßen – die drei Freiwilligen, Professor Mata, Ann und ich – und Sandwiches aßen, die sie aus Cuenca mitgebracht hatten, begriff ich, warum man uns wirklich hierhergeschickt hatte.

Auf Anfrage der US-Behörde für internationale Entwicklung (United States Agency for Internatiol Development, USAID) war das Friedenskorps zur Speerspitze eines Programms zur Umsiedlung armer Andenbewohner in den Dschungel geworden. Begründet wurde dies damit, dass diese Menschen leichte Beute für eine gezielte Kampagne Castros werden könnten, wie es in Washington hieß, um den Kommunismus von Kuba aus in ganz Lateinamerika zu verbreiten. Die Propagandamaschinerie warnte, bald würden die Sowjets nicht mehr nur Kuba unterstützen, sondern von dort aus ganz Lateinamerika dominieren. Und als Nächstes die USA. Che Guevara, der zu Castros revolutionären Kräften gehörte, war kein Jahr vor unserer Ankunft in Ecuador im Zuge eines Einsatzes unter Leitung der CIA gefangen genommen und in Bolivien hingerichtet worden. Ches Präsenz so weit von Kuba entfernt wurde als Beweis für

Kubas Absicht vorgebracht, sich die Vorherrschaft auf dem Kontinent zu sichern. Die amerikanischen Medien sprachen von der »roten Welle« des Kommunismus, die über die Städte und Dörfer der gesamten Anden schwappen würde. Die Lösung war, arme Menschen aus diesen Andenregionen tief ins Amazonasgebiet zu verpflanzen. Dadurch, so jedenfalls die Theorie, würde man sie aus Regionen herausbringen, die als potenzielle Brutstätten für die Revolution galten – und in entlegene Urwaldregionen umsiedeln, wo sie ihren Lebensunterhalt bestreiten könnten und keine so große Bedrohung für die US-gestützte Regierung darstellten.

Die USAID half Ecuador, ein Programm nach dem Vorbild des US-amerikanischen Homestead Act von 1862 auf die Beine zu stellen. Jeder, der eine Parzelle unberührten Regenwalds abholzte und »urbar« machte – das hieß, Gras säte und Vieh züchtete –, würde die Eigentumsrechte dafür erhalten. Die drei Freiwilligen vom Friedenskorps waren Teil dieses Programms. Sie waren in Gemeindeaufbau und Vermessung geschult. Die zur Kolonisierung ausgewählte Zone lag zwei Tagesreisen hinter El Milagro.

Nun verstand ich erst, warum Ann und ich in El Milagro stationiert worden waren: Wir sollten die Ausrüstung und den Nachschub für diesen Einsatz sichern.

Später erkannte ich, dass dieses Kolonisierungsprojekt Bestandteil einer viel breiter angelegten Strategie zur Kolonisierung ganz Lateinamerikas war, um sich Zugriff auf dessen Ressourcen und dessen Bevölkerung zu verschaffen und ein Glaubenssystem zu begründen – nämlich die Überzeugung, dass es die USA waren, die Lösungen für die Probleme hatten, unter denen ihre südlichen Nachbarn litten, nicht das von den Sowjets unterstützte Kuba.

Professor Mata nahm zwar gern Geld von der US-Regierung, um den Güterverkehr zu beaufsichtigen, doch er ließ Ann und mich wissen, dass das Kolonisierungsprogramm zum Scheitern verurteilt sei. Er sehe da zwei große Probleme, meinte er. Erstens basiere das gesamte Konzept darauf, dass US-Beamte, die mit Kleinflugzeugen den Dschungel überflogen hatten, zu dem Schluss gekommen waren, dass große Teile des Urwaldes unbewohnt seien. Zweitens gingen diese Beamten davon aus, dass das Land unter diesen Bäumen so fruchtbar war wie die Great Plains in den USA.

»Beide Annahmen sind falsch«, erklärte er uns. »Die Shuar sind Jäger und Sammler, die große Waldgebiete brauchen, um zu überleben. Für sie ist das Land nicht unbewohnt.«

Er führte uns auf einem Pfad in den Wald hinein, nicht weit vom Dorf. Dort kniete er sich hin und bohrte einen Finger in die Erde. »Schaut mal. Hier könnt ihr sehen, dass der Mutterboden im Regenwald hauchdünn ist. So gesehen kommt er gleich nach der Wüste, dem kargsten Boden der Welt. Die humusreiche Schicht entsteht hier durch herabfallendes Laub, abgestorbene Bäume und die Pilze und Mikroorganismen, die das alles zu Erde verwandeln. Wird der Wald abgeholzt, wäscht sich der Boden im Regen ganz schnell aus. Die Sonne tötet die Pilze und Mikroorganismen, und der lehmige Untergrund wird steinhart.«

Er erklärte uns auch, was die Angelegenheit noch komplizierter machte: Aggressive Bodenspekulanten aus den Küstenregionen Ecuadors beanspruchten Ansiedlungsrechte und drangen immer tiefer in das Shuar-Territorium vor. Es war schon zu ersten Auseinandersetzungen gekommen. »Ein paar Tage vor eurer Ankunft«, fuhr er fort, »wurde einer von ihnen, Rodrigo Ulloa, von seinem Bruder und ein paar Freunden auf einer behelfsmäßigen Trage hierhergebracht. Er hatte sich hinter einem Baumstamm versteckt, um einer Gruppe Shuar aufzulauern, als er von einem Buschmeister überrascht und gebissen wurde. Als ich ihn zu Gesicht bekam, war er bereits tot.«

Er griff mich am Arm und sah mich eindringlich an. »Du musst deinen Bossen sagen, dass das Wahnsinn ist. Dieses Kolonisierungsprogramm muss aufhören.«

»Und was ist mit dem Geld, das du dafür bekommst?«

»Zur Hölle damit. Meine Gemeinde, meine Schule, gerät zwischen die Fronten.« Er streckte seine Arme zum Wald aus, der uns umgab. »Gehen dieser Irrsinn, diese Zerstörung und die Kämpfe weiter, ist das unser Untergang.« Er hielt sich die Hände vor die Augen und stöhnte. »Bitte, schreibt Briefe«, meinte er und ließ seine Hände sinken. »Ans Friedenskorps, an die USAID, die Botschaft, den Präsidenten der Vereinigten Staaten … sagt ihnen, dass die Kolonisierung hier nicht funktioniert, dass die Shuar Anspruch auf dieses Land erheben und dass der Boden für die Landwirtschaft ungeeignet ist.« Er verschränkte die Finger wie zum Gebet und hob sie uns flehend entgegen. »Bitte, macht ihnen klar, dass das aufhören muss.«

Ich kam fast allen seinen Bitten nach. Ich schrieb Briefe an den Leiter des Friedenskorps in Ecuador und den Leiter in Washington, an die USAID und die Büros der Botschaft in Quito und schickte sie ab, als wir das nächste Mal nach Cuenca kamen. Einen Brief an Präsident Johnson schrieb ich aber nicht. In meinen Briefen beschrieb ich genau alle Probleme mit dem Kolonisierungsprogramm – auch dass die Bodenbeschaffenheit im amazonischen Regenwald ganz anders sei als in den Great Plains und der US Homestead Act daher nicht übertragbar sei. Außerdem sprachen Professor Mata und ich mit allen Freiwilligen, die unser Dorf passierten.

Doch keiner wollte hören, was wir zu sagen hatten. Für die US-Amtsträger in Quito und Washington war dieses Programm karriereentscheidend. Die Freiwilligen des Friedenskorps waren darauf angewiesen, um nicht eingezogen zu werden, und sie glaubten an die Kolonisierung. Wieder eine Lektion, die meine wachsenden Erkenntnisse über die Arbeit der US-Regierung und den Missbrauch unserer Privilegien erweiterte.

Statt das Programm zu stoppen, entschied sich das Friedenskorps für einen ganz anderen Weg. In einem sehr offensichtlichen Versuch, uns zum Schweigen zu bringen, versetzte es Ann und mich 1970 aus dem Regenwald zurück nach Cuenca. Mir wurde aufgetragen, einer Gruppe verarmter *Campesino*-Ziegelbrenner hoch oben in den Anden dabei zu helfen, eine Vermarktungsgenossenschaft aufzubauen. Ann erhielt die Aufgabe, Menschen mit Behinderungen auf die Arbeit in Unternehmen in Cuenca vorzubereiten. Zwar ließ ich Entsá und meine Ausbildung ungern hinter mir, doch Ann und ich freuten uns auf eine kleine Wohnung mit einer richtigen Toilette in einer Stadt mit knapp 100 000 Einwohnern. Neben einer bunten Mischung kleiner Geschäfte gab es in Cuenca Restaurants und drei Kinos, in denen amerikanische Filme mit spanischen Untertiteln gezeigt wurden. »Ich habe so viel Matsch gesehen, dass es für ein ganzes Leben reicht«, scherzte Ann, als wir eines Nachmittags den Schmutz von unseren Rucksäcken und Schlafsäcken bürsteten.

Zweiter Teil

Die Wirtschaft des Todes

1970 bis 1987

Es war ein System, das von Anfang an zum Scheitern verurteilt war, dazu, sich selbst zu zerstören – ein System, das Ökonomen später als eine »Wirtschaft des Todes« definieren sollten.

Kapitel 4

NOCH MEHR GEHEIMNISSE

DIE ZIEGELBRENNER, denen ich im Auftrag des Friedenskorps zur Hand gehen sollte, lebten in Sinincay – einem Gebiet, das nur ein paar Hundert Kilometer Luftlinie vom Shuar-Territorium entfernt war. Es erinnerte aber eher an eine Mondlandschaft als an die Regenwälder. In 3000 Metern Höhe war das Land öde, unwirtlich und unfruchtbar. Die dort hauptsächlich gesprochene Sprache – das Quichua – ist älter als die Inka. Ganz typisch für die Quichua-Sprecher von 1970 waren die Ziegelbrenner arm, wurden ausgebeutet und von Krankheiten, Hunger und hoher Kindersterblichkeit geplagt. Aus den meisten Wirtschaftssektoren und gesellschaftlichen Kreisen außer ihren eigenen waren sie ausgeschlossen.

Ihre einzige wertvolle Ressource war Lehm. Den gruben die Männer und Jungen aus der Erde. Die Frauen und Mädchen formten ihn zu Ziegeln, die sie in langen Reihen auf dem harten Boden auslegten. Wenn die Ziegel in der Sonne getrocknet waren, trugen die Männer sie auf dem Rücken zu großen holzbefeuerten Öfen, reichten sie dann von Hand zu Hand weiter und schlichteten sie hinein. War der Brennprozess abgeschlossen, wurden die Ziegel an Geschäftsleute verkauft, denen in Cuenca Laster und Lagerhäuser gehörten. Diese Männer wurden reich, indem sie billig einkauften und mit Riesengewinn an die Endnutzer weiterverkauften: Architekten, Ingenieure und andere Mitglieder der wohlhabenden Elite, die auch »*buena gente*« (feine Leute) genannt wurden. Es war ein durch und durch mittelalterliches System, von dem alle ordentlich profitierten – nur die nicht, die mit harter Arbeit die Ziegel produziert hatten.

Ich sollte nun den Ziegelbrennern helfen, eine Genossenschaft aufzubauen, um ihre Ziegel zu vermarkten. Diese könnte sich einen eigenen Laster und ein Lager in Cuenca mieten und die Mittelsmänner herauskürzen, sodass die Gewinne wieder den Ziegelbrennern und ihren Familien zugutekommen würden. Was ich zu tun hatte, schien ziemlich klar. Ich stellte jedoch bald fest, dass es viel schwieriger war, als ich erwartet hatte. Dazu mussten die Menschen von Sinincay nämlich die Art verändern, wie sie über ihre Stellung in der Welt dachten – und über ihr Verhältnis zu den feinen Leuten, also den Menschen, von denen man ihnen jahrzehntelang erzählt hatte, sie seien ihnen in jeder Hinsicht überlegen. Wenn sie die Realität ihres Geschäftsgebarens und ihres Lebens verändern wollten, mussten sie zunächst ihre Einstellung verändern.

Zunächst musste ich dem Mann, der von den Mitgliedern der Genossenschaft ausgewählt worden war, um das Lager zu leiten, das wir in Cuenca angemietet hatten, Don José Quischpe, Kenntnisse in Buchhaltung und Lagerverwaltung und andere grundlegende betriebswirtschaftliche Kompetenzen vermitteln. Er musste überzeugt werden, dass er etwas tun konnte, wofür, wie er bisher geglaubt hatte, höhere Bildung erforderlich war, obwohl seine Schulbildung nur ungefähr der eines Viertklässlers entsprach. Dass er intelligent und stark genug war, um mit Architekten und Ingenieuren zu verhandeln.

Obwohl das alles nicht so einfach war, muss ich sagen, dass es mich erleichterte, endlich eine wirklich sinnvolle Aufgabe zu haben. Ich musste nicht länger versuchen, Menschen ohne Geld zu überreden, eine Kredit- und Spargenossenschaft zu gründen, oder der destruktiven Kolonisierung des Regenwaldes Vorschub leisten. In gewisser Weise wendete ich an, was ich von Entsá gelernt hatte, um Menschen begreiflich zu machen, dass sich ihre Wahrnehmung ihrer selbst und anderer ändern konnte – dass sie sich verwandeln konnten. Sobald Don José und ein paar andere wichtige Mitglieder das verinnerlicht hatten, veränderte sich die Realität für die ganze Gemeinschaft.

Auch während dieser Zeit wurde mir wieder einmal mein privilegierter Status bewusst. Die Ziegelbrenner arbeiteten sich jeden Tag viele Stunden krumm und bucklig, um, wenn die kalte Andennacht hereinbrach, in einfache Lehmziegelhütten ohne Strom oder fließendes Wasser zurückzukehren. Ich dagegen verbrachte den Tag größtenteils an einem Schreibtisch im Lagerhaus in Cuenca und meine Nächte mit Ann in einer zwar kleinen, aber gemütlichen Wohnung mit allem modernen Komfort. Außerdem wusste ich: In einem Jahr würde ich in die Vereinigten Staaten zurückkehren und dort wieder all die Vorteile eines weißen, gebildeten Mannes genießen. Die Ziegelbrenner dagegen würden weiter ihr Dasein im kargen Bergland von Sinincay fristen.

Eines Nachmittags erfuhr ich bei meiner Ankunft im Lager, dass Don José schwer erkrankt sei und von einer Schamanin behandelt würde. Ich setzte mich in einen Bus nach Sinincay. Als ich dort ankam, erklärte ich Don Josés halbwüchsigem Sohn Antonio, dass ich bei einem Shuar-Schamanen in die Lehre gegangen sei, und bat, der Heilung beiwohnen zu dürfen. Er führte mich in die kleine Lehmziegelhütte.

Dort kauerten rund ein Dutzend Menschen um Don José herum, der fast nackt mitten im Raum stand. Sein Sohn zeigte auf eine Frau, die ihn langsam umkreiste und mit Bündeln von Pflanzen streifte, die sie in beiden Händen hielt. Dabei gab sie einen Singsang von sich.

»Maria«, sagte Antonio und neigte respektvoll den Kopf vor ihr. »Die Schamanin.«

Sie trug eine weiße, mit zarten Blümchen bestickte Bluse, einen dunkelblauen, knöchellangen Rock und Sandalen. Ihr langes schwarzes Haar war in einen losen Dutt gebunden. Einmal schaute sie zu Antonio und mir herüber und lächelte. Ihr Gesicht war faltig wie das einer alten Frau, doch durch die Energie, die für ihre Arbeit erforderlich war, wirkte sie alterslos. Schließlich tauschte sie die Pflanzen gegen ein paar handtellergroße Steine, die sie sanft über Don Josés Kopf, seine Brust und seinen Bauch führte. Besonders überraschte mich, dass sie am Ende eine Flüssigkeit aus einer Flasche in den Mund nahm und in einem feinen, süßlich duftenden Nebel auf ihn blies.

Als die Heilung vorüber war, trat Don José aus der Gruppe heraus, um mich zu begrüßen. Er strahlte und wirkte kerngesund. Unwillkürlich fragte ich mich, ob hier nicht etwas anderes vorging. Vielleicht hatte er sich einfach einen Tag freigenommen, um dieses Ritual zu vollziehen.

»Wie geht es Ihnen?«, fragte ich, als er mir die Hand drückte.

»Ich war sehr krank«, entgegnete er. »Fieber, Übelkeit und Kopfschmerzen. Doch jetzt fühle ich mich großartig«, lächelte er. Er rief die Schamanin zu sich. Als sie neben ihm stand, sagte er: »Das ist Maria Quischpe.«

Trotz der Falten strahlte ihr Gesicht jugendliche Lebensfreude aus. »Ich liebe meine Arbeit«, sagte sie und griff nach meiner Hand. Ihre Finger vibrierten vor Energie.

Als ich in ihre funkelnden Augen sah, überkam mich der Wunsch, mehr Zeit mit ihr zu verbringen und von ihr zu lernen. »Sie sind Schamanin. Sind Sie auch mit Don José verwandt?«

»Nein«, kicherte sie und entblößte dabei mehrere Goldzähne zwischen ein paar strahlend weißen echten. »Quischpe ist bei uns ein häufiger Name.«

Ohne nachzudenken platzte ich damit heraus, dass ich bei einem Shuar-Schamanen in die Lehre gegangen war und gern mehr über den Quechua-Schamanismus erfahren würde.

»Vielleicht haben Sie ja schon von der Prophezeiung vom Adler und vom Kondor gehört?« Ich schüttelte den Kopf. »Nun, dazu haben wir sicher noch Gelegenheit. Im Grunde besagt sie, dass es an der Zeit ist, dass alle Menschen, alle Kulturen ihr Wissen austauschen.« Sie nickte leicht mit dem Kopf. »Es würde mir sehr gefallen, wenn wir einander mitteilen könnten, was wir gelernt haben.«

So begann eine Beziehung, die enorme Wirkung auf mich haben sollte. Wie schon Professor Mata gab mir auch Don José zu verstehen, dass das alles geheim bleiben müsse. »Der hiesige katholische Priester ist sehr einflussreich – und er hasst Schamanen«, erklärte er. »Bitte – kein Wort, zu niemandem.«

Ich stimmte zu und wie bei meiner vorausgegangenen Vereinbarung mit Entsá war mir klar: Dies war ein weiterer Schritt in ein Leben im Verborgenen. Indem ich die Versprechen hielt, die ich Professor Mata und Don José gegeben hatte, keinem mein Interesse am Schamanismus zu verraten, noch nicht einmal Ann, schlug ich einen Weg ein, auf dem ich jahrelang wandeln sollte. Und diese Heimlichtuerei hatte nicht nur eine große Wirkung auf mich, sondern zerstörte am Ende meine Ehe.

Damals war Ann aber glücklich mit ihrem Projekt zur Unterstützung der behinderten Menschen in Cuenca. Sie baute rasch eine Beziehung zur Handelskammer auf, einer Gruppe maßgeblicher Geschäftsleute, darunter auch mehrere jüdische Industrielle, die aus Nazideutschland geflohen waren und positiv auf ihre Ideen zur Einstellung von Frauen und Männern reagierten, die ihr Sehvermögen oder einen Arm oder ein Bein verloren hatten – solange sie ihnen persönlich alles Nötige beibrachte. Die Aufgabe kam Anns teilnahmsvollem Wesen entgegen und es fiel ihr vergleichsweise leicht, behinderten Menschen die notwendigen Kompetenzen zu vermitteln, damit sie Geld verdienen konnten – oft zum ersten Mal im Leben.

In den nächsten Monaten hielt mich meine Arbeit zwar überwiegend im Lagerhaus in Cuenca, doch ich versuchte, wenigstens einmal alle zwei Wochen nach Sinincay zu fahren. Dort verbrachte ich so viel Zeit wie möglich mit Maria. Sie interessierte sich sehr für Entsá und seine Methoden. Im Gegenzug brachte sie mir ihre Heilpraktiken bei. Sie ließ ihre Patienten weiße Kerzen über ihre Körper reiben. Dann zündete sie diese an und las aus den »Auren« der Kerzen, welche Körperregionen geheilt werden mussten. Danach schüttelte sie rohe Eier um ihre Patienten, um negative Kräfte abzuziehen, und rieb ihre Körper mit Brennnesselruten und anderen Pflanzenbündeln ab, um den Blutfluss anzuregen und positive Energien freizusetzen. Sie verwendete Steine, die sie auf den Vulkanhängen gesammelt hatte, um heilende Kräfte auf die Körperstellen zu fokussieren, die den Kerzen zufolge der Heilung bedurften. Und schließlich nahm sie die süßlich riechende Flüssigkeit in den Mund, die sie nach eigenen Worten aus in großer Höhe wachsenden Wildblumen gebraut hatte, und besprühte ihre Patienten damit – von Kopf bis Fuß, vorne, hinten und an den Seiten.

»Das Wichtigste ist, die energetischen Geister des Patienten zu verändern«, erklärte sie. Als sie meinen verwirrten Blick bemerkte, lachte sie. »Du würdest das vielleicht den Traum des Patienten nennen.«

Ich beschrieb ihr, wie Entsá mich geheilt hatte, und fragte sie, ob sie schon jemals Ayahuasca eingesetzt habe.

»Nein«, war die Antwort. »Die Kraft, der Geist von Pflanzen ist wundervoll, doch Pflanzen wie Ayahuasca sind hier in den Bergen nicht zu kriegen. Warum sollte ich mich also darauf verlassen?« Sie lächelte. »Ich hätte dich auch so geheilt. Wie unsere Freunde, die Shuar, wissen wir, dass es nur auf den Traum ankommt. Wie wir leben, wird davon bestimmt, wie wir uns selbst sehen – und unsere Beziehung zur Welt um uns herum.«

Entsá hatte mich an etwas herangeführt, das mich mein Leben lang prägen sollte. Maria hatte es verfestigt. In den nächsten Jahren sollte ich erfahren, dass die Schamanen unterschiedlicher Kulturen – in Afrika, Asien, dem Nahen Osten und Lateinamerika – eine Überzeugung teilten, die im Titel eines Buches zum Ausdruck kam, das ich schreiben sollte, als ich das Friedenskorps schon viele Jahre verlassen hatte: *Und der Traum wird Welt.*[*]

Eben diese Überzeugung kommt auch in der Prophezeiung vom Adler und vom Kondor vor, die Maria erwähnt hatte – und in der Maya-Prophezeiung von 2012 und anderen, die ich später kennenlernen und weitergeben würde.

Ich sollte die erstaunliche Kraft würdigen lernen, die wir besitzen, um unser Handeln durch unsere Wahrnehmungen zu verändern. Ich sollte erkennen, dass sich diese Kraft auf vielen Ebenen einsetzen ließ: auf privater, kommunaler, nationaler und globaler. Ich sollte begreifen, dass die Wahrnehmung und die resultierenden Handlungen alles bestimmen, was von Menschen beeinflusst wird – was sich zunehmend auf alles auf unserem Planeten, bis hin zu unseren Gesellschafts-, Regierungs- und Wirtschaftssystemen auswirkt. Die Vorstellungen, die in Ecuador aufkeimten,

---

* Perkins, John (1997): *Und der Traum wird Welt: Schamanische Impulse zur Aussöhnung mit der Natur*, München: Integral. (Anmerkung der Redaktion)

sollten die Grundlagen für die Bücher bilden, die ich später schrieb, und für die Organisationen und Bewegungen, die ich im weiteren Verlauf meines Lebens unterstützen würde.

Kapitel 5

AGENT IM DIENST DER WIRTSCHAFTSMAFIA

IN MEINEM LETZTEN JAHR als Freiwilliger des Friedenskorps in Ecuador besuchte mich Einar Greve, ein Vice President von Chas. T. Main (MAIN). Das internationale Beratungsunternehmen hielt sich diskret im Hintergrund und war in erster Linie für die USA und andere Regierungen und Organisationen für internationale Entwicklung wie die USAID und die Weltbank tätig.

Einar erzählte mir, er sei für Studien zuständig, die feststellen sollten, ob Ecuador für Milliardenkredite der Weltbank zum Bau von Wasserkraftwerken infrage käme.

Schon bei unserem ersten Treffen fing Einar an, mir die Vorzüge der Arbeit für ein Unternehmen wie MAIN schmackhaft zu machen. Als ich erwähnte, dass ich vor meinem Eintritt ins Friedenskorps von der National Security Agency angenommen worden sei und darüber nachdachte, dort anzufangen, ließ er mich wissen, dass er Oberst der Reserve der US Army sei und ab und an als Verbindungsoffizier zur NSA fungiere. Ich hatte den Eindruck, dass es Teil seines Auftrags in Ecuador war, mich anzuwerben oder zumindest mein Potenzial zu beurteilen. Es kam mir so vor, als hätte Onkel Frank da seine Finger im Spiel.

Ich verbrachte mehrere Tage mit Einar. Nach seiner Abreise blieben wir in Briefkontakt. Auf seine Bitte hin schickte ich ihm Berichte über die wirtschaftlichen Aussichten Ecuadors und die Einstellung der Menschen dort zu den USA. Als mein Einsatz für das Friedenskorps Anfang 1971 zu

Ende ging, lud er mich zu einem Vorstellungsgespräch in die Bostoner Zentrale von MAIN ein.

Dort traf ich mit dem Präsidenten des Unternehmens und mit dem Verwaltungsratschef zusammen und nahm an einem Abendessen mit mehreren Vice Presidents teil. Sie vermittelten mir nachdrücklich, dass die Arbeit von MAIN armen Menschen in aller Welt half, die Armut zu überwinden und ihren Lebensstandard zu verbessern. Sie präsentierten mir wirtschaftswissenschaftliche Studien, die belegten: Wenn man nur hohe Summen in die Infrastruktur investierte, wuchs die Wirtschaft eines Landes. All das deckte sich mit dem, was ich an der Uni gelernt hatte. Und es überzeugte mich davon, dass die Projekte von MAIN extrem nutzbringend waren. Nachdem man mich ein paar Tage lang wie einen Sportstar hofiert hatte, der von Profiteams umworben wird, bot man mir ein Gehalt, das meine Vorstellungskraft überstieg – mehr als dreimal so viel, wie mein Vater als Lehrer verdiente. Im Januar 1971, als ich 26 wurde und damit zu alt, um nach Vietnam geschickt zu werden, begann ich als Ökonom bei MAIN.

Hochmotiviert von der vermeintlichen Verpflichtung des Unternehmens, den Armen zu helfen, gab ich alles für meinen neuen Job. Dieser führte mich zu Projekten in Asien und Lateinamerika und in den Nahen Osten. Keine zwei Jahre später rückte ich auf den Posten des Chefvolkswirts auf, der entlassen worden war, weil er mit den Anforderungen nicht umgehen konnte, die die Arbeit in den betreffenden Ländern stellte. Als neuer Chefökonom stellte ich eine Mannschaft aus über drei Dutzend hochqualifizierten Fachleuten zusammen und wurde der jüngste Partner in der 100-jährigen Geschichte des Unternehmens. Ich brauchte noch ein paar weitere Jahre, um hinter die Fassade des »Gutmenschentums« zu blicken. Irgendwann begriff ich jedoch, was ich in Wirklichkeit tat: nämlich mit wirtschaftswissenschaftlichen Hochglanzstudien Regierungschefs von Ländern in aller Welt, die über für US-Unternehmen interessante Ressourcen wie Öl verfügten, davon zu überzeugen, gewaltige Kredite von der Weltbank, der Interamerikanischen Entwicklungsbank, der Asiatischen Entwicklungsbank oder einer ihrer Schwesterorganisationen anzunehmen. Die Mittel wurden dann verwendet, um Baukonzerne aus den USA mit Infrastrukturprojekten zu beauftragen. Die Kredite stürzten die Länder in hohe Schulden. Um diese abzuzahlen, mussten sie unseren Unternehmen ihr Öl und weitere Ressourcen billig verkaufen und andere Voraussetzungen erfüllen, die im besten Interesse eines entstehenden amerikanischen Weltreichs lagen. Ich und andere in ähnlichen Positionen bezeichneten einander scherzhaft als »Economic Hit Men« oder kurz »EHM«: Agenten im Dienste der Wirtschaftsmafia.

Zu unseren Aufgaben gehörte es, den Länderchefs für ihre Kooperation hohe »Belohnungen« zu bieten. So gewährte man etwa dem Schwiegersohn eines Präsidenten, der einen Baumaschinenverleih besaß, extrem lukrative Vertragsbedingungen (das hieß, er erhielt Millionen Dollar für ein Gerät, das nur die Hälfte wert war). Die Cateringfirma der Schwester eines Präsidenten sollte für stark überhöhte Preise die gesamte Essensversorgung der Bautrupps übernehmen. Die Kinder von Regierungschefs und deren Freunde bekamen Vollstipendien an US-Hochschulen. In den Ferien und nach dem Abschluss winkten ihnen interessante Jobs. Diese und viele andere Vergünstigungen waren nichts anderes als Bestechung – und zwar vollkommen legal.

Länderchefs, die keine Verträge mit uns schließen wollten, erinnerten wir daran, was anderen vor ihnen passiert war, die sich verweigert hatten: Sie waren durch Staatsstreiche gestürzt oder ermordet worden, wie der iranische Premierminister Mossadegh, der chilenische Präsident Allende, der guatemaltekische Präsident Árbenz, der kongolesische Präsident Lumumba, der vietnamesische Präsident Diệm und eine lange Reihe von Staatsministern, Richtern und niedereren Chargen. Wir EHMs ließen die Staatschefs unmissverständlich wissen, dass uns die sogenannten »Schakale« auf dem Fuße folgen würden – hochqualifizierte echte Killer und Killerinnen, die noch ganz andere Geschütze auffuhren als wir und oft im Auftrag der CIA arbeiteten. Wir kamen unbewaffnet – sie nicht.

War so ein Regierungschef erst überzeugt, hatten wir das Land in der Tasche. Es nahm Schulden auf, sah jedoch keinen Pfennig von dem Geld. Die Mittel wurden verwendet, um US-Bauunternehmen wie Bechtel, Halliburton, Stone and Webster und MAIN damit zu beauftragen, Stromversorgungssysteme, Autobahnen, Häfen, Industrieparks und andere Infrastrukturprojekte in diesen Ländern zu bauen. Das Geld floss von einer Bank in der US-Hauptstadt Washington an die Bank des betreffenden Unternehmens in Houston, San Francisco, New York oder Boston. Ein paar Leute in den Führungsetagen der Weltbank und ihrer Schwesterorganisationen und auch der Bauunternehmen wussten, dass das alles ein Hütchenspiel war, doch den meisten ihrer Untergebenen – Ingenieuren, Wirtschaftswissenschaftlern und anderen – war das nicht klar. Sie erledigten einfach die Arbeit, für die sie ausgebildet und geschult worden waren.

Die großen Absahner waren die US-Unternehmen, die die Projekte ausführten, und diejenigen, die von der besseren Infrastruktur profitierten – also Firmen, die nach Öl bohrten, Gold und andere Mineralien abbauten oder billige Arbeitskräfte in Ausbeuterbetrieben beschäftigten. Sie alle strichen satte Gewinne ein. In zweiter Linie profitierten die wohlhabenden, mächtigen einheimischen Familien. Auch ihre Unternehmen florierten durch die ausgebaute Infrastruktur. Die Mehrheit der Menschen im Land litt aber, weil Mittel aus dem Bildungs- und Gesundheitswesen und anderen sozialen Diensten abgezogen wurden, um die Zinszahlungen für die Kredite zu leisten.

Das Kapital konnten die Länder am Ende nie zurückzahlen. Das war jedoch fester Bestandteil der EHM-Strategie. Wir taten uns mit dem Internationalen Währungsfonds (IWF) zusammen, zwangen die Länder, ihre Kredite umzuschulden und ihr Öl und andere Ressourcen billig an unsere Unternehmen abzugeben – ohne ökologische oder soziale Auflagen. Wir überredeten sie dazu, ihre Versorgungsunternehmen, Gefängnisse, Schulen und andere Unternehmen der öffentlichen Hand zu privatisieren und an US-Investoren zu übergeben. In manchen Fällen zwangen wir sie auch, in den Vereinten Nationen mit Washington gegen Kuba oder ein anderes Land zu stimmen oder dem Pentagon zu erlauben, auf ihrem Boden Militärstützpunkte einzurichten.

In den ersten Jahren meiner beruflichen Tätigkeit war es mir leichtgefallen, mir einzureden, ich würde das Richtige tun.

Südvietnam war vom kommunistischen Norden besiegt worden, und nun, so machte ich mir vor, wurden wir alle von der Sowjetunion und

China bedroht. Als Nächstes wäre Indonesien an der Reihe, dann würde die »rote Flut« des Kommunismus über Asien, Lateinamerika, Afrika und Europa hereinbrechen und bis in die USA herüberschwappen. Mir wurde erzählt, ich stünde an vorderster Front, um die ganze Welt gegen eine noch größere Bedrohung als Hitler zu verteidigen.

An der Uni hatte ich gelernt, dass bessere Infrastruktur das Wirtschaftswachstum ankurbelt und Wohlstand Nationen dazu animiert, die US-amerikanische Form des Kapitalismus und der Demokratie dem Kommunismus vorzuziehen. Unsere ausgeklügelten ökonometrischen Modelle belegten, dass die Wirtschaft eines Landes infolge unserer Projekte förmlich explodieren würde – und es allen besser ginge. Den statistischen Daten zufolge waren immer mehr Menschen an Strom- und Wasserversorgung und Abwassersysteme angeschlossen und kauften Fernseher und andere Konsumgüter.

Mit der Zeit erkannte ich, dass die ökonometrischen Modelle und Statistiken eine Schieflage aufwiesen – zugunsten der Reichen. In den Ländern, in denen ich gearbeitet hatte (und fast überall auf der Welt), besaßen ein paar wenige Familien 70 bis 95 Prozent des ausgewiesenen Vermögens. Auf ihre finanziellen Beteiligungen entfiel der Löwenanteil am, wenn nicht sogar das gesamte BIP. Der Rest der Bevölkerung war Teil einer ökonomischen Subkultur, die keinen Eingang in die Statistik fand. Die Reichen wurden immer reicher, während die Armen auf ihrem Niveau verharrten oder noch ärmer wurden. Viele Angehörige der Mittelschicht verarmten ebenfalls. Statistisch wuchs die Wirtschaft zwar, doch das Wachstum kam nur einem extrem kleinen Prozentsatz der Bevölkerung zugute. Die Schere zwischen Reich und Arm klaffte immer weiter auseinander.

Selbst als ich die Unausgewogenheit der Modelle schon erkannt hatte, ging mir damals nicht auf, dass diese Ungleichheit früher oder später zu tiefgreifenden Unruhen, Desillusionierung und Gewalt führen würde. Letztlich brachte sie eine solche Verzweiflung mit sich, dass Millionen von Menschen zu heimatlosen Migranten wurden, den Drogen verfielen oder Selbstmord oder Gewalttaten begingen, die von ihren Opfern als Terrorismus gewertet wurden, von ihren Anhängern als Patriotismus.

Ich kam auch nie auf den Gedanken, dass sich dieses ganze System letztlich selbst zerstörte. Die großen Konzerne saugten in unhaltbarem Tempo Ressourcen aus Ländern auf dem ganzen Erdball ab, angetrieben von dem Ziel, den kurzfristigen Gewinn zu maximieren. CEOs wollten kurzfristig den Aktienkurs, den Marktanteil oder beides in die Höhe treiben, ohne an die Zukunft zu denken. Es war ein System, das von Anfang an zum Scheitern verurteilt war, dazu, sich selbst zu zerstören – ein System, das Ökonomen später als eine »Wirtschaft des Todes« definieren sollten. Damals war uns nicht klar, dass fossile Brennstoffe und andere Emissionen ebenso wie chemische Düngemittel und Insektizide unsere Atmosphäre verschmutzten, unser Wasser vergifteten und unseren Boden zerstörten. Es war ein absolut irrationales Gesellschafts-, Regierungs- und Wirtschaftsmodell – wahrhaftig eine Wirtschaft des Todes.

Rückblickend verdanke ich es meinen Erfahrungen beim Friedenskorps, dass es mir gelang, die Trugschlüsse der Studien und ökonometrischen Modelle zu durchschauen, die wir erstellten – wenn auch nicht die Komplexität der größeren Probleme. Meine Zeit in Ecuador hatte mir einen anderen Blickwinkel eröffnet, als ihn andere EHMs, Banker und Ingenieure hatten. Sie blieben blind für das, was sich wirklich abspielte. Ich kannte die andere Seite, hatte mit den Menschen zusammengelebt, die durch Wasserkraftwerke vom Wasser, vom Fischfang und anderen wasserabhängigen Aktivitäten abgeschnitten wurden – und mit denen, die sich am Ende für Ölgesellschaften und Ausbeuterbetriebe prostituieren mussten.

Bei meinem Job als EHM ging es im Grunde darum, die Realität durch eine andere Wahrnehmung zu formen – eine technisch hochentwickelte Form der Missionierung. Wir produzierten mathematische Modelle und Propagandaberichte, die verwendet wurden, um die These aufzustellen, dass die riesigen Kredite allen das Leben leichter machen würden. Und diese Story verkauften wir uns selbst, dem US-Steuerzahler und den Regierungschefs der Länder, die Ressourcen besaßen, auf die unsere Unternehmen scharf waren. Und die Regierungschefs verkauften sie dann ihren Bürgern weiter. Unsere Botschaft war, dass wir in der ganzen Welt Gutes taten. In Wahrheit verbreiteten wir nur Wirtschaftskolonialismus und bauten an einem Weltreich.

Als ich das begriffen hatte, versuchte ich zunächst, es zu leugnen. Ann und ich lebten in Boston den amerikanischen Traum, wie ich fand. Ich reiste oft erster Klasse an Orte, von denen ich früher nur geträumt hatte, logierte in den besten Hotels und speiste in den feinsten Restaurants. Ich hatte eigene Büros in Kolumbien, in Indonesien, im Iran und in Panama und natürlich am Hauptsitz von MAIN in Boston, und ich überwachte Projekte in vielen weiteren Ländern. Dieses Leben wollte ich nicht aufgeben. Die Menschen in meinem Umfeld unterstützten das System und bekräftigten immer wieder, dass wir das Richtige taten. Das wollte ich hören. Ich sehnte mich nach der Versicherung, dass ich auch weiterhin viel Geld verdienen und die Welt sehen konnte.

Doch tief im Inneren fühlte ich mich elend. Ich trank viel. Ich schlief mit Frauen, die ich kaum kannte. Ich betäubte mich mit Valium. Ich wurde von Albträumen heimgesucht. Morgens verpasste ich mir hohe Dosen Koffein, um wach zu werden. Das alles entschuldigte ich mit Jetlag. Doch mein Herz kannte die Wahrheit: Ich war deprimiert und hasste mich selbst.

Ann und ich stritten ständig. Sie klagte, ich hätte mich verändert. Ich sei nicht mehr der Mann, den sie einmal geheiratet und mit dem sie die Jahre im Friedenskorps verbracht hatte. Eines Abends wollte sie wissen, ob es in meinem Leben andere Frauen gebe. Ich explodierte, stürmte aus unserer Bostoner Wohnung und verbrachte die Nacht im Hotel. Doch am nächsten Tag gab ich zu, dass ich etliche Affären gehabt hatte. Das war der Anfang vom Ende unserer Ehe.

Ich war in der Trance eines materialistischen Systems gefangen, das sich selbst verzehrte. Umgeben von Jungen aus reichem Hause auf einem Internat in New Hampshire war ich in gefühlter Armut aufgewachsen. Und nun stand ich da, noch keine 30 Jahre alt, und lebte im Luxus und im Dunstkreis wichtiger Persönlichkeiten. Ich hatte es geschafft. Wie konnte ich auch nur einen Gedanken daran verschwenden, auszusteigen?

Noch etwas hielt mich bei der Stange: Wenn ich nach Asien, Lateinamerika oder in den Nahen Osten reiste, nahm ich mir immer so viel Zeit wie möglich, um von Schamanen zu lernen. Durch meine Erfahrungen in Ecuador und später in anderen Ländern verstand ich es, Beziehungen zu Schamanen verschiedener Kulturen aufzubauen, durfte an ihren Zeremonien teilnehmen und mehr über ihre Herangehensweise erfahren. In den 1970er-Jahren verbrachte ich viel Zeit mit einem Maya-Schamanen auf der mexikanischen Halbinsel Yucatán. Er hieß Viejo Itza und lehrte mich die Maya-Prophezeiung von 2012 – und zwar lange bevor sie in Hollywood und von etlichen Schriftstellern fälschlicherweise als Weltuntergangsprophezeiung interpretiert wurde –, wie an anderer Stelle in diesem Buch noch erklärt wird.

Ich erzählte niemandem von diesem anderen Leben, das ich als Schamanenschüler führte. Die Leute von MAIN, von der Weltbank, vom IWF und von den Regierungen und anderen Institutionen, mit denen ich verhandelte, hätten mich für verrückt gehalten. Ich wäre gefeuert worden. Heutzutage ist der Schamanismus weithin akzeptiert. Damals war das anders.

Die Spannungen zwischen Ann und mir verschärften sich. Wir trennten uns mehr als einmal, zogen in eigene Wohnungen und fanden wieder zusammen, bis Ann dann 1979, nachdem wir mit einem Anwalt gesprochen und uns über die Aufteilung unseres Vermögens geeinigt hatten, in die Dominikanische Republik flog und eine schnelle Scheidung beantragte. Ich zog von unserem luxuriösen Penthouse im 26. Stock mit Blick auf den Park Boston Common auf ein Segelboot im Bostoner Hafen.

Die Albträume, die mich schon geplagt hatten, bevor wir uns letztlich scheiden ließen, verschlimmerten sich. In einem wiederkehrenden Traum stand ich vor dem Präsidenten eines lateinamerikanischen Landes mit einem Bündel Geld in der einen Hand und einer Waffe hinter meinem Rücken in der anderen. »Sie und Ihre Freunde können entweder sehr reich werden«, sagte ich und streckte ihm das Geld hin, »oder …«, drohte ich und fuchtelte ihm dabei mit der Waffe vor dem Gesicht herum, »ich hole die Schakale.« Dann hielt ich mir die Waffe selbst an den Kopf und drückte ab.

Mein Gewissen, meine Erziehung – jede Faser in meinem Körper schrie danach, dass ich aussteigen musste. Doch alles, was ich im Studium gelernt hatte, bewog mich dazu, zu bleiben. Und meine Kollegen ebenso. Ich lebte in einer Welt, wie ich sie mir einst in den schönsten Farben ausgemalt hatte, und redete mir ein, dies sei tatsächlich der amerikanische Traum.

Doch dann, auf einer meiner Reisen nach Panama, lernte ich eine junge Frau kennen, die als Prostituierte arbeitete. Sie wusste nicht, wie sie sich und ihr Baby sonst durchbringen sollte. Der Kindsvater hatte ihr Liebe vorgegaukelt und war dann von der Bildfläche verschwunden. Sie war wie ein Spiegelbild für mich. Auch ich prostituierte mich. Als ich in diesen Spiegel geschaut hatte, wurde mir klar, dass das Leben, zu dem sie gezwungen war, anders als meines unglaublich schwierig und entwürdigend war, doch meine Art der Prostitution weit größeren Schaden anrichtete. Ich korrumpierte und bedrohte Staatsoberhäupter. Ich schadete Millionen von Menschen. Ich war Teil eines Systems der Täuschung, das die USA und die ganze Welt – und mich – in tiefste Finsternis führte.

In einem anderen Albtraum fiel ich durch einen schwarzen Tunnel, in dem die Schreie gequälter Seelen widerhallten, und sah Bilder von Segelschiffen mit angeketteten, sterbenden Sklaven. Als ich aufwachte, sah ich auf meinem Nachttisch zwei leere Flaschen stehen: In einer war Valium gewesen, in der anderen Rum. Ich griff nach der Rumflasche. Während ich sie in meinen Händen drehte, kam mir der Text eines Liedes in den Sinn, das ich als Kind gesungen hatte:

Fifteen men on a dead man's chest
Yo ho ho and a bottle of rum
Drink and the devil had done the rest
*Yo ho ho and a bottle of rum.**

(Fünfzehn Mann bei des Toten Kist' –
Johoho, und 'ne Buddel, Buddel Rum!
Suff und der Teufel holten den Rest –
Johoho, und 'ne Buddel, Buddel Rum!)

---

* Aus: Stevenson, Robert Louis: Die Schatzinsel (Treasure Island), http://www1.udel.edu/LLL/language/deutsch/handouts/summer_2015/Schatzinsel_D.pdf. (Anmerkung der Redaktion)

Ich hörte den Refrain: *John, the devil has taken you.* John, der Teufel hat dich geholt.

Am Abend nach diesem Traum ging ich auf eine schamanische Reise. Ich setzte mich in meinen Lieblingssessel, legte Flötenmusik aus den Anden auf und stellte mir vor, ich läge auf einem Bett aus Moos in den Wäldern von New Hampshire, wo ich als Kind so gern war. Das war für mich mein »heiliger Ort«, an dem ich mich absolut sicher und beschützt fühlte – eine Methode, die ich später in Workshops vermitteln sollte. Ich rief Entsá und Maria an, mir beizustehen. Maria strich mit Pflanzen und heiligen Steinen über mich und besprühte mich mit Blütenwasser. Entsá legte mir eine Hand aufs linke Handgelenk, die andere aufs Herz, und erinnerte mich an die unsichtbaren Pfeile, die er mir einst eingeblasen hatte. »Sie können dich heilen«, meinte er und fügte lächelnd hinzu: »Nutze sie, um die Situation zu verändern, zu der du beigetragen hast und die die Welt, wie wir sie kennen, in Gefahr bringt.«

»Wo soll ich anfangen?«, wollte ich wissen.

Da sagte er: »Berühre deinen Jaguar.«

Prompt stieg, während ich in meinem Sessel saß und den Flötenklängen lauschte, ein Bild von dem Teil des Bostoner Prudential Center vor mir auf, in dem die Zentrale von MAIN untergebracht war. Als ich den Jaguar berührte, verwandelte sich dieser in ein Segelboot, das in einer Bucht vor einer tropischen Insel ankerte.

Bald darauf, im März 1980, charterte ich auf den Jungferninseln eine Jacht und ging am späten Nachmittag in einer Bucht vor der Insel Saint John vor Anker, die mich stark an meine Vision erinnerte. Ich ruderte im Beiboot ans Ufer und erkletterte einen Steilhang, bis ich zur verfallenen Ruine einer ehemaligen Zuckerplantage gelangte. Dort setzte ich mich, trank eine Dose Bier und sah zu, wie die Sonne in der Karibik versank. Ich fand das alles sehr idyllisch – bis mir der Gedanke kam, wie viel unermessliches Leid diese Plantage wohl erlebt hatte. Hier waren Hunderte afrikanischer Sklaven gestorben, die mit Waffengewalt und Peitschenhieben zur Arbeit für ihre reichen Besitzer gezwungen worden waren. Die Beschaulichkeit dieses Ortes täuschte über seine brutale Geschichte hinweg. In diesem Moment erkannte ich, dass ich einer der Erben dieser früheren Sklavenhalter war. Ich war moderner vorgegangen, subtiler – ich hatte nie Menschen sterben sehen müssen, nie ihre Todesschreie gehört. Doch letzten Endes war meine Sünde womöglich ungleich größer, weil ich mich von diesen persönlichen Aspekten, den Leichen und den Schreien, freimachen konnte.

Wütend auf mich selbst sprang ich auf, griff nach einem langen Stock und drosch damit auf die Steinmauer neben mir ein. Ich setzte mich wieder, kam zur Ruhe und legte mein linkes Handgelenk auf mein Herz. Mit meinem Herzschlag spürte ich das Klopfen der unsichtbaren Pfeile. Da wusste ich, was ich zu tun hatte. Ich kehrte in mein Bostoner Büro zurück, und am 1. April 1980 kündigte ich.

Ich war froh, nicht mehr Teil dieses furchtbaren Systems zu sein, als etwa ein Jahr später zwei meiner ehemaligen Klienten bei Anschlägen zu Tode kamen, von denen alle Welt annahm, die CIA habe sie orchestriert. Diese Nachricht schockierte mich und ließ mich traurig und zornig werden. Ich kannte die Fakten und Hintergründe hinter den Ereignissen, die letztlich zum Tod des ecuadorianischen Präsidenten Jaime Roldós und des panamaischen Staatschefs Omar Torrijos geführt hatten.

Kapitel 6

WENN DIE SCHAKALE ZUSCHLAGEN

JAIME ROLDÓS WAR EIN populistischer Anwalt und Nationalist, der als Präsidentschaftskandidat bei der Wahl von 1978 in Ecuador internationale Aufmerksamkeit erregt hatte, weil er die Ölgesellschaften und das System anprangerte, das sie stützte.

Die Ölgesellschaften blicken in Ecuador auf eine lange, verwerfliche Geschichte zurück. Im Zweiten Weltkrieg erhielt Standard Oil, gegründet von John D. Rockefeller, den Zuschlag für die Erschließung von Ölquellen in Peru. Bei einer ähnlichen Ausschreibung in Ecuador konnte Royal Dutch Shell Standard Oil aus dem Feld schlagen. Rockefellers Sohn Nelson war Koordinator für interamerikanische Angelegenheiten unter Präsident Franklin Roosevelt. Als eifriger Förderer der Interessen von Standard Oil war er über den Ausgang der Ausschreibung in Ecuador höchst ungehalten. Als Hitler in den Niederlanden einmarschierte, überzeugte Nelson Rockefeller die US-Regierung und ihre Alliierten, dass ein »Naziunternehmen« nicht so viel Einfluss auf das Erdöl der Hemisphäre ausüben sollte. (Dass Deutschland kein Öl durch den von den Amerikanern kontrollierten Panamakanal oder über den Amazonas transportieren konnte, ließ er dabei tunlichst unerwähnt.) Auf einem Gipfeltreffen unterzeichneten 1942 die einflussreichsten Länder der Hemisphäre das Protokoll von Rio de Janeiro. Dieses zwang Ecuador, rund 40 Prozent seiner Fläche an Peru abzutreten. Die Ölrechte fielen an Standard Oil und gingen später auf Texaco über.

Als Jaime Roldós' Wahlkampf in Gang kam, förderte Texaco in den stark dezimierten Gebieten, die Ecuador im Amazonasbecken noch gehörten, große Mengen Öl. In seinen Reden versprach Roldós, dass die Öleinnahmen das Einkommensniveau der Armen in Ecuador heben sollten. Zu einer Zeit, in der in Ecuador und großen Teilen Lateinamerikas ausgesprochen starke rechte Bewegungen und brutale Diktatoren herrschten, trat Roldós für Menschenrechte und umfangreiche Sozialreformen ein.

1979 wurde Jaime Roldós zum ersten demokratisch gewählten Präsidenten Ecuadors nach einer langen Reihe von durch die USA unterstützten Diktatoren. Um seine Wahlkampfversprechen einzulösen, bestand er darauf, dass Texaco und andere Ölgesellschaften den Ecuadorianern einen fairen Anteil an den Gewinnen zukommen lassen sollten, die sie mit ecuadorianischem Öl erzielten. Texaco widersetzte sich mit aller Entschiedenheit jedem Gesetz, das neue Präzedenzfälle schaffen konnte – nicht nur in Ecuador, sondern auch in anderen Ländern.

Mit anderen EHMs wurde ich nach Ecuador entsandt, um den Präsidenten dazu zu bringen, seine Meinung zu ändern. Man bot Präsident Roldós die Möglichkeit, sich persönlich zu bereichern und sich die uneingeschränkte Unterstützung der US-Regierung und der CIA zu sichern. Er lehnte ab.

Die Ölgesellschaften und Washington zogen alle Register. Ihre Public-Relations-Spezialisten lancierten eine internationale Kampagne, um Präsident Roldós international zu verunglimpfen. Ihre Lobbyisten schwärmten nach Quito und Washington aus und ihre Experten äußerten sich auf allen Fernsehkanälen. Sie stellten diesen demokratisch gewählten Präsidenten – der zwar für Sozialreformen eintrat, nicht aber für Kommunismus – als Marionette der Sowjets dar.

Präsident Roldós ließ sich weder bestechen noch einschüchtern. Stattdessen mahnte er in seinen Reden, Big Oil und alle ausländischen Unternehmen, die Beteiligungen in Ecuador hielten, würden das Land verlassen müssen, wenn sie nicht Pläne umsetzten, die dem ecuadorianischen Volk zugutekämen. Am 24. Mai 1981 hielt er eine bedeutende Rede in Quito und setzte sich dann in seine Privatmaschine, um an einen Ort in

Südecuador zu fliegen. Das Flugzeug explodierte und in dem Feuerball starben Roldós, seine Frau, mehrere Angehörige seines Stabs, eine Flugbegleiterin und die beiden Piloten.

Die Welt hielt den Atem an. In Ecuador und in ganz Lateinamerika waren die Menschen außer sich. Die Zeitungen verurteilten den Absturz als Anschlag der CIA. Nicht nur das sichere Wissen, dass Roldós für Washington und die Ölgesellschaften ein rotes Tuch gewesen war, auch andere konkrete Indizien erhärteten den Verdacht eines Anschlags, unter anderem technische Überprüfungen der beiden Triebwerke des Flugzeugs in der Schweiz sowie der Umstand, dass die Blackbox der Maschine nie gefunden wurde. (Vielleicht hatte sie auch jemand verschwinden lassen.) Augenzeugen behaupteten, Präsident Roldós sei aus Angst vor einem Attentat mit zwei Flugzeugen gereist. Im letzten Moment, so hieß es, habe ihn einer seiner Sicherheitsoffiziere dazu überredet, die Maschine zu besteigen, die eine Falle war. Das kostete ihn das Leben.

Gleichzeitig lobte der panamaische Staatschef Omar Torrijos (auch »Jefe de Gobierno«, »Regierungschef«, genannt), Präsident Roldós und bezeichnete ihn als »meinen Bruder Jaime«. Er erklärte seiner Familie: »Der Nächste bin vermutlich ich. Reagan will mich tot sehen.«

Torrijos galt in vielen Ländern als Volksheld. Er wurde als der Mann gefeiert, der 1977 den Torrijos-Carter-Vertrag aushandelte, welcher die Vereinigten Staaten zwang, den Panamakanal an Panama zu übergeben. Wie Präsident Roldós war auch er ein Verfechter der Menschenrechte – ein Staatschef, der Flüchtlinge aus dem gesamten politischen Spektrum willkommen hieß. Er erhob seine charismatische Stimme gegen soziale Ungerechtigkeit – nicht nur in Panama, sondern in ganz Lateinamerika und weltweit. Er war der David eines kleinen Landes, der sich dem Goliath der stärksten Supermacht der Welt entgegengestellt hatte. Er war zu einer internationalen Figur geworden und viele glaubten, er würde für den Friedensnobelpreis nominiert.

All diese heroischen Qualitäten machten auch Torrijos zum Ziel. Er war ausgesprochen mächtigen Männern ein großer Dorn im Auge. Präsident Reagan, Vizepräsident Bush, Verteidigungsminister Weinberger und der vereinigte Generalstab waren entschlossen, sich seiner zu entledigen. Die Chefs der US-amerikanischen Streitkräfte in Lateinamerika ärgerten sich über Bestimmungen im Torrijos-Carter-Vertrag, die die Schließung der School of the Americas und des Zentrums für tropische Kriegsführung des US Southern Command vorsahen. Beide Einrichtungen befanden sich auf panamaischem Boden, galten für die US-Außenpolitiker als strategisch wichtig und wurden von den Bürgern Panamas und vielen anderen Lateinamerikanern vehement abgelehnt. Zu Torrijos mächtigen Feinden in der Wirtschaft zählten die Unternehmenschefs großer multinationaler Konzerne mit engen Verbindungen in die US-Politik, die an der Ausbeutung lateinamerikanischer Arbeitskräfte und Bodenschätze beteiligt waren. Dazu gehörten Produktions- und Bauunternehmen, Kommunikationsfirmen sowie Fracht- und Transportkonzerne, für deren Chefetagen Torrijos nicht nur Staatschef von Panama war, sondern eine Stimme für Veränderungen, die auf dem ganzen Erdball Gehör fand.

Ich war noch vor Torrijos' entscheidenden Verhandlungen mit Präsident Jimmy Carter im Jahr 1977 über die Kontrolle des Panamakanals mehrfach nach Panama geschickt worden, um ihn zu korrumpieren. Meine Aufgabe war, ihm begreiflich zu machen, dass er, seine Familie und seine Freunde reich werden konnten, wenn er nur nachgab. Dafür musste er lediglich zulassen, dass der Kanal weiterhin als US-Staatsunternehmen betrieben wurde und die Panamakanalzone US-Territorium blieb – ein Landstrich mit Golfplätzen und monumentalen Bauten im Kolonialstil, der das Land durchschnitt und ein Affront gegen Panamas Souveränität war. Außerdem sollte er aufhören, für die Menschenrechte und gegen den Interventionismus der USA einzutreten.

Als ich diesen Präsidenten besser kennenlernte, war ich jedoch hin- und hergerissen. Meine persönlichen Kontakte mit ihm und die Veranstaltungen, auf denen ich seinen Umgang mit Menschen aus allen Gesellschaftsschichten beobachtete, hinterließen bei mir tiefen Eindruck. Ich bewunderte seinen Mut, seinen Sinn für Humor im Angesicht seiner Feinde, seine Liebe zum Leben und seine politische Integrität. Dass es meine Aufgabe war, zu versuchen, einen Mann zu korrumpieren, den ich respektierte, weckte in mir Zweifel an meiner eigenen Integrität. Einerseits wollte ich ihn überzeugen, seinen politischen Kurs zu ändern – das war schließlich mein Auftrag. Andererseits ließ mich seine Hingabe für sein Volk und eine gerechtere Welt insgeheim hoffen, er werde Erfolg haben. Außerdem begriff ich: Wenn ich versagte, würde er zur Zielscheibe für die Schakale werden. Bei meinem letzten Zusammentreffen mit ihm erkannte ich: Er würde nicht nachgeben – weder auf mein Drängen noch auf andere Drohungen oder Bestechungsversuche hin.

Zwei Monate nach Roldós' Tod, am 31. Juli 1981, starb Torrijos – und mit ihm vier seiner Hilfskräfte und zwei Piloten –, und zwar beim Absturz eines Privatflugzeugs, der auffällige Parallelen zu dem Unglück aufwies, bei dem der ecuadorianische Präsident zu Tode gekommen war. Wieder beschuldigten Staatschefs und Medien aus aller Welt die USA, einen Anschlag auf ihn verübt zu haben. Ich hatte jeden Grund zu der Annahme, dass dies zutraf. Die Verdachtsmomente erhärteten sich, als herauskam, dass vertrauliche Dokumente zu den Ermittlungen über den Absturz von US-Streitkräften vernichtet wurden, als die Vereinigten Staaten im Dezember 1989 in Panama einmarschierten.

Es war eine weitere der ironischen Wendungen des Lebens, dass ich im selben Juli mit Winifred Grant zusammenlebte und bald verheiratet sein würde – der Tochter des Chefarchitekten von Bechtel, einem Bauunternehmen mit maßgeblichem Engagement in Panama. Wieder ein Beispiel für mein Doppelleben. Und wieder saß ich zwischen den Stühlen.

Kapitel 7

BEDROHT

OBWOHL ICH ERLEICHTERT darüber war, dass ich aus dem EHM-Geschäft ausgestiegen war, war der Tod dieser beiden Präsidenten, die meine Klienten gewesen waren, sowie die Folgerungen bezüglich der hohen Wahrscheinlichkeit, dass mein Land die Anschläge auf sie angeordnet hatte, für mich menschlich niederschmetternd. Ich fühlte mich persönlich verantwortlich. Von Schuldgefühlen geplagt und von dem Wunsch besessen, mich zu rehabilitieren, verbrachte ich viele Stunden in der Boston Public Library und durchforstete die Geschichte der US-Interventionen in unserer Hemisphäre.

Ich erfuhr Dinge, die an der Uni nicht gelehrt wurden. Die Monroe-Doktrin von 1823 und das Konzept der »offenkundigen Bestimmung« (»Manifest Destiny«), das bei vielen Amerikanern in den 1840er-Jahren populär war, besagten, dass die Vereinigten Staaten das Recht hätten, in jedem Land der Karibik und Mittel- und Südamerikas einzumarschieren, das sich weigerte, die US-Politik zu unterstützen. US-Präsidenten, von Teddy Roosevelt bis zu Ronald Reagan, beriefen sich auf diese beiden Doktrinen als Rechtfertigung für Washingtons Ausweitung seiner panamerikanischen Aktivitäten. Ferner fanden sich in Geschichten, die vom Gemetzel unter amerikanischen Ureinwohnern bis zu den Gräueln des Vietnamkriegs reichten, Hinweise auf *amerikanischen Kolonialismus*.

Je mehr ich las, desto mehr begriff ich, dass uns in den Vereinigten Staaten falsche Vorstellungen über unsere Geschichte vermittelt werden.

Wir sähen uns gern als Verfechter von Gerechtigkeit und Wahrer der Demokratie. Dabei war unsere Geschichte in Wirklichkeit, wie es auch mein Job als EHM demonstrierte, stark durch Kolonisierung geprägt. Leute wie ich leisteten seit der Gründung unserer Nation einer Politik Vorschub, die absolut demokratiefeindlich war und Kulturen und Volkswirtschaften zerstörte. Ich musste mir eingestehen, dass ich zwar möglicherweise zunächst selbst der Täuschung erlegen war, dass ich aber, auch nachdem mir klar geworden war, dass falsch war, was ich tat, trotzdem am Ball geblieben war. Ich hatte mich von falschen Vorstellungen leiten lassen. Als mich diese düsteren Gedanken beschlichen hatten, hatte ich versucht, sie abzuschütteln, indem ich mich an Entsás Rat erinnerte: Wenn wir unsere Wahrnehmung ändern, ändern wir die Realität.

Und noch etwas belastete mich: Nachdem ich zehn Jahre lang bei MAIN gutes Geld verdient hatte, war ich arbeitslos. Ich war 36 Jahre alt und hatte keinen Job. Rückblickend denke ich, es waren in erster Linie meine Versagensgefühle, die mich damals dazu brachten, Winifred einen Heiratsantrag zu machen – wenngleich ich sie innig liebte. Sie hatte einen Job und versicherte mir, dass ich bestimmt in Kürze wieder etwas finden würde. Im Mai 1982 kam unsere Tochter Jessica zur Welt.

Ich war überglücklich, als dieses hübsche, wundervolle Kind in mein Leben trat. Gleichzeitig fragte ich mich: Wie kann ich eine Familie ernähren, ohne meine Seele zu verkaufen?

Die Antwort kam durch ein neues nationales Bewusstsein für die Notwendigkeit, umweltverträgliche erneuerbare Energieformen zu entwickeln – und durch den Kongress, der ein Gesetz verabschiedete, das kurz »PURPA« (»Public Utility Regulatory Policies Act«) hieß und diese neuen Technologien förderte. Mit mehreren Partnern gründete ich 1982 Independent Power Systems (IPS) – ein auf alternative Energie spezialisiertes Unternehmen, bei dem ich die nächsten zehn Jahre lang als CEO Dienst tat. Wir finanzierten und bauten ein beispielloses Müllheizkraftwerk, das keinen sauren Regen produzierte, der damals als größter Luftverschmutzer galt. Damit war ich finanziell erfolgreich und konnte mein Gewissen zumindest etwas beruhigen, weil ich umweltfreundliche Projekte entwickelte. Ich empfand jedoch tiefe Reue, als sich das EHM-Modell auf Teile Afrikas, Asiens und den Nahen Osten ausweitete.

Und meine Albträume hielten an. Oft weckte mich Winifred nachts auf. »Du hast wieder geschrien«, sagte sie. Ich träumte von Wäldern, die durch Ölplattformen zerstört wurden, von Flüssen, die schwarz waren von giftigen Abwässern, und von Kindern, die an verunreinigtem Essen und Trinken starben. Ich vertraute Winifred zwar meine Schuldgefühle darüber an, was in manchen der Länder passiert war, in denen ich gearbeitet hatte, verriet ihr aber nichts Genaueres über meine Rolle als EHM oder über die Schakale.

1986 wusste ich, dass ich mehr tun musste, als nur Energieprojekte zu entwickeln, die der Umwelt nicht mehr so sehr schadeten wie ihre Vorgängermodelle. Auf der Highschool hatte ich davon geträumt, Schriftsteller zu werden. Vielleicht war jetzt der richtige Zeitpunkt dafür, dachte ich. Die Abenteuer eines EHM würden einen guten Stoff abgeben, wie mir schien. Ich wollte die Wahrheit über dieses korrupte, ausbeuterische System enthüllen.

Eines Morgens – am Vorabend hatte ich mit einem Verleger gegessen, der mir geraten hatte, wahre Geschichten anderer einzuarbeiten, die ähnliche Jobs wie ich gehabt hatten – beschloss ich, ein Buch zu schreiben, das aus einer Sammlung von Geschichten aus der Ich-Perspektive bestand.

Ein paar Tage später klingelte gegen Abend das Telefon. Eine dumpfe Stimme drohte, meine Tochter und mich zu töten. »Sicher sind Sie klug genug, künftig keine Leute aus der Branche mehr zu kontaktieren«, schnarrte die verzerrte Stimme eines Mannes, der wusste, wie man anderen Angst machte – die Stimme eines Attentäters, eines Schakals.

Ich hatte Todesangst. In jener Nacht bekam ich kein Auge zu. Ich wälzte mich im Bett herum und morgens war das Bettzeug durchgeschwitzt. Ich erzählte Winifred nichts von dem Anruf, doch beim Frühstück sagte sie: »John, so kannst du nicht weitermachen. Wir können so nicht weitermachen.«

Ich unternahm einen langen Spaziergang im Wald und quälte mich mit der Entscheidung. Mir fiel keine andere Lösung ein: Ich musste gehorchen und aufhören, wegen meines Buches herumzutelefonieren. Und weiter? Sollte ich wieder ins Beratungsgeschäft einsteigen? Konnte ich eine Stelle finden, die mein Gewissen nicht kompromittierte? Konnte ich das Buch anders schreiben?

Am selben Abend meldete sich ein ehemaliger MAIN-Vice-President bei mir – ein alter Freund. Er erzählte mir, er würde für mich gerne ein Mittagessen mit dem Chef des Unternehmens arrangieren, für das er jetzt arbeite. Das war einer der größten, einflussreichsten Baukonzerne der damaligen Zeit: die Stone and Webster Engineering Company (SWEC). Wie es schien, gab es eine Lösung für mein Problem, denn er sagte: »SWEC braucht einen Mann wie dich.«

Als ich mit dem SWEC-Chef in einem schicken Restaurant zusammensaß, sprach er in höchsten Tönen von meiner Karriere bei MAIN und meinem Werdegang als CEO von IPS. Er erklärte, er würde meinen Lebenslauf gerne für Ausschreibungsunterlagen von SWEC verwenden und wäre bereit, mir vorerst ein Beraterhonorar von einer halben Million Dollar zu überweisen. Dafür müsse ich auf Abruf gelegentlich eine Reise unternehmen, um das Unternehmen zu unterstützen, aber sonst nicht viel tun. Er prostete mir mit seinem Martini zu. »Auf Sie«, sagte er. »Auf uns.«

Darauf stießen wir an. Eine Welle der Erleichterung durchströmte mich. Ich konnte mein Glück kaum fassen. Eine halbe Million Dollar! Ich war wie erlöst. Mir wurde eine unglaubliche Summe angeboten – und ich musste kaum etwas dafür tun. Es schien zu schön, um wahr zu sein.

Und so war es auch.

Er nippte an seinem Martini. Dann setzte er das Glas ab. »Ich habe gehört, Sie arbeiten an einem Buch über unseren Beruf.« Er suchte meinen Blick. »Das sollten Sie bleiben lassen.«

Plötzlich drehte sich das ganze Restaurant um mich. Ich dachte an die Drohungen der Schakale, an meine kleine Tochter. Ich legte die Hände auf den Tisch, um Halt zu finden. Als ich merkte, dass er mich aufmerksam beobachtete, griff ich nach meinem Glas, nahm einen Schluck und versuchte, Gelassenheit auszustrahlen. Der vertraute Geschmack gab mir Kraft. Ich wusste, was ich zu tun hatte. Ich stellte das Glas zurück auf den Tisch. »Stimmt, ich hatte daran gedacht, ein Buch zu schreiben, habe das aber wieder verworfen.«

»Sie werden es also nicht schreiben?«

Ich nickte.

»Ist das ein Versprechen? Sie schreiben nichts über unser Geschäft?«

»Genau.«

Seine Augen wanderten zu seinem Martini. »Gut.« Er hob sein Glas. Ich tat es ihm nach. Wir stießen noch einmal an. »Kluger Mann.«

Dann sagte er noch, ich könne gern über die indigenen Kulturen schreiben, für die ich mich so interessierte, wie er gehört habe. »Das wäre vielleicht sogar gut fürs Geschäft«, schob er nach.

Ich bekam nicht mehr viel mit. Mein Gewissen schrie in mir: Zuckerbrot und Peitsche. Die Waffen, die ich selbst als EHM eingesetzt hatte, wurden jetzt gegen mich verwendet. Ich war zur Zielperson geworden. Erst kam die Drohung, jetzt die Belohnung. Und ich hatte gerade klein beigegeben und mich selbst in einen Käfig aus Schuld und Schweigen gesperrt. Der Wirtschaftskolonialismus hatte mich zu seinem Sklaven gemacht.

Bald litt ich an chronischen Depressionen. Um sie zu überwinden, nahm ich ein anstrengendes Kampfsporttraining auf, meditierte viel und vervollkommnete die Praktiken, die ich auf meinen Reisen um die Welt heimlich von Schamanen gelernt hatte. Dazu gehörte auch eine Visualisierungsmethode, die mir half, mich zu entspannen und meine negativen Gefühle zumindest zum Teil abzubauen. Die Einstellung zum Schamanismus und zu anderen New-Age-Ansätzen hatte sich in den 1980er-Jahren stark verändert. Es war mir nicht mehr peinlich, über diese Aspekte meines Lebens zu sprechen und zu schreiben – auch über meine Erfahrungen als Freiwilliger im Friedenskorps.

1986 schrieb ich mein erstes Buch, *O-Naami: Das Leben ohne Stress*. Obwohl es erst ein paar Jahre später veröffentlicht wurde, fing ich sofort mit dem zweiten an: *Psychonavigation*. Dabei vermied ich sorgfältig jeden Hinweis auf meine Arbeit als EHM. Diese Bücher beschrieben, was ich in Amazonien gelernt hatte. Ich machte aber keinen Versuch, dorthin zurückzukehren.

Eines Morgens, im Sommer 1986, schlenderte ich in Florida, wo ich mit Winifred und Jessica lebte, am Strand entlang. Als mein Blick auf die Wedel einer hohen Palme fiel, überkam mich das inzwischen vertraute Schuldgefühl. Doch diesmal fühlte es sich anders an. Plötzlich wusste ich, was ich tun musste, um den ersten Schritt zur Wiedergutmachung zu gehen. Ich musste an den Ort zurückkehren, der mein Leben so stark beeinflusst hatte und dem jetzt die Vernichtung drohte. Ich hatte gelesen und im Fernsehen gesehen, dass das Amazonasgebiet, in dem ich gelebt hatte, zu den vielfältigsten und wichtigsten Ökosystemen der Erde gehörte und unter Beschuss stand – vor allem durch US-Öl- und -Bergbauunternehmen. Die Flüsse und Wälder waren für uns lebenswichtig und, wie es schien, auch ein Symbol dafür, dass wir die Art verändern mussten, wie wir die wirtschaftliche Entwicklung wahrnahmen. Ich wusste, ich musste etwas unternehmen, um den Schaden zu beheben – oder zumindest abzuschwächen. Ich merkte, es war an der Zeit, die unsichtbaren Pfeile, die mir Entsá mitgegeben hatte, einzusetzen, um den Wäldern zu helfen, die er so liebte.

Mein Vertrag mit SWEC zwang mich zum Stillschweigen über meine EHM-Tätigkeit in aller Welt – und über die Rolle, die das Unternehmen bei der Zerstörung der Regenwälder spielte. Ich konnte mich aber für die Menschen einsetzen, die mich vor dem Vietnamkrieg bewahrt und mir das Leben gerettet hatten, als ich im Sterben lag. Ich wusste nicht genau, wie ich das anstellen sollte, doch ich dachte, vielleicht könnte ich ja doch irgendwie die Erwartungen erfüllen, die Entsá in mich als Schamanen gesetzt hatte.

In den zwei Jahrzehnten, die seit meinen Tagen beim Friedenskorps ins Land gegangen waren, war ich als EHM in Ecuador gewesen, doch nur in den Großstädten an der Küste und in den Bergen. Ich hatte keine Ahnung, wie ich wieder Kontakt zu den Shuar aufnehmen sollte, die tief im Dschungel lebten.

Ich beschloss, einen Unternehmer aufzusuchen, den ich in Ecuador kennengelernt hatte. Er war während des Zweiten Weltkriegs aus Frankreich ausgewandert, hatte eine Ecuadorianerin geheiratet, den Shuar geholfen und sich mit vielen von uns Freiwilligen des Friedenskorps angefreundet. Dieser Entschluss sollte mein Leben auf eine Art und Weise verändern, wie ich es nie erwartet hätte.

Dritter Teil

Ein neuer Traum

1987 bis 1993

Die Welt ist so, wie du sie dir erträumst. Dein Volk träumte von riesigen Fabriken, hohen Gebäuden, so vielen Autos wie Regentropfen im Fluss. Und jetzt merkt ihr allmählich, dass euer Traum ein Albtraum ist.

Kapitel 8

WIEDERGUTMACHUNG

WÄHREND MEINER ZEIT im Friedenskorps war Henri Koupermann Besitzer des Hotel Cuenca. Sein Restaurant war das einzige in der Stadt, das französische Gourmetküche bot. Henri bedachte uns Freiwillige zum Geburtstag und anderen besonderen Anlässen spendabel mit Rabatten. Er hatte großen Respekt vor den indigenen Völkern, was Ende der 1960er-Jahre in der ecuadorianischen Geschäftswelt eher selten war. Und als ich einmal unter hohem Fieber litt, förderte er meine Genesung mit nahrhaftem Essen und großzügigen Dosen französischen Cognacs.

Als ich 1987 in Henris Hotel ankam, schickte man mich in das Reisebüro auf der gegenüberliegenden Straßenseite. Dort begrüßte mich ein hochgewachsener muskelbepackter Mann mit langem schwarzem Haar und kurzem schwarzen Bart. Man hätte ihn für einen Hells Angel halten können, wären da nicht das freundliche Lächeln, das Zwinkern in seinen braunen Augen und die leise Stimme gewesen. Er schüttelte mir die Hand. »Wie kann ich Ihnen helfen?«

»Ich suche Herrn Koupermann.«

Er lachte. »Ich bin Herr Koupermann. Ich nehme an, Sie wollten meinen Vater sprechen?«

»Sie sind Henris Sohn?«

»Ja. Ich bin Daniel. Mein Vater ist vor ein paar Jahren verstorben.« Er bot mir einen Stuhl an. »Kann ich Ihnen irgendwie weiterhelfen?«

Wir saßen in seinem Büro und tranken zusammen Kaffee, während ich ihm von meinen Erfahrungen im Friedenskorps erzählte.

»Kolonisierung«, meinte er. »Sie waren also an diesem Programm beteiligt?«

»Ich fürchte, ja.«

»Eine abartige Idee.«

Ich schilderte ihm meine Bemühungen, durch Briefe an das Friedenskorps und an USAID-Beamte auf die Probleme hinzuweisen.

»Gut für Sie. Aber …« Er runzelte die Stirn. »Die Siedlung, in der Sie damals gelebt haben – was Sie ›El Milagro‹ nennen, liegt heute nicht mehr im Dschungel. Inzwischen führen Straßen dorthin. Und Bäume wurden gefällt.«

War das möglich? »Aber es lag doch tief im Wald.«

»Mit dem Kolonisierungsprogramm begann die Zerstörung. Und moderne Bulldozer brachten sie zu Ende. Dadurch hat sich alles verändert.« Er seufzte. »Seit Jahren bemüht sich dieses Land um wirtschaftliche Entwicklung. Leider hat das zu einer Wirtschaft geführt, die unsere wertvollste Ressource vernichtet – die Umwelt. Das wurde uns seinerzeit ganz anders verkauft.«

»Das ist ja furchtbar traurig.« Ich wollte nicht zugeben, dass ich zu den Leuten gehört hatte, die ihnen falsche Tatsachen vorgespiegelt hatten.

»Allerdings.« Er verfiel in kurzes Schweigen. »Sehr traurig.« Dann beugte er sich zu mir. »Glauben Sie mir, Sie wollen Ihr altes Dorf nicht besuchen.«

Ich erzählte ihm von meiner Ausbildung bei Entsá und schließlich von meiner Tätigkeit als Agent im Dienste der Wirtschaftsmafia. Ich erklärte ihm, dass ich den Shuar helfen wollte, ihre Regenwälder zu schützen, und erwähnte sogar, dass mich wegen meiner Rolle als EHM Schuldgefühle quälten.

»Wiedergutmachung also.« Er schenkte mir ein nachsichtiges Lächeln, das ganz seinem Wesen entsprach, wie ich noch erfahren sollte. »Ich kenne Entsá nicht, aber ich kann Sie zu einem anderen Schamanen bringen, der genau bei den Menschen lebt, die Sie kennenlernen sollten.«

Als ich am nächsten Morgen über ein grünes Meer hinwegflog und auf das Blätterdach des Dschungels hinunterschaute, der sich über fast 5000 Kilometer erstreckte – von den Anden bis zum Atlantik, über eine Fläche, die größer war als das Kontinentalgebiet der Vereinigten Staaten –, überkam mich Nostalgie. Ich war an einen vertrauten Ort zurückgekehrt, den ich tief in meinem Herzen trug. Ich schloss die Augen.

Schreckliche Bilder stiegen in mir auf: Stauseen, an deren Finanzierung ich mitgewirkt hatte, Industrieparks, der Palast des Schahs von Persien, der ecuadorianische Präsident Jaime Roldós, wie er vor einer großen Menschenmenge die letzte Rede seines Lebens hielt, und riesige Bohrtürme, aus denen sich Öl in den verwüsteten Regenwald ergoss.

Als ich die Augen öffnete, fühlte ich mich benommen. Ich schaute aus dem Fenster. Unten schlängelte sich ein Fluss durch die Bäume. Auf einer kleinen Lichtung am Ufer standen mehrere ovale strohgedeckte Hütten. Das hätte Entsás Siedlung gewesen sein können. Da setzte das einmotorige Flugzeug zur Landung an und kam auf einem schlammigen Flugfeld zum Stehen.

Die nächste Woche verbrachte ich bei den Shuar im Dschungel. Doch dort war alles ganz anders als in dem El Milagro, das ich gekannt hatte, oder in Entsás Siedlung. In den 20 Jahren, die seit meinen Tagen beim Friedenskorps vergangen waren, hatte sich das Leben der Shuar verändert. Straßen waren immer tiefer in den Dschungel vorgedrungen, ihr Territorium war geschrumpft und sie konnten nicht länger als Jäger und Sammler leben. Inzwischen rodeten sie kleine Waldgebiete und züchteten Vieh. Anders als das Friedenskorps und die Kolonisatoren wussten sie: Wenn die gerodeten Bereiche klein genug blieben, würden die Wurzeln der umstehenden Bäume den Mutterboden festhalten. Die meisten Männer unter 30 sprachen Spanisch als Zweitsprache. Viele hatten den Regenwald verlassen und arbeiteten in den Städten oder für die Ölgesellschaften.

Der Schamane, den ich dort kennenlernte, hieß Numi und war etwa 80 Jahre alt. Er war zwar so klein wie Entsá und das Alter hatte seinen Rücken gebeugt, doch er verfügte über eine erstaunliche Energie. Seine feurigen, hypnotischen Augen gaben mir das Gefühl, dass er über zeitloses Wissen verfügte.

Als ich ihm von meiner Lehrzeit bei Entsá erzählte, ließ er mich wissen, dass er meinen Lehrer gekannt hatte. Dieser habe seine letzten Jahre keinen Tagesmarsch entfernt zugebracht. Dann lächelte er wissend. »Es ist sein Geist, der dich ruft.« Wir saßen zusammen auf einer Kuppe über dem Fluss, als er mir sagte, was ich hören musste.

»Die Welt ist so, wie du sie dir erträumst. Dein Volk träumte von riesigen Fabriken, hohen Gebäuden, so vielen Autos wie Regentropfen im Fluss. Und jetzt merkt ihr allmählich, dass euer Traum ein Albtraum ist.« Er hob einen Kieselstein auf. »Das Problem ist: Euer Land ist wie dieser Kiesel.« Er warf ihn in den Fluss. »Alles, was ihr tut, schlägt Wellen über die ganze Mutter Erde.« Er lächelte. »Du musst den Traum deines Volkes verändern. Das ist alles.«

Ich fragte ihn, was die Shuar bei alldem für eine Rolle spielten.

»Wir sind nicht das Problem«, entgegnete er. »Versuche nicht, uns zu verändern. Eure Lebensweise ist das Problem, euer Traum vom Materialismus, eure Entschlossenheit, uns eure zerstörerischen Verhaltensweisen aufzuzwingen. Doch wer von deinen Leuten wissen möchte, wie man den Traum verändern kann, den kannst du herbringen, damit er lernt.« Er hob eine Hand. »Entsá hat das kommen sehen.« Er warf mir einen bedeutungsschwangeren Blick zu. »Aber sei auf der Hut. Die Ölgesellschaften werden danach trachten, dich zu vernichten. Und das will vielleicht auch deine Regierung, und die ecuadorianische ebenso.«

Kapitel 9

DEN TRAUM VERÄNDERN

AUF DEM RÜCKFLUG dachte ich an Numi und seine Gemeinschaft. Die Veränderungen, die ich wahrgenommen hatte, stimmten mich zwar traurig, doch die Aussicht darauf, wirklich etwas zu unternehmen, Menschen in den Dschungel zu bringen, damit sie von den Shuar lernen können, wie man den Traum verändert – eine Wahrnehmung, die drohte, das Leben, wie wir es kennen, zu vernichten –, erfüllte mich mit Begeisterung. Ich sah ganz klar: Wir mussten unsere Mentalität, unsere Geschäftsmodelle und unseren Lebensstil verändern und dabei helfen, die Völker, die wir kolonisiert hatten, zu entkolonisieren – und uns selbst ebenfalls. Doch da war noch eine andere Stimme in mir, das warnende Echo der Worte Numis: »Die Ölgesellschaften werden danach trachten, dich zu vernichten.« Und vollkommen überflüssigerweise die mahnende Erinnerung: »Hüte dich vor den Schakalen, die Jessica und dich bedroht haben.«

Ich grübelte ein paar Tage lang. Ich sprach mit anderen Autoren und Aktivisten, die ich kennengelernt hatte. Winifred ermutigte mich. »Du kannst nur glücklich werden, wenn du deinem Herzen folgst«, sagte sie.

Schließlich war mir klar: Ich musste Menschen in Numis Dorf bringen. Die Frage war bloß: Wie konnte ich das organisieren, ohne meine Familie und mich selbst zu gefährden? Ich kam zu dem Schluss, dass ich mich am besten dadurch schützen konnte, indem ich eine gemeinnützige Organisation gründete. Ein befreundeter Anwalt half mir dabei, 1987 in den USA Dream Change als gemeinnützige Körperschaft vom Typ 501(c)(3)* zu errichten.

In den nächsten Jahren schlossen sich mir andere an. Wir schrieben Bücher, veranstalteten Workshops und organisierten in Partnerschaft mit Daniel Koupermann Reisen zu Schamanen der Shuar und Kichwa. Dort konnten die Teilnehmer aus erster Hand erfahren, wie sich die Realität verändern ließ, indem man die eigene Wahrnehmung veränderte. Ich hielt viele Vorträge an Universitäten und anderen Orten, in denen ich gegen die Umweltschäden protestierte, die die Ölgesellschaften in Ecuador anrichteten – und gegen die Obsession der modernen industrialisierten Welt mit dem Materialismus und gegen den Entschluss der USA, ein Weltreich aufzubauen.

1991 teilte mir Daniel mit, dass er gern mit den Achuar zusammenarbeiten würde, den Nachbarn der Shuar. Ich kannte sie nicht, hatte aber damals beim Friedenskorps furchterregende Gerüchte über sie gehört. Ich wusste noch, wie ich mich 1969 einen Vormittag lang mit Oberst Espinoza unterhalten hatte, einem ecuadorianischen Offizier, der eine Rangereinheit anführte, die das Seismologenteam von Texaco vor indigenen Kriegern schützen sollte. Wir saßen zusammen auf einer Holzbank in Sucua, einer Grenzstadt am Waldrand, die mich an Filme über den Wilden Westen Amerikas erinnerte. Die Straßen waren unbefestigt, die Menschen lebten in klapprigen Holzhäusern, die Saloons hatten Abtritte über den Hof. Pferde waren an Holzgeländern angebunden und praktisch jeder Mann trug einen einschüssigen Vorderlader bei sich. Wir warteten auf die Verbindung Sucuas zur Außenwelt – eine DC-3 aus dem Zweiten Weltkrieg. Weil ihre Flughöhe nicht ausreichte, um über die Anden zu fliegen, und die Maschine nicht über Radar verfügte, musste der Pilot durch wolkenverhangene Canyons navigieren, die von Gletschern ge-

* Siehe Wikipedia, »501(c) organization«: »Diese Organisationen oder Verbände sind teilweise von Einkommensteuern befreit. Der Status wird nach Antrag von dem Internal Revenue Service vergeben und ist an die Veröffentlichung einiger finanzieller Dokumente und eine Einschränkung der politischen Aktivitäten geknüpft. Der Name und die Rechte beziehen sich auf § 501 Title 26 subsection (c) United States Code (kurz: USC 26 § 501 (c)).« (Anmerkung der Redaktion)

speiste Flüsse in die Berge gegraben hatten. Seine einzigen Instrumente waren eine Stoppuhr und ein Kompass: nach zwei Minuten zehn Grad nach rechts, nach weiteren 92 Sekunden fünf Grad nach links ...

»Die Achuar sind Killer – Schlächter«, erzählte mir Oberst Espinoza. Er fuhr sich mit dem Finger quer über die Kehle. »Es sind Wilde, die hacken Ihnen den Kopf ab. Halten Sie sich bloß fern von ihnen.«

Meine Shuar-Freunde bestätigten das. »Unsere schlimmsten Feinde«, erzählten sie mir. »Um die solltest du einen großen Bogen machen.«

Ich berichtete Daniel von diesen Erinnerungen. Er lachte. »Das war vor 20 Jahren. Heute ist das anders. Ihre Weltanschauung hat sich verändert.« Er erklärte mir, er habe überlegt, was die Achuar tun könnten, um sich ihren Lebensunterhalt zu verdienen, ohne vom Öl abhängig zu sein. Und dabei sei er auf den Ökotourismus gekommen. »Keine Lösung auf lange Sicht«, räumte er ein. »Aber so könnten sie lernen, mit der modernen Welt klarzukommen, die mit jedem Jahr stärker in ihr Leben drängt.« Er hatte mit den Achuar darüber gesprochen. »Sie sind sehr demokratisch«, erklärte er. »Jede betroffene Gemeinschaft muss zustimmen. Ich habe viele lange Nächte in verschiedenen Siedlungen zugebracht, und am Ende haben sie sich darauf geeinigt, dass sie ihre Beziehungen zur Außenwelt verändern müssen. Sie baten mich, ihnen beim Aufbau einer Öko-Lodge zu helfen und Menschen herzubringen, die gern bei ihnen und im Regenwald Erfahrungen sammeln und von ihnen lernen möchten.«

Was er mir da berichtete, war ein eindringliches Beispiel dafür, wie Menschen ihre Lebensrealität verändern, indem sie an ihrer Einstellung arbeiten.

Daniel berief sich auf die Erfahrung und den Ruf seines Vaters als Hotelier und beschaffte sich Geld von einem wohlhabenden Ecuadorianer, um auf Achuar-Gebiet eine Öko-Lodge zu bauen. Er drang in einen unberührten, wilden Teil des Regenwaldes vor, um dort den Bau einer Anlage zu überwachen, die gleichzeitig die Natur respektieren und Menschen eine komfortable Unterkunft bieten sollte, die an das moderne Leben gewöhnt waren. Sie sollte von den Achuar selbst gebaut werden, im Stil ihrer eigenen Hütten, ausschließlich mit Material aus dem Wald – ohne Plastik oder Metall. Noch nicht einmal Nägel durften verwendet werden. Bis auf moderne Sanitärinstallationen würde nichts importiert werden. Die Lodge sollte aus einem gemeinschaftlichen Speiseraum, einem Versammlungshaus und 18 Hütten mit modernen Badezimmern bestehen. Das alles sollte an einem Ort entstehen, den die Achuar »Kapawi« nannten. Bis zur nächsten Straße waren es von dort über 100 Meilen durch dichten, unerforschten Dschungel. Kapawi lag an einem See, der vom Fluss Capahuari gespeist wurde – einem Oberlauf des Amazonas. Daniel schwebte vor, dass die Gäste mit Achuar-Führern durch den Regenwald wandern würden. Außerdem könnten sie den Capahuari hinunterfahren und die vom Aussterben bedrohten rosa Flussdelfine sehen. Die finanziellen Vereinbarungen sahen vor, dass die Achuar so geschult würden, dass sie die Lodge selbst betreiben und verwalten konnten. Das Eigentumsrecht sollte komplett bei ihnen liegen. Am Ende verbrachte Daniel drei Jahre im Dschungel und brachte den Achuar bei, wie sie den Bau beaufsichtigen konnten.

Weder Daniel noch ich ahnten damals, dass sein Engagement für die Achuar Veränderungen bewirken würde, die den ganzen Erdball umfassten. Doch erst eine Quechua-Frau aus den Anden brachte mir bei, die Beziehung zwischen wahrgenommener und objektiver Realität klarer zu sehen.

Kapitel 10

ZWEI REALITÄTEN

ZWISCHEN 1991 UND 1993, als Daniel mit den Achuar beschäftigt war und ich offiziell noch immer Berater bei SWEC, schickte ich weiterhin Gruppen für Dream Change zu Schamanen nach Amazonien und in die Anden. SWEC nahm mich nur selten in Anspruch und das Ziel unserer Dream-Change-Reisen war es, Menschen aus der modernen Welt mit den Traditionen und Philosophien der indigenen Kulturen vertraut zu machen.

Unter den Schamanen, die ich damals kennenlernte, war auch eine Quechua-Frau. Sprachlich gehörte sie zwar zur selben Gruppe wie die Ziegelbrenner aus meiner Zeit beim Friedenskorps, doch sie lebte nicht weit von Otavalo, mehrere Hundert Kilometer nördlich von Sinincay. Ihr Familienname, Yamberla, entstammte ihrer heimischen Sprache, doch sie trug zwei spanische Vornamen, die jeder Amerikaner lustig fand: Maria Juana. Das hörte sich stark nach der Pflanze an, die damals in den Vereinigten Staaten ebenso populär wie illegal war.

Die Schamanin der Quechua-Ziegelbrenner, Maria Quischpe, war zwar inzwischen verstorben, wie ich erfuhr, doch Maria Juana erinnerte mich an sie. Auch sie trug lange dunkelblaue Röcke und bestickte Blusen. Ihre braunen Augen funkelten trotz der Krähenfüße und ihr Lächeln strahlte Liebe und Vitalität aus. Ich fand auch, dass sie eine ähnliche Energie an sich hatte wie Maria Quischpe. Sie lebte in einer kleinen Ziegelhütte in einem Andendorf in über 2400 Metern Höhe. Es bildete den Mittelpunkt eines Dreiecks aus drei Vulkanen, die von ihrem Volk als mächtige Geister verehrt wurden: Imbabura (männlich), Cotocachi (weiblich) und Mojanda (androgyn). Sie erklärte mir, schon ihre Eltern seien Schamanen gewesen und hätten gewusst, dass sie dazu ausersehen war, in ihre Fußstapfen zu treten, als sie sie im Mutterleib singen hörten. Inzwischen war sie etwa 60 Jahre alt, verfügte über ein großes Wissen und konnte die Philosophie, die hinter der Traumveränderung stand, besonders eloquent in Worte kleiden.

»Es gibt zwei Realitäten«, erklärte Maria Juana einer der Gruppen und ich dolmetschte. »Die objektive, wie dieser Stuhl, und die wahrgenommene – also die Ideen, über die wir sprechen, während wir auf diesem Stuhl sitzen. Indem wir die wahrgenommene Realität verändern, verändern wir auch die objektive.« Sie berührte den Stuhl. »Würde ich euch sagen, dass nur ein Schamane auf diesem Stuhl sitzen darf, hätte er für euch eine andere Realität, als wenn ich euch auffordere, euch daraufzusetzen. Religion, Kultur, ja, ganze Länder entstehen aus Gedanken und Ideen. Wenn sich genügend Menschen diese Ideen aneignen, werden sie zur Realität.« Sie lächelte. »Sie verändern den Traum.«

Aus ihren Worten sprachen die Lehren von Entsá und Maria Quischpe und die Erfahrung der Ziegelbrenner. Doch Maria Juanas klare, einfache Formulierungen machten leicht verständlich, wie sich die Wahrnehmung seit Jahrhunderten auf die menschliche Realität auswirkt. Auf die Frage, wie man denn den Traum verändern könne, entgegnete sie: »Ganz einfach. Wir müssen nur die Geschichte verändern, die wir uns selbst erzählen. Das verändert, wie wir über uns selbst denken.«

Nach meiner Rückkehr in die Vereinigten Staaten baute ich diese Aussagen in New-Age- und College-Konferenzen und -Workshops ein. Und ich suchte Kontakt zu anderen, die sich ebenfalls mit diesem Thema befassten. Anfang und Mitte der 1990er-Jahre stieg sprunghaft das Interesse an Schamanismus und an dem Gedankengut, das viele als »alternative Realitäten« bezeichneten. Diese Entwicklung fiel zusammen mit der Veröffentlichung meiner Bücher über indigene Kulturen und Schamanismus – die mir durch meinen SWEC-Vertrag nicht untersagt waren –, meinen Vorträgen und unserer Arbeit bei Dream Change.

Ich erfuhr, dass es viele Beispiele dafür gab, dass die Menschheitsgeschichte voll und ganz durch die Menschen bestimmt wurde. Die Realität, die wir aus der Perspektive menschlicher Institutionen kennen, ist das Ergebnis unserer Wahrnehmungen. Es folgen zwei Beispiele, auf die ich in meinen Vorträgen und Workshops besonders gern Bezug nehme.

Bevor Kopernikus 1543 sein bahnbrechendes Werk veröffentlichte, hielten die Menschen die Erde für den Mittelpunkt des Universums. Diese Überzeugung schlug sich in der Religion, der Wissenschaft, der Philosophie und der Medizin nieder – in allen Narrativen, die damals die menschliche Realität bildeten. Als Kopernikus nachwies, dass sich die Erde um die Sonne drehte, veränderte das die Weise, wie wir über uns selbst denken, komplett.

1773 hielt in den amerikanischen Kolonien fast jeder die britische Armee für unbesiegbar. Doch George Washington hatte erlebt, wie schätzungsweise 1500 Mann starke britische Streitkräfte unter Führung eines der erfahrensten britischen Generäle 1755 in der Schlacht am Monongahela im Siebenjährigen Krieg von rund 900 Franzosen und Indianern besiegt und zurückgeschlagen wurden. »Die Briten sind nicht unbesiegbar«, sagte Washington. »Wir müssen uns nur hinter Bäumen verstecken.« Das veränderte die Wahrnehmung der Kolonisten von der Macht Englands und beendete letztlich die britische Herrschaft.

Mir wurde bereits erklärt, dass die Vorstellung, aus Wahrnehmungen könne Realität entstehen, der modernen Psychotherapie und der Quantenphysik zugrunde liegt und seit Jahrhunderten die treibende Kraft hinter Kunst und Literatur ist.

Nach meinem Vortrag über Schamanismus auf einer Konferenz in Kalifornien im Jahr 1992 kam Bob Graham auf mich zu, Gründer und Vorsitzender der gemeinnützigen Organisation Katalysis, die Mikrokreditgenossenschaften für Maya-Frauen in Mittelamerika fördert. Bob bat mich, seinem Verwaltungsrat beizutreten.

Und hier war ich nun, nur ein paar Monate später. Bob hatte mich gebeten, Lynne Twist nach Guatemala zu begleiten, und so fand ich mich 1993 auf dieser Reise wieder, die uns tief ins Bergland der Maya führte.

Lynnes Aufgabe war es, Orte zu finden, wo sich die Verwaltungsratsmitglieder und wichtigsten Geldgeber von Katalysis mit den Maya-Frauen treffen konnten, die Geld von der gemeinnützigen Organisation erhalten sollten. Mein Job sollte sein, mit mindestens einem Maya-Schamanen (oder einer Schamanin) Kontakt aufzunehmen und ihn (oder sie) zu unseren Treffen einzuladen. Bob war der Ansicht, Katalysis brauche mehr Einblick in die und Verbindung zu den Traditionen und der Spiritualität der Maya, was nur durch Schamanen ermöglicht werden konnte. Er hoffte, mir würde das gelingen.

Diese Reise im Jahr 1993 schloss sich an eine andere an, auf der ich eine Gruppe Amerikaner für Dream Change nach Ecuador begleitet hatte. Als ich am Flughafen Quito abhob, um Lynne in Guatemala zu treffen, hatte ich ernsthafte Zweifel an meinen Erfolgschancen. Guatemalas jüngere politische Geschichte unterschied sich stark von der Ecuadors. In Guatemala hatte seit 1960 ein blutiger Bürgerkrieg gewütet. Über 200 000 Maya waren von dem rechtslastigen, von den USA unterstützten Unterdrückungsregime getötet worden. Ganz oben auf den Tötungslisten standen Maya-Anführer, darunter auch Schamanen. Sie hatten jeden Grund, sich *auf keinen Fall* mit Amerikanern zu treffen.

Ein paar Monate zuvor war ich auch schon nach Guatemala gereist – wie Lynne irgendwie erfahren hatte. Damals ging es darum, mit einer Firma, die Angehörigen der rechten Regierung gehörte, einen Vertrag über die Entwicklung eines Geothermieprojekts auszuhandeln. Es war eine der wenigen Reisen, die ich auf Anfrage von SWEC unternahm. Ich war von den Menschen, die die Maya hassten, fürstlich bewirtet und in kugelsicheren SUVs herumchauffiert worden.[6] Ich konnte mir zwar einreden, kein EHM mehr zu sein, doch ich wusste nur zu gut: Ich trug das System immer noch mit. Neben dem Vorschuss zahlte mir SWEC weiterhin ein üppiges Beraterhonorar. Gleichzeitig versuchte ich, den Maya zu helfen, sich gegen das System zur Wehr zu setzen. Wie ich Lynne gesagt hatte, war ich tatsächlich zwischen zwei Welten hin- und hergerissen.

Als mein Flugzeug in Guatemala-Stadt landete, wünschte ich mir, ich hätte mich nie auf diese Reise eingelassen. Der Mann zwischen zwei Welten war drauf und dran, eine Welt zu betreten, in der er sich viele potenzielle Feinde gemacht hatte. Ich hatte beide Seiten hintergangen. Für die SWEC verhandelte ich mit den reichen herrschenden Familien, die gegen die Maya Krieg führten. Für Katalysis versuchte ich, Beziehungen zu eben diesen Maya aufzubauen.

Vierter Teil

Den Adler mit dem Kondor vereinen

1993

Der Prophezeiung zufolge haben Adler und Kondor nach 500 Jahren – zu Anfang des fünften Pachacuti, also jetzt – die Gelegenheit, zusammen zu fliegen, sich zu paaren und etwas ganz Neues hervorzubringen: ein höheres Bewusstsein.

Kapitel 11

DUNKLE WOLKEN

DURCH DAS FENSTER unseres Land Rovers schaute ich auf die dunklen Wolken, die sich über den umliegenden guatemaltekischen Bergen zusammenballten – eine schwarze Wand, die plötzlich von einem Blitz zerrissen wurde, gefolgt von Donnergrollen. Ich fragte mich, ob es ein Fehler gewesen war, Lynne so viel von mir zu erzählen.

Es war unser vierter Tag in Guatemala. Lynne hatte ihren Job erledigt. Es war ihr recht schnell gelungen, die von Katalysis unterstützten Maya-Frauen zu überreden, der anreisenden Gruppe ein paar der von uns finanzierten Projekte vorzuführen – Hühnerzucht, Textilweberei, Korbflechterei, Töpferei und die Herstellung anderer Artikel, die sich auf den heimischen Märkten oder in den Souvenirläden von Guatemala-Stadt verkaufen ließen. Lynne hatte Zimmer und Versammlungsräume in Hotels und Restaurants gebucht, die nicht weit von den Dörfern der Frauen entfernt lagen und trotzdem den Ansprüchen privilegierter Amerikaner gerecht wurden, die heiße Duschen, bequeme Betten und westliches Essen verlangten.

Ich war zunächst nicht so erfolgreich gewesen. Ich hatte die Maya-Anführer wissen lassen, dass ich gern einen ihrer Schamanen treffen würde. Ich hatte sie über meine Ausbildung und mein Interesse am Schamanismus informiert. Nach zwei Tagen hatte sich aber immer noch kein Schamane gemeldet. Am Abend des dritten Tages kam schließlich der Durchbruch. Ein Schamane, der hoch oben in den Bergen lebte, hatte mitgeteilt, er sei bereit, uns in seinem Haus im Maya-Bergland zu empfangen.

Und nun waren wir auf dem Weg in die Berge. Draußen lösten sich kohlschwarze Phantome aus der dunklen Wolkenwand und krochen den Abhang hinunter. Wir waren auf dem Weg in die Heimat der Menschen, vor denen sich die Reichen und Mächtigen – und wenige Monate zuvor auch ich – durch kugelsichere Fahrzeuge schützten. Der aufziehende Sturm kam mir wie eine Warnung vor einer unmittelbar bevorstehenden Gefahr vor.

In mir stiegen Bilder von der Straßenbiegung auf, an der unser SUV langsamer geworden war und Jorge uns gezeigt hatte, wo Regierungssoldaten acht Maya-Männer aus dem Bus gezerrt, am Straßenrand aufgereiht und vor den Augen ihrer Frauen und Kinder erschossen hatten. Meine Achselhöhlen waren schweißnass. Ich brachte Lynne in ein Kriegsgebiet, und ich war jemand, den die Menschen, die wir aufsuchen wollten, als Feind ansehen könnten.

Ich teilte ihr meine Ängste mit.

»Ich habe für das Hunger Project in Afrika gearbeitet, da habe ich schon allerhand erlebt«, sagte sie und lächelte nachsichtig. »Man wird schnell paranoid. Das sollten wir vermeiden.«

Ich nickte und schaute wieder aus dem Fenster. Ein weiterer Blitz und ein ohrenbetäubender Donnerschlag jagten mir Schauer über den Rücken. Ich starrte eine Weile vor mich hin. Erst versuchte ich, mich auf die dunklen Schatten zu konzentrieren, die die Berge verschlangen. Dann zwang ich mich, wegzusehen, und richtete den Blick auf die Hinterköpfe der beiden Maya-Männer auf den Vordersitzen. Sicher hatte Lynne recht, redete ich mir ein. Mein Argwohn war bestimmt unbegründet. Die Maya-Anführer würden nicht so verrückt sein, ein paar Amerikaner auf philanthropischer Mission zu kidnappen oder zu ermorden. Der Gedanke beruhigte mich. Dann musste ich an die vielen Male denken, die ich mich meiner Privilegien als weißer Angehöriger der Mittelschicht aus den Vereinigten Staaten bedient hatte.

»Was wissen Sie eigentlich über den Schamanen, den wir gleich besuchen?«, riss mich Lynne aus meinen Gedanken.

Vor uns wirbelte der Wind den Straßenstaub auf und rüttelte an unseren Fenstern. Ich wandte mich Lynne zu. »Gar nichts. Ich bin auf der mexikanischen Halbinsel Yucatán bei Maya-Tatas und -Nanas – wie sie ihre Schamanen und Schamaninnen nennen – in die Lehre gegangen. Das ist alles.« Ich seufzte schwer. »Das war in den 1970er-Jahren, in meinem Sabbatical bei MAIN. Aber ich habe keine Ahnung, was uns hier erwartet.«

»Diese mexikanischen Schamanen – was haben sie Ihnen beigebracht?«

»Sie haben viel von den Lehren der alten Maya erzählt.« Ihre Frage war eine willkommene Ablenkung von den bedrückenden Bergen, dem bedrohlichen Sturm und der Angst, die in mir aufstieg. Ich erklärte, dass die Maya-Städte – auch die riesigen Pyramiden und Tempel – auf zementartigen Plattformen erbaut waren, die im Sumpf errichtet worden waren. Millionen von Bäumen wurden damals gefällt und Sümpfe trockengelegt. »Allem Anschein nach haben nur die Königsfamilien, die Adligen und die Priester – die Regenten also – die ganze Zeit über in den Städten gewohnt. Alle anderen lebten vermutlich meist außerhalb und mussten die Regierenden mit Waren und Dienstleistungen wie Arbeit, Schmuck, Kunst, Bekleidung und Lebensmitteln versorgen. Dafür vollzogen die Priester Zeremonien und Rituale, die, wie sie behaupteten, allen Menschen reiche Ernten und Wohlstand bescherten. Mit der Zeit, als immer mehr Wald gerodet und Sumpfland trockengelegt wurde, veränderte sich das Klima. Es regnete nicht mehr so oft. Die Grundwasserspeicher trockneten aus. Es gab Missernten. Städte zogen gegen andere Städte in den Krieg. Weil die Menschen das Vertrauen in ihre Regenten verloren, zogen sie sich in die Wälder und in die Berge zurück. Der Dschungel eroberte sich die Siedlungen zurück. Jahrhundertelang ahnte kaum jemand auf der Welt, dass sich unter dem Blätterdach der Anhöhen über Mittelamerika verstreut hohe Pyramiden und die Ruinen einer großen Zivilisation verbargen.«

»Das kommt mir vor wie eine Botschaft darüber, was wir unserem Planeten heute antun«, meinte Lynne.

Blitze erleuchteten den Himmel. Der Donner war diesmal so nahe, dass er unseren Land Rover erzittern ließ. In dem unheimlichen Licht bogen sich dürre Sträucher am Straßenrand im Wind. Die dunklen Wolken hatten die Berge zugedeckt wie mit dem schwarzen Umhang eines Zauberers.

Lynne atmete schwer. »Ich hoffe, wir müssen nicht direkt in den Sturm hineinfahren.«

Auf meiner Straßenseite kam etwas weiter vorne eine Gruppe Männer, Frauen und Kinder auf uns zu, in schwere Ponchos gehüllt und mit gesenktem Kopf zum Schutz vor dem Wind. Unser Fahrer bremste ab. Als wir sie passierten, hob einer der Männer den Kopf und schaute in mein Fenster. Der Land Rover beschleunigte. Ich drehte mich nach dem Mann um. Er hob eine Faust, spuckte darauf und schüttelte sie mir hinterher.

Unwillkürlich zuckte ich zusammen.

Lynne schaute auf ihrer Seite aus dem Fenster und hatte nichts davon mitbekommen.

Der Land Rover brachte uns höher und höher hinauf, immer näher an die Wolkenwand. Lynne erzählte von ihren Erlebnissen in Afrika und Indien. Sie berichtete von ihrem Einsatz zur Beendigung des Hungers in aller Welt und von den Fortschritten, die sie bei der Einwerbung vieler Millionen Dollar für das Hunger Project machte. Ihre Worte, ihre Stimme, ihre Leidenschaft dafür, anderen Menschen zu helfen, ließen mich fast vergessen, was um uns herum vorging. Da wurde mir plötzlich klar: Auf der Geberseite der Philanthropie zu stehen statt auf der Empfängerseite, war ein weiteres Privileg, das sie und ich genossen.

Da hielt der Land Rover an.

Ich schaute hinaus und sah eine öde, trostlose Gegend. Und eine kleine Ziegelhütte. Jorge drehte sich zu uns um. »Wir sind da.«

Kapitel 12

DIE STEINE

»WAS FÜR EIN GLÜCK.« Jorge öffnete Lynne die Wagentür. »Der Sturm hat nach Osten abgedreht.«

Ich stieg aus und sah, dass die schwärzesten Wolken um uns herum abgezogen waren. Von den nahen Gipfeln wehte ein feuchtkalter Wind herunter.

Über einen unbefestigten Weg, der unter unseren Füßen knirschte, führte uns Jorge zu der kleinen Hütte. Er klopfte an die geschnitzte Holztür. Lynne griff nach meinem Arm. »Vielleicht ist er gar nicht da.« In ihrer Stimme schwang Hoffnung mit.

Jorge klopfte noch einmal.

Knarrend öffnete sich die Tür. Vor uns stand ein Mann in einem rotschwarz karierten Hemd. Jorge sprach ihn auf Maya an. Der Mann musterte uns von oben bis unten, nickte Jorge mürrisch zu, blieb aber stumm. Die Tür schloss sich wieder.

Wir warteten. Keiner sagte ein Wort. Der kalte Wind heulte. Lynne zog ihren Mantel fester um sich.

Ich hatte kein gutes Gefühl. Wie ich Lynne gesagt hatte, wusste ich gar nichts über diesen Schamanen. Vielleicht hasste er die Amerikaner für all das, was wir seiner Kultur und seinem Land angetan hatten, und hatte uns hergelockt, um uns öffentlich zu demütigen – oder Schlimmeres. »Vielleicht sollten wir lieber gehen«, sagte ich.

Da öffnete sich die Tür wieder. Der Mann im Karohemd trat zur Seite und gab den Blick auf einen anderen Mann frei, der im Schatten stand.

Dieser zweite Mann hatte die Arme über der Brust verschränkt. Er trug Jeans und ein dunkelblaues Hemd. Um den Kopf hatte er ein rotes Tuch geschlungen. Er sprach in schnellem Maya auf Jorge ein. Dann drehte er uns den Rücken zu.

Jorge trat ein und bedeutete uns, ihm zu folgen.

Ich betrat den dunklen Raum, in den nur durch ein kleines Fenster an der Rückwand und durch die offene Tür Licht fiel. Es roch kaum erträglich nach Copal, dem bei Maya-Zeremonien eingesetzten Weihrauch. Um einen niedrigen Holztisch standen eine Couch und zwei Holzstühle. An den Wänden hingen Maya-Wandteppiche. Der Mann im Karohemd schloss die Tür, sodass nur noch durch das winzige Fenster trübes Licht hereinschimmerte. Wie ein Schatten stand er mit dem Rücken zur Tür und beobachtete uns.

»Das ist Tata Roberto Poz«, stellte Jorge den Mann mit dem Kopftuch vor, der sich auf einem der Holzstühle niederließ.

Ich streckte ihm die Hand hin.

Doch Roberto musterte sie nur.

Da zog ich sie wieder zurück.

»Bitte setzen Sie sich«, forderte uns Jorge auf und wies auf die Couch.

Lynne warf mir einen Seitenblick zu. Ich nickte ihr zu in der Hoffnung, eine Sicherheit auszustrahlen, die ich nicht empfand, und wies mit der Hand auf die Couch. Wir setzten uns.

Ich balancierte ganz vorne am Rand, holte tief Atem und wendete mich an Jorge. Er übersetzte mein Spanisch ins Maya. Ich beschrieb die Arbeit von Katalysis mit Maya-Frauen und erklärte, dass wir Roberto gern in unsere Treffen einbeziehen würden, um die schamanischen Traditionen seines Volkes besser zu verstehen.

Im Dämmerlicht konnte ich Robertos Gesicht nicht sehen, doch seine Finger klopften ungeduldig auf die Armlehnen. Als Jorge alles übersetzt hatte, schaute Roberto nach rechts auf eine geschlossene Tür. Ich folgte seinem Blick und fragte mich, wer oder was wohl hinter dieser Türe lauern mochte.

Roberto wandte sich um und starrte mich an. Er sprach zwar Maya, sodass ich kein Wort verstehen konnte, doch seine Stimme zitterte vor Zorn.

Jorge dolmetschte: »Du wagst es, mich um Hilfe zu bitten! Mein Leben lang haben deine Regierung, deine CIA und deine Armee die Invasion unserer Dörfer unterstützt. Du hast guatemaltekische Soldaten dazu ausgebildet, uns zu foltern und zu töten. Du hast Präsident Árbenz gestürzt – den einzigen Politiker, der sich für uns einsetzte. Wie vor dir die Spanier bist du nur darauf aus, mein Volk seiner Würde, seines Stolzes und seines Landes zu berauben.«

Ich lehnte mich zurück. Ich fragte mich, was es mit seiner persönlichen Anrede auf sich hatte. Jorge übersetzte sie mit dem vertraulichen, persönlichen *tú* ins Spanische statt mit dem unpersönlicheren, formelleren *usted*. Sagte das etwas aus? Machte die Sprache der Maya da einen Unterschied? Ich hatte keine Ahnung, befürchtete aber, er könne über meine konkrete Funktion als EHM Bescheid wissen und mir das alles ganz persönlich vorwerfen, nicht pauschal den Amerikanern.

Roberto beugte sich vor. Sein dunkel verschattetes Gesicht kam meinem so nahe, dass ich seinen warmen Atem riechen konnte. »Und jetzt bittest du mich, mit euch zusammenzuarbeiten«, zischte er. »Hältst du mich für verrückt?«

Mit möglichst ruhiger Stimme entgegnete ich: »Wir sind aus Achtung hergekommen, weil uns gesagt wurde, Sie seien ein weiser Mann und ein Anführer Ihres Volkes.« Ich hielt inne, damit Jorge übersetzen konnte und ich Zeit gewann, überlegt zu formulieren. »Sie haben mit allem recht, was Sie sagen. Auch ich nehme der US-Regierung übel, welche Rolle sie in Ihrem Bürgerkrieg gespielt hat – und bei der Kolonisierung.« Ich wartete. Als keine Antwort kam, fuhr ich fort. »Der einzige Grund für Sie, uns unterstützen zu wollen, den ich mir vorstellen kann, ist, dass Ihr Volk und das meine auf diese Weise Brücken bauen können.« Wieder pausierte ich. Und wieder kam keine Antwort. »In den Vereinigten Staaten sind viele von uns Amerikanern nicht damit einverstanden, wie unsere Regierung und ein paar Konzerne Ihr Volk behandeln. Wir wollen das ändern. Und wir brauchen Sie, um neue Wege zu finden – um uns zu helfen, mehr zu tun als das, was Ihr Leben und das Leben so vieler anderer auf der ganzen Welt gefährdet – auch unser eigenes.«

»Worte!« Er schlug mit der Faust auf die Armlehne. »Solche Lügen hören wir nicht zum ersten Mal.«

Ich sah ihm in die Augen. »Die Lügen haben Sie von anderen gehört, nicht von mir.« Wie ironisch das war, wurde mir klar, sobald ich es ausgesprochen hatte. Was ich gesagt hatte, stimmte zwar, aber dennoch war ich ja auch der Mann zwischen den Welten: Ich arbeitete nach wie vor für einen jener besagten Konzerne, und bei meiner Arbeit als EHM hatte ich oft gelogen.

Sein durchdringender Blick bohrte sich in meine Augen.

»Sie können sich über Katalysis erkundigen«, fuhr ich fort. »Wir haben viel getan, um Ihren Leuten, vor allem Ihren Frauen, mit Mikrokrediten zu helfen.«

Er lachte bitter auf. »Ein Trick. Wir kennen eure Tricks.« Mit abwehrender Handbewegung schob er nach: »Genug davon.«

Ich schaute zu Lynne hinüber. Sie hatte den Blick gesenkt. Ich wusste nicht, was ich noch sagen sollte.

Roberto erhob sich.

Da hörte ich die Stimme Maria Juanas. Sie hatte mir gesagt, um die eigene Wahrnehmung und dadurch die Realität zu verändern, »musst du nur die Geschichte verändern, die du dir selbst erzählst«.

Als wir an jenem Morgen im Hotel aufgebrochen waren, war mein Blick auf die gewebte Tasche gefallen, die ich von meiner Ecuadorreise mitgebracht hatte – ein Geschenk eines Quechua-Schamanen, der nicht weit von Maria Juana lebte. Aus einer Eingebung heraus hatte ich sie mitgenommen. Nun lag sie neben meinem Fuß auf dem Boden. Darin waren der Kopf einer antiken Steinaxt, ein geschnitztes Inkakreuz und andere heilige Gegenstände seines Volkes, die mir der Schamane mitgegeben hatte. Ich griff nach der Tasche, legte sie zwischen uns auf den Tisch, öffnete sie und nahm die Steine heraus.

Roberto wollte schon gehen, wandte sich aber noch einmal um, sah, was auf dem Tisch lag, und schnappte nach Luft. Er beugte sich über die Gegenstände und betrachtete sie eingehend. Dann suchte er meinen Blick. »Woher hast du das?«, fragte er auf Spanisch.

Ich erklärte, ein Quechua-Schamane aus Ecuador namens Don Esteban Tomayo habe mir die Sachen gegeben. Jorge sparte sich die Übersetzung.

Roberto setzte sich wieder hin. Er atmete tief ein und langsam wieder aus. Eine ganze Weile betrachtete er die Artefakte, die vor ihm auf dem Tisch lagen. Dann beugte er sich vor, hielt seine Finger über den Axtkopf und ließ seine Hand über allen Gegenständen kreisen. Er hob den Kopf und sah mich an. »Ich kenne Don Esteban.«

Ich war verblüfft. »Sie kennen ihn?«

»Nicht persönlich. Aber durch schamanische Reisen.« Sein Spanisch war fehlerlos.

»Sein Sohn ist mein Patenkind«, sagte ich.

Er starrte mich an. »Du bist Don Estebans Compadre?«

Ich nickte.

Er griff nach den Gegenständen vor ihm auf dem Tisch. »Darf ich?«

»Natürlich.«

Er nahm den Axtkopf und das Inkakreuz, untersuchte sie sorgfältig und legte sie auf die Tasche zurück. Das wiederholte er mit jedem einzelnen Artefakt. Dann nahm er die Tasche mit allem, was darauf lag, vorsichtig hoch, hob sie an sein Herz, stand auf und hielt alles in Richtung der geschlossenen Tür zu seiner Rechten – derselben Tür, die gerade noch so bedrohlich gewirkt hatte. »Kommt bitte mit. Alle beide.«

Lynne und ich folgten ihm. Er öffnete die Tür, die in ein kleines Zimmer führte. Dort brannten so viele Kerzen, dass sich meine Augen erst an den hellen Schein gewöhnen mussten.

Das einzige Möbelstück in dem Raum war ein Holztisch voller Maya-Artefakte, Kristalle und anderer Steine: ein Schamanenaltar.

Roberto lächelte uns an und schob dann ein paar der Artefakte zur Seite, um in der Mitte Platz zu schaffen. Dorthin legte er meine Tasche mit allem, was sich darin befunden hatte. Er zog eine Tonschale nach vorne und zündete mit einer der Kerzen das an, was darin lag. Es rauchte und der Geruch von Copal stieg auf. Er sprach ein paar Worte auf Maya, eine Anrufung, und führte die Schale mit dem brennenden Copal langsam über die Gegenstände auf dem Tisch.

Kapitel 13

DIE ZEREMONIE

DREI MONATE SPÄTER, noch im Jahr 1993, saßen Lynne und ich in einem Konferenzraum eines Hotels in Totonicapán in Guatemala auf einem Podium vor einer Gruppe von Verwaltungsratsmitgliedern und Geldgebern von Katalysis.

Auf dem Stuhl zwischen uns saß kerzengerade Roberto Poz mit ausdrucksloser Miene. Gekleidet war er in die traditionellen Gewänder eines Maya-Schamanen: weißes Hemd und weiße Hosen, eine breite rote Schärpe um die Taille und ein rotes, mit Maya-Symbolen besticktes Tuch auf dem Kopf. Das Zimmer roch nach dem Copal, den er verbrannt hatte, um es zu reinigen. Auf dem Tisch vor uns lagen die heiligen Artefakte, die ich von meiner früheren Reise aus Ecuador mitgebracht hatte, und ein paar der Gegenstände, die wir damals auf seinem Altar gesehen hatten.

Ich musste an den jüngsten Zusammenbruch der Sowjetunion denken. Dieser und die neue Beziehung, die wir zu den Maya zu entwickeln schienen, drängten mir förmlich die Frage auf, ob die USA, die damit zur einzigen Supermacht der Erde geworden waren, von ihren alten kolonialen EHM-Taktiken ablassen und stattdessen die Chance ergreifen würden, die Vorteile einer echten Demokratie vorzuleben. Rückblickend überrascht mich meine Naivität selbst. Ich hätte mir denken können, dass die USA diese Gelegenheit verstreichen lassen würden. Dass wir weiter Ressourcen ausbeuten und in über 100 Ländern militärische Präsenz zeigen würden, dass wir brutale Diktatoren verteidigen würden, solange sie unsere Strategien mittrugen, und demokratisch gewählte Präsidenten stürzen würden, die das nicht taten. Dass wir Raubbau an den Ressourcen des Planeten betreiben, fragile Ökosysteme zerstören und uns zum größten Weltreich in der Geschichte auswachsen würden.

In den Wochen seit unserem letzten Besuch hatten Lynne und ich, aber auch der Gründer und Vorsitzende von Katalysis, Bob Graham, und der Geschäftsführer Jerry Hildebrand telefonisch oder persönlich mit jedem Einzelnen gesprochen, der uns auf unsere Reise begleiten würde. Wir hatten allen Teilnehmern begreiflich gemacht, dass uns unsere Reise durch ein von einem Bürgerkrieg zerrissenes Land führen würde. Wir hatten ihnen erklärt, dass wir unseren eigenen Bus mit Fahrer gechartert hatten, in den besten Hotels übernachten würden, die es dort gab, und alles getan hätten, um ihre Sicherheit zu gewährleisten. Sie sollten aber wissen, dass die Maya im Bürgerkrieg entsetzlich gelitten hatten, dass die USA skrupellose Diktaturen unterstützt hatten und dass unser Land von den Maya als Helfershelfer einer Völkermord-Kampagne gegen sie wahrgenommen wurde. Wir hatten alle Interessenten gewarnt, dass wir nicht mit Sicherheit sagen konnten, was passieren würde, wenn wir erst in Guatemala wären.

Am Telefon reagierten manche aufgeregt und ängstlich. Ein paar wollten gar nicht mitfahren, weil es ihnen einfach zu riskant war. Sie müssten an ihre Familien denken, hieß es, oder an ihren Beruf. Aus ihren Stimmen sprach die Angst. Am Ende begleiteten uns 30 überwiegend weiße Amerikanerinnen und Amerikaner.

Am ersten Abend in Totonicapán beschrieben Lynne und ich, wie es uns gelungen war, Roberto Poz ausfindig zu machen und zur Teilnahme zu bewegen. Wir umrissen die tragische Geschichte des Volkes der Maya und die Rolle der USA bei der Finanzierung und Unterstützung der militärischen Einsätze repressiver Regierungen. Dann fasste ich kurz die Prophezeiung von 2012 zusammen, wie sie mir von Viejo Itza und anderen Maya-Schamanen auf der mexikanischen Halbinsel Yucatán in den 1970er-Jahren erzählt worden war – in einer von vielen Versionen.

»Dieser Prophezeiung zufolge gab es eine mehrere Jahrhunderte währende Epoche, in der ein König regierte, der die Welt in die Finsternis stürzte. Er wird vielfach ›Sieben Ara‹ genannt, er war gewalttätig, egoistisch und von materiellem Reichtum besessen. Während seiner Regentschaft wurden die Wälder abgeholzt und die Sümpfe trockengelegt, um Städte zu bauen. Die natürlichen Ressourcen wurden erschöpft. Es gab ein großes Gefälle zwischen den wenigen sehr Reichen und allen übrigen Menschen. Starke Klimaveränderungen führten zu verheerenden Ernteausfällen. Dann brachen Kriege zwischen den Städten aus. Brutalität und Chaos griffen um sich.

Der Legende nach schlugen Zwillingsbrüder, die sogenannten Heldenzwillinge, Sieben Ara den Kopf ab und warfen ihn in einen Korb. An seine Stelle trat der empathische, selbstlose Anführer Hunahpú, der die Menschen dazu animierte, ein ökologisch nachhaltiges und spirituell erfüllendes Leben zu führen. Das Jahr 2012 ist so wichtig, weil damit der Maya-Kalender endet, der Tausende von Jahren zurückreicht, und Sieben Ara durch Hunahpú ersetzt wird. Die neue Zeitrechnung beginnt am 22. Dezember 2012.«

»Warum gerade an diesem Tag?«, wollte ein Teilnehmer wissen. »Das ist ja in 19 Jahren.«

»Vor langer Zeit«, erklärte ich, »wussten die Astronomen der Maya, dass die Sonne aus der Perspektive der Erde ins Zentrum der Milchstraße eintreten wird – in die Gabelung, den dunklen Fleck in der Mitte unserer Galaxie –, und zwar am 21. Dezember 2012. Dieser Moment steht dafür, dass Sieben Aras Kopf im Korb landet – für den Beginn des Wandels.

Die Prophezeiung besagt weiter, dass sich am 22. Dezember 2012 die Energie des Universums verändert. Uns wird die Chance geboten, uns selbst und die ganze Welt mit frischem Blick zu betrachten – ganz anders zu sehen, was es bedeutet, ein Mensch zu sein, und die Werte zu übernehmen und die Maßnahmen zu ergreifen, die notwendig sind, um etwas zu verändern. Ganz wichtig dabei: Damit es zu einer Veränderung kommt, müssen wir handeln. Wir Männer und Frauen, die Heldenzwillinge, müssen das zuwege bringen. Unsere Anführer werden sich nicht selbst köpfen.

Sie werden die so dringend nötigen Veränderungen nicht herbeiführen, wenn wir sie nicht dazu zwingen.«

Ich ließ meinen Blick über mein Publikum schweifen. »Wie die meisten Legenden, Mythen und Prophezeiungen enthält auch diese eine wichtige Botschaft. Es ist an der Zeit, dass sich ein jeder von Ihnen fragt: Wer und was bin ich? Warum wurde ich gerade in diese Epoche der Menschheitsgeschichte hineingeboren? Was kann ich tun, damit sich diese Prophezeiung erfüllt? Wovor habe ich Angst? Was hält mich davon ab?«

Eine Dame meldete sich zu Wort. »Mir scheint bedeutsam, dass es Zwillinge sind, die Sieben Ara den Kopf abhacken. Anführer versuchen, sich in unseren Köpfen einzunisten und uns dazu zu bringen, nach ihrem Willen zu handeln. Ich meine mich zu erinnern, dass die Prophezeiung vom Adler und vom Kondor ein Aufruf war, uns von unseren Gedanken zu befreien und unseren Herzen zu folgen. Könnten Sie uns diese Prophezeiung bitte noch einmal in Erinnerung rufen?«

Ich schaute mich um. »Sind alle einverstanden, wenn ich weitererzähle?«

»Ja«, hörte ich verschiedentlich, »bitte erzählen Sie uns mehr.«

»Niemand weiß, wie alt diese Prophezeiung ist, vermutlich über 2000 Jahre. Möglicherweise stammt sie aus Amazonien und ist von dort durch die Anden gewandert. Sie lautet: ›Vor langer Zeit, im Nebel der Geschichte, schlug die menschliche Gesellschaft zwei Richtungen ein. Die Adler-Völker flogen auf dem Kurs des Verstandes, der Wissenschaft, der Technik und der Industrie. Die Kondor-Völker dagegen flogen auf dem Kurs des Herzens, der Leidenschaft, der Intuition und der spirituellen Verbindung zur Natur.‹ Die Prophezeiung lautet weiter, dass sich die beiden Gesellschaften jahrhundertelang nicht begegneten. Im vierten Pachacuti dann (in Quichua, der Sprache der Anden, ist das ein Zeitraum von 500 Jahren), das nach unserer Zeitrechnung etwa um 1500 nach Christus begann, sollten sich ihre Wege kreuzen. Der Adler sorgte dafür, dass der Kondor beinahe ausstarb. Aber nur beinahe. Der Prophezeiung zufolge bekommen Adler und Kondor 500 Jahre später, am Anfang des fünften Pachacuti – also jetzt – die Chance, zusammen zu fliegen, sich zu paaren und ein höheres Bewusstsein hervorzubringen.

Die Geschichte bestätigt die erste Prophezeiung. 1492 kam Kolumbus. Der Adler fegte ins Land des Kondors und löschte die indigenen Völker beinahe aus. Doch nur beinahe.

Heute, fast 500 Jahre später, erfüllt sich die Prophezeiung erneut. Der Adler und der Kondor kommen zusammen, um zu einem höheren Bewusstsein zu finden. Das geschieht jetzt! Indigene Lehrer haben uns eingeladen, mehr über ihre Lebensweise zu erfahren. In Industrieländern in aller Welt interessieren sich die Menschen sehr für traditionelles naturnahes Wissen und Schamanismus. Und genau das passiert hier. Die Maya und wir. In diesem Moment. Heute! Auf dieser Reise.«

Wieder musterte ich jeden Einzelnen. »Noch eine Botschaft?«, fragte ich und fuhr fort. »Diese Prophezeiung fordert uns alle auf, herauszufinden, was wir vom Kondor lernen können – von den indigenen Völkern und ihren Traditionen, Zeremonien und Kulturen. Wir alle haben indigene Vorfahren. Wir wissen, dass indigene Kulturen seit Hunderttausenden von Jahren nachhaltig und mit Ehrfurcht vor der Erde leben. Fragen Sie sich: Warum wurde dieses Muster gestört? Mit welchen meiner persönlichen Leidenschaften und Fähigkeiten kann ich dazu beitragen, es wiederherzustellen? Was kann ich tun, um möglichst zufrieden und erfüllt zu leben und dazu beizutragen, aus einer Wirtschaft des Todes eine Wirtschaft zu machen, die langfristiges Leben auf diesem Planeten fördert – eine Wirtschaft des Lebens? Wie kann ich meiner Intuition folgen?«

Ich unterbrach mich und schaute zu Lynne. Sie stellte Roberto vor.

Er stand auf, sah sich im Raum um und breitete die Arme aus, als wolle er die ganze Gruppe umarmen. Er sagte ein paar Worte auf Maya. Mit freundlicherem Gesicht wechselte er ins Spanische. Ich übersetzte. »Willkommen in meinem Land. Wir freuen uns, dass Sie hier sind.« Er räumte ein, dass er zunächst wenig Lust gehabt hatte, teilzunehmen. »Doch nun, da ich Sie sehe und Ihre Kraft spüre, fühle ich mich geehrt, dass ich dabei sein darf«, sagte er.

Er sprach von den Problemen seines Volkes seit der Eroberung durch die Spanier, über die lange Geschichte des Kolonialismus durch die reichsten Familien im Land und ausländische Unternehmen, darüber, dass die USA Diktaturen stützen, und über den versuchten Völkermord. Er forderte uns auf, dem Leid und der inneren Stärke der Maya nachzuspüren, wenn wir ihre Dörfer besuchten. Besonders hob er die Frauen hervor. Er erzählte uns, dass sie nicht nur ihre Männer unterstützten, die Guerilla-Krieger, sondern auch auf die Straße gingen, demonstrierten, blockierten und oft verletzt, verhaftet oder getötet wurden. Er beschrieb die enge Verbindung seines Volkes zu dem, was er »das Herz der Erde, das Herz des Himmels, das Herz des Wassers, das Herz des Feuers, das Herz der Luft, unser aller Herzen« nannte. Er betonte, dass sich zwischen Mensch und Natur nicht trennen lasse. »Alle Herzen sind miteinander verbunden.«

Ich war beeindruckt von Robertos Mut. Er stellte sich den Menschen, die seine Feinde repräsentierten, in der Hoffnung, die Energie des Hasses in Anteilnahme und Partnerschaft zu verwandeln.

In diesem Moment, als ich für den Maya-Schamanen übersetzte, merkte ich auch, dass ich meinen Weg gefunden hatte. Mir wurde klar: Was ich an jenem stürmischen Tag empfunden hatte, als ich mit Lynne in die Berge gefahren war, war weniger die Angst vor körperlicher Gewalt gewesen, sondern die Angst vor der Konfrontation mit mir selbst und den Dingen, die ich als EHM getan hatte.

Gleichzeitig begriff ich, dass ausnahmslos jeder in diesem Raum gezwungen worden war, sich manchen Aspekten seiner selbst, unserer Kultur, unserer Lebensweise zu stellen, die von Antagonismus, Konflikt und von der Vorstellung geprägt war, dass »die anderen« die Bösen sind und »wir« die Guten und dass wir uns »unser« Stück vom Kuchen von »ihnen« nehmen mussten. Als Amerikaner hatten wir alle Steuern gezahlt, die unter anderem dazu verwendet wurden, den laufenden Versuch zu finanzieren, die Maya militärisch zu vernichten. Als EHM und Berater von SWEC war ich unmittelbar daran beteiligt. Diese Reise war der Versuch, einen Teil des Schadens wiedergutzumachen.

Im Raum befanden sich zwei unterschiedliche Kulturen. Die Amerikaner, der Adler, waren Teil einer Kultur, die den Versuch, die Maya-Kultur auszulöschen, mit wirtschaftlichem Nutzen rechtfertigte. Der Kondor, verkörpert durch Maya-Anführer wie Roberto Poz, stellte die Beziehungen der Menschen zueinander, zur Natur und zu künftigen Generationen an erste Stelle. Wenn es möglich war, dass zwei solch unterschiedliche Kulturen respektvoll miteinander umgehen und einander lehren und voneinander lernen, dann war einfach alles möglich, dachte ich.

Als Roberto seinen Vortrag beendet hatte, trat er vom Podium herunter, das er sich mit Lynne und mir geteilt hatte, und begann, den Teilnehmern die Hände zu schütteln, die zu ihm kamen, um sich zu bedanken. Ich sah zu, wie er ganz bewusst jeden Einzelnen persönlich begrüßte.

Am nächsten Tag brachen wir mit dem Bus in die Gegenden auf, die Lynne und ich bereits erkundet hatten, trafen mit Frauengruppen zusammen, die den von Katalysis finanzierten Mikrokreditprogrammen angehörten, und besuchten mehrere ihrer Projekte. Wir hörten Geschichten von großer Not, vom Leid der Witwen und Waisen, deren Männer und Väter im Bürgerkrieg getötet worden oder spurlos verschwunden waren. Und wir hörten, wie sie entschlossen erklärten, zu überleben und den Fortbestand ihrer Kultur und ihrer Traditionen zu sichern.

Eine Frau namens Carita erzählte uns, wie mitten in der Nacht Soldaten in ihr Haus gekommen waren, ihren Mann herausgeholt, gefesselt und vor ihr und ihren vier Kindern bewusstlos geschlagen, seinen reglosen Körper auf einen Lastwagen geworfen hatten und davongefahren waren. Sie hatte ihn nie wiedergesehen.

»Dabei hat er sich gar nicht gegen die Regierung gestellt«, sagte sie und kämpfte mit ihren Emotionen. »Er war ein Bauer, kein Kämpfer.« Ein paar Monate nach seinem Verschwinden war ihr klar, dass sie nun allein für den Familienunterhalt sorgen müsse. Sie schloss sich der örtlichen, von Katalysis finanzierten Mikrokreditgenossenschaft an und verwendete ihren Kleinkredit, um eine Töpferscheibe und einen Brennofen anzuzahlen. Stolz führte sie uns durch ihren Laden und zeigte uns ihre Arbeiten.

Eine der Frauen aus unserer Gruppe hielt eine Vase hoch. »Die würde in einer New Yorker Galerie ein kleines Vermögen bringen«, meinte sie.

Carita lächelte. »Ich brauche kein kleines Vermögen. Ich verlange dafür nur 15 Dollar. Damit kriege ich meine Kinder eine Woche lang satt.«

Als die Gruppe wieder abfuhr, war ihr Laden fast leergekauft.

Juanita Luisa erzählte eine ganz andere Geschichte. Ihr Mann hatte sich den Rebellen angeschlossen. Im Kampf gegen Regierungstruppen hatte er ein Bein verloren. Er kam zwar mit einer Krücke ganz gut zurecht, konnte seine Tätigkeit als Händler auf dem örtlichen Markt aber nicht wieder aufnehmen, weil dieser regelmäßig von den Soldaten besucht wurde, die in ihm einen Feind erkennen würden.

Der gebrochene Mann verfiel dem Alkohol. »Er ist zu nichts mehr nütze«, gestand Juanita Luisa. »Aber er ist mein Mann. Ich muss ihn durchfüttern und meine Kinder auch.« Sie war schon immer Weberin gewesen. Doch mithilfe eines Mikrokredits hatte sie sich nun mit anderen Frauen zu einer Webergenossenschaft zusammengeschlossen. »Ich bin eine große Geschäftsfrau«, lachte sie. »Wir sind sieben großartige Frauen. Inzwischen komme ich kaum noch zum Weben, weil ich so viel Zeit damit zubringe, unsere Produkte in Guatemala-Stadt zu verkaufen.«

Wir hörten über ein Dutzend faszinierende Geschichten, als wir diese Frauen und ihre Projekte besuchten. Die Katalysis-Leute sagten immer wieder, wie sehr sich ihre Vorstellung von Guatemala und seinen Menschen durch diese Reise verändert habe. »In Wirklichkeit ist hier alles ganz anders, als ich es erwartet hatte«, erklärte eine Teilnehmerin stellvertretend für viele andere. Sie gestanden, der Einfallsreichtum, der Mut, die Entschlossenheit und Findigkeit dieser Frauen hätten sie tief berührt und ebenso ihr Engagement für den Schutz ihrer Kultur – trotz unserer Versuche, diese zu zerstören.

Abends setzten wir uns in den Konferenzräumen von Hotels zusammen und ließen den Tag Revue passieren. Lynne, Bob Graham, Jerry Hildebrand und andere Mitarbeiter von Katalysis sprachen über die Bedeutung von Mikrokrediten. Sie erklärten, dass Kredite an Frauen ein gutes Geschäft seien. Anders als Männer vertranken oder verspielten Frauen das

Geld nicht. In vielen Regionen der Welt hatten Mikrokredite Frauen zu mehr Selbstbestimmung verholfen als je zuvor.

»Dadurch sind viele Frauen zur Hauptenährerin ihrer Familie geworden«, fügte Lynne hinzu. »Sie sind Führungsfiguren in ihren Gemeinden – und Vorbilder für die nächste Generation.«

Nach dem Abendessen machte uns Lynne meist mit den Praktiken vertraut, die sie sich in den Jahren ihrer Arbeit für das Hunger Project angeeignet hatte, und forderte uns auf, tiefer in uns zu gehen. Dafür mussten sich manchmal zwei Teilnehmer gegenüberstellen und die Erlebnisse des Tages beschreiben, die sie am stärksten beeindruckt hatten. Manchmal tauschten sich die Teilnehmer in Dreiergruppen darüber aus, was sie jeweils an den anderen beiden besonders schätzten. Ein anderes Mal erzählten wir uns gegenseitig Geschichten und teilten uns unsere Gedanken und Gefühle mit.

Mehrere Teilnehmer sprachen von den Vorteilen, die sie ihr ganzes Leben lang genossen hätten, weil sie in wohlhabenden US-Kommunen geboren, aufgewachsen und zur Schule gegangen seien. Durch die Begegnungen mit den Maya und deren Geschichten erfuhren sie so viel mehr als aus den Medien. Und diese Reise ließ sie erkennen, dass die Privilegien, die sie für selbstverständlich genommen hatten, oft auf Kosten von Ländern wie Guatemala erkauft worden waren.

Am letzten Abend lud uns Roberto Poz zu einer traditionellen Maya-Feuerzeremonie ein. Er führte uns aus dem Hotel hinaus zu einer Stelle, die von Gras und Unterholz befreit worden war, und wies uns an, uns im Kreis aufzustellen.

»So beginnt fast jede Feuerzeremonie«, erklärte er. Er hielt einen Beutel mit weißem Zucker hoch und streute einen Kreis auf den Boden. »Dieser steht für die Einheit, das Herz der Erde, das Herz des Himmels, die Einheit unserer Herzen mit der gesamten Natur und dem Universum.« In den Kreis zeichnete er ein Kreuz. »Die vier Himmelsrichtungen und auch die vier Elemente: die heilige Luft, das heilige Wasser, die heilige Erde und das heilige Feuer.« Mit dem Zucker setzte er einen weißen Punkt in jeden der vier Quadranten, die sich durch das Kreuz gebildet hatten. »Diese Punkte stehen für die vier Zeiten, als die Menschen praktisch aus unserer Welt verschwunden sind.« Er wies auf einen der Punkte. »Die große Flut. Die Schamanen verwandelten uns in Fische. Als das Wasser zurückging, wurden wir wieder zu Menschen.« Er wies auf den nächsten Punkt. »Das Feuer. Die Vulkane. Wir verwandelten uns in Vögel und flogen hoch über den Flammen.« Und den nächsten. »Der Wind. Die Wirbelstürme. Wir verwandelten uns in Affen und klammerten uns an die biegsamsten Bäume.« Er trat zum letzten Punkt. »Die Erde tat sich auf. Es gab Erdbeben. Wir wurden zu Fledermäusen und flogen in die Höhlen.« Dann malte er einen kleineren Kreis ganz in die Mitte, wo sich die Linien des Kreuzes schnitten. »Da stehen wir heute. Wieder droht den Menschen ihre Vernichtung.« Er richtete sich auf. Seine Augen wanderten über die Umstehenden. »Doch diesmal haben wir die Katastrophe selbst herbeigeführt.« Er hielt inne und sah jeden von uns nacheinander an. »Wie sollen wir uns diesmal verändern?« Er lächelte. »Wir müssen zusammenfinden, wie wir es heute tun, und besser verstehen, was es heißt, auf diesem Planeten die Macht der Menschen zu besitzen.«

»Ein höheres Bewusstsein«, sagte jemand auf Spanisch.

Robertos Lächeln wurde breiter. »Genau.«

Er legte kleine Kugeln aus Copalharz, farbige Kerzen, Rohzuckerbrocken und kleine Becher aus Schokolade aufs Feuer, die er mit Honig gefüllt hatte. Die nächste Stunde ließen wir uns von Roberto durch die Zeremonie führen, zu der unter anderem gehörte, die Tage und Kräfte des Maya-Kalenders zu rezitieren, unsere eigenen Sorgen und negativen Gedanken in Kerzen zu blasen und dem Feuer zu überantworten, dann wieder, die Kräfte, die wir brauchten, um unsere persönliche Verwandlung voranzutreiben, in Kerzen zu blasen und sie dem Feuer zu opfern.

Als ich zusah, wie die Leute von Katalysis an dieser Zeremonie teilnahmen, die über 3000 Jahre alt war – so alt wie die Maya-Kultur –, erfüllte mich eine tiefe Freude. Alle in unserem Kreis strahlten. Unwillkürlich beschlich mich der Gedanke, dass es solche Zeremonien waren und ihre Wirkung auf die Wahrnehmung, die die Maya dazu inspirierten, sich über die Mühen des Lebens zu erheben und nicht nur all die Naturkatastrophen zu überleben, die ihr Land heimgesucht hatten, sondern auch den Ansturm der spanischen Konquistadoren und den heutigen Bürgerkrieg. Wie viel besser wäre doch die Welt, so dachte ich, wenn alle Menschen überall ähnliche Praktiken pflegten.

Nach der Feuerzeremonie fanden sich ein paar von uns in einem Konferenzraum im Hotel zusammen. Ich hatte Roberto die geführten Reisen beschrieben, auf die ich die Teilnehmer meiner Schamanen-Workshops mitnahm. Er bat mich, das jetzt vorzuführen. Ich schlug vor, es gemeinsam zu versuchen. Unterstützt durch Trommel und Rassel leiteten wir die Mitglieder der Gruppe, die gern an einer solchen Reise teilnehmen wollten.

Als sie auf Matten am Boden lagen, bat ich sie, sich einen heiligen Ort vorzustellen, an dem sie sich vollkommen sicher und geborgen fühlten. Zum Klang der Trommel und der Rassel erklärte ich: »Das kann ein Ort sein, den es wirklich gibt – vielleicht einer, den Sie als Kind besucht haben. Oder ein Ort Ihrer Fantasie. Erkunden Sie ihn mit den Sinnen, die Sie bevorzugen. Wenn Sie ein visueller Mensch sind, dann sehen Sie den Ort vielleicht vor sich. Wenn nicht, spielt das keine Rolle. Sie können ihn auch riechen, schmecken oder fühlen. Oder einfach nur denken. Das Wort ›inspirieren‹ kommt von ›im Geist sein‹. Es bedeutet, sich der göttlichen Muse zu öffnen. Lassen Sie alles zu, was Ihnen in den Sinn kommt. Passen Sie auf, dass sich Ihr Verstand nicht in den Weg stellt.«

Ich flüsterte Roberto auf Spanisch zu, was ich gerade erklärt hatte. Er lächelte und nickte beipflichtend. »Erheben Sie sich jetzt langsam über Ihren heiligen Ort, als würden Sie fliegen oder auf einem Zauberteppich schweben. Höher und immer höher.« Wir schlugen Trommel und Rassel. »Schauen Sie jetzt auf die Erde hinab. Sehen Sie, was Sie sehen.«

Wir ließen ihnen dafür 15 Minuten Zeit. Roberto hatte die Augen die meiste Zeit über geschlossen, während er die Rassel schüttelte. Zwischendurch schaute er mich an, lächelte und nickte.

Nachdem wir die Teilnehmer zurückbegleitet hatten, bat ich sie, sich in Zweiergruppen zusammenzutun und ihrem Partner von ihren Erfahrungen zu erzählen. Danach teilten sich manche noch der größeren

Gruppe mit. Lynne gehörte dazu. In ihrem Buch *Die Seele des Geldes* schrieb sie später:

> *Es war meine erste Erfahrung mit einer Schamanen-Zeremonie. Ich ließ mich in den Traumzustand führen und hatte ein merkwürdiges Erlebnis. In meinem Traum war ich ein großer Vogel und erlebte mich über einen riesigen grünen Wald fliegen. Als ich hinunterschaute, sah ich entkörperte Gesichter vom Waldboden zu mir hinaufschweben. Es waren Gesichter von Männern, die mit geometrischen Mustern bemalt waren, und sie trugen gelbe und rote Federkronen. Als sie gegen mich und dann wieder zurück zum Wald schwebten, schienen sie in einer fremden Sprache, die ich nicht kannte, zu sprechen.*[7]

Lynnes Reise an jenem Abend sollte zum Vorboten von Ereignissen werden, die nicht nur sie betrafen, sondern auch ihren Mann Bill, viele ihrer Freunde, die Achuar und andere indigene Völker im Amazonasgebiet und in den Anden und Hunderttausende Menschen in über 80 Ländern über künftige Jahrzehnte. Sie war ein weiterer Schritt auf den Jaguar zu, den wir, wie wir erkennen würden, alle berühren mussten. Dieser Jaguar gibt uns die Kraft, unsere Vorstellungen davon zu verändern, was es bedeutet, als Mensch auf diesem Planeten zu leben, und dann aktiv zu werden und die Realität umzugestalten. Die Prophezeiungen verwirklichten sich unter anderem in den Partnerschaften, die wir eingingen, wie ich später merken würde.

Fünfter Teil

Die Begegnung mit dem Jaguar

1993

Sie sagten, sie hätten davon geträumt. Ihre Schamanen hätten die Bedeutung ihrer Visionen ergründet und beschlossen, dass sie uns berühren müssten – dass ihr Volk unser Volk berühren müsse – und Kontakt zu dem herstellen, wovor sie sich am meisten fürchten.

Kapitel 14

BLUTGIER

»TÖTET SIE! TÖTET SIE! TÖTET SIE!« Speere schlugen gegen mein Fenster.

Drei Monate nach der Guatemala-Reise im Auftrag von Katalysis saß ich in einem kleinen Flugzeug gefangen, das gerade auf einem unbefestigten aufgeweichten Flugfeld tief im amazonischen Regenwald Ecuadors gelandet war – nicht weit von der Achuar-Siedlung in Kapawi. Voller Angst sah ich draußen die bemalten Gesichter wütender Achuar-Krieger. Während sie mit ihren Speeren und Macheten auf Rumpf und Fenster unserer Maschine eindroschen, schrien sie ein Wort in ihrer Sprache, das ich kannte: »Tötet sie! Tötet sie!«

Ich hatte gedacht, die Zeiten hätten sich in den 25 Jahren geändert, seit mich Oberst Espinoza 1969 gewarnt hatte, dass die Achuar Killer seien. Inzwischen führten Straßen in das Shuar-Territorium, in dem ich gelebt hatte, anstelle der nach Kompass manövrierten DC-3 flogen es moderne Cessnas mit Radargeräten an, und das Wild-West-Image von Sucúa war Hotels gewichen, in denen es heißes Wasser und moderne Toiletten gab.

Doch diese Achuar lebten noch immer in ihrem weiten, entlegenen, straßenlosen Dschungel. »Tötet sie! Tötet sie!«

»So starten Sie doch!«, schrie ich den Piloten an.

»Kann ich nicht«, blaffte er zurück. »Sie haben mir Baumstämme vor die Räder gelegt.«

»Tötet Yahanua! Tötet Tukupis Tochter!«

Yahanua saß vor mir, gleich neben dem Piloten. Sie beugte sich zu mir nach hinten. »Liefert mich aus«, sagte sie ganz ruhig. »Ich werde ohnehin sterben. Ihr habt eine Chance – aber nur, wenn ihr mich ausliefert.«

Das Geheul draußen wurde immer lauter. »Tötet Yahanua! Tötet Tukupis Tochter!«

Mein Herz schlug laut gegen meine Rippen. Ich zermarterte mir verzweifelt das Hirn. Irgendetwas musste mir einfallen.

Da sah ich durchs Fenster meinen Freund Daniel Koupermann.

Er hatte mich ein paar Monate zuvor darum gebeten, mich in Kapawi mit den Achuar zu treffen.

Ich hatte mit ihm besprochen, dass ich einfliegen und noch drei Personen mitbringen würde: Juan Gabriel Carrasco, einen ecuadorianischen Reiseleiter für Abenteuerreisen, Ehud Sperling, Chef des Verlagshauses Inner Traditions International, bei dem meine Bücher über indigene Völker erschienen, und Yahanua, eine Shuar-Frau, die uns half, Reisen zu ihrem Volk zu organisieren.

Am Abend vor unserer Landung auf dem Flugplatz bei Kapawi hatten wir alle vier Tukupi aufgesucht, einen Shuar-Schamanen, über den ich seit Jahren viele Geschichten gehört hatte. Yahanua war so etwas wie seine Patentochter.

Tukupi lebte an der Grenze, die das Gebiet der Shuar vom Achuar-Territorium trennte. Yahanua erklärte uns, niemand wisse genau, wie alt er sei, doch weil er bereits in verschiedenen der früheren großen Kriege in den 1940er-Jahren Krieger angeführt hatte, als Hunderte von Shuar ebenso vielen Achuar entgegentraten, sei man sicher, dass er über 80 sein müsse. In höherem Alter hatte er sich umbesonnen und war Schamane geworden.

Die großen Kriege waren dank der Bemühungen katholischer Missionare beendet worden, doch persönliche Feindschaften, die auf überlieferten Rechts- und Rachekodizes beruhten, bestanden fort. Da Tukupi nach eigener Aussage mehr Achuar-Krieger getötet hatte als jeder andere noch lebende Shuar – nämlich 33 im Nahkampf –, waren deren Söhne und Brüder hinter ihm her.

Wegen seines Rufes als Krieger hatte ich mir Tukupi als grimmigen, finster dreinblickenden alten Kämpfer vorgestellt – vielleicht im Alter etwas verschrumpelt. Womöglich war ich durch all die Bücher, die ich gelesen, und die Filme, die ich gesehen hatte, kulturbedingt voreingenommen – jedenfalls war er für mich immer mehr Krieger als Schamane gewesen. Doch ich hatte mich geirrt. Mein erster Eindruck von Tukupi: Er war ein dicker Mann in Khaki-Shorts mit nacktem Oberkörper. Als er gemächlich auf uns zukam, nachdem wir aus dem Flieger gestiegen waren, erinnerte er mich an Bilder von lächelnden chinesischen Buddhas, nur dass er kaum noch einen Zahn im Mund hatte. Während er mir die Hand schüttelte, musterte ich die verblichenen Tätowierungen in seinem Gesicht. Sie erinnerten mich an Entsá vor all den Jahren.

»Tattoos sehr alt«, sagte er lachend in gebrochenem Spanisch.

Als es dunkel wurde und die nächtliche Kakophonie der Laubfrösche alles andere übertönte, saßen wir in Tukupis Haus. Auch dieses erinnerte mich an Entsá und an den Ort, an dem ich eine lebensverändernde Heilung erfahren hatte. Spätabends beschrieb mir Tukupi, wie er Mann gegen Mann gekämpft hatte.

»Manchmal«, sagte er auf Shuar, das Yahanua mir ins Spanische übersetzte, »ließ ein Krieger einen kleinen Jungen eine beleidigende Nachricht überbringen wie: ›Eure Frauen sind zwar hässlich, aber ich werde trotzdem kommen und sie mir nehmen. Also geht mir aus dem Weg, wenn ihr am Leben bleiben wollt.‹ Manchmal sagten sie auch bloß: ›Du hast meinen Bruder umgebracht. Nun musst auch du sterben.‹« Er lachte. »Sie haben mich immer gewarnt. Einmal sagte ich zu ihnen, als wir uns gegenüberstanden, kurz vor dem Kampf: ›Warum habt ihr euch nicht einfach nachts angeschlichen und mich getötet?‹ Sie erwiderten, so würden das vielleicht die Shuar machen, doch das sei feige. Ich sagte ihnen, wie sie vorgingen, sei dumm und würde sie ins Grab bringen.« Er ließ seine Blicke über uns schweifen. »Dann kämpfte ich und tötete sie mit meinem Speer oder mit der Machete.«

»Hast du ihre Köpfe geschrumpft?«, wollte Juan Gabriel wissen.

»Natürlich.« Er lachte. »Schließlich wollte ich nicht, dass ihr Geist mich heimsucht.«

Nachdem wir in dem Haus des alten Kriegers zugehört hatten, wie er mit seiner murmelnden Stimme so offen über die Kriegerkultur sprach, die in ihm weiterlebte, erklärte ich Ehud, dass die Shuar glaubten, wenn ein Mensch einen anderen tötet, würde ein Teil von dessen Seele zurückkehren, um den Toten zu rächen. Indem man den Kopf schrumpfte, wurde dieser Teil darin eingesperrt.

»Wie geht das?«, fragte Ehud.

Auf meine Bitte führte es Tukupi vor. Mit einem Finger fuhr er sich über den Hals und dann an seinem Hinterkopf hoch. »Wir schneiden den Kopf ab und räumen ihn aus – den Schädel, das Gehirn, alles. Das geben wir der Flussgöttin Tsunkui. Dann kochen wir die Haut, um sie haltbar zu machen. Anschließend nähen wir Augen, Ohren, Nase und Mund zu, um die rächende Seele einzuschließen, schütten heiße Steine in den Hohlraum und formen ein Gesicht. Die Steine tauschen wir täglich gegen kleinere aus, wenn die Haut schrumpft. Am Ende füllen wir den Kopf mit Kapok. Dann folgen Zeremonien, die sich über viele Monate hinziehen, um der Seele Frieden zu schenken.«

»Der Seele Frieden schenken«, meinte Ehud. »Ein schöner Gedanke. So ganz anders als die Vorstellung, die wir in den Staaten davon haben – als barbarisches, blutrünstiges Ritual der Rache und Demütigung.«

Als das Feuer in Tukupis Hütte niederbrannte, erstarb auch das Gespräch. Nachdem wir uns in unsere Schlafsäcke gewickelt hatten, hatte ich Visionen von Schrumpfköpfen und fragte mich, was die Achuar wohl heute von Tukupi hielten.

Jetzt, im Flugzeug, umgeben von wütenden Achuar-Männern, wusste ich Bescheid.

In den reichlich 24 Stunden, seit wir bei Tukupi gelandet waren, hatte Kapawi irgendwie die Kunde erreicht, dass wir den alten Feind der Achuar besucht hatten und seine Patentochter mit uns reiste. Vielleicht war die Nachricht von Läufern übermittelt worden oder durch den Buschfunk. Jedenfalls hatte sie die Krieger auf den Plan gerufen.

Tukupis Geschichten waren zwar hochinteressant gewesen, doch der Besuch bei ihm ein großer Fehler. Diese Männer, deren Väter und Brüder

Tukupi erschlagen hatte, folgten einem Ehrenkodex, der verlangte, dass sie Yahanua töteten – und, so dachte ich, ihre drei Mitreisenden ebenfalls.

»Tötet sie! Tötet Yahanua! Tötet Tukupis Tochter!«

Sie hämmerten und skandierten immer lauter. Als ich sah, wie sich Daniel einen Weg durch die wütenden Krieger bahnte, überkam mich Erleichterung. Bis mir einfiel, dass sie ihn ebenfalls töten könnten.

Er schaffte es, sich bis zum Flugzeug durchzukämpfen, und hob die Hände. »Brüder, lasst mich sprechen«, rief er auf Spanisch. Jemand übersetzte es in Achuar. Das Geschrei verstummte. »Diese Leute sind meine Freunde.« Er bedeutete dem Piloten, den Motor abzustellen. »Sie kommen in Frieden.«

Im Flugzeug hörte ich, wie ein Sicherheitsgurt klickte und die Verriegelung der Türe neben Juan Gabriel gelöst wurde. Mit Mühe bekam ich meinen eigenen Sicherheitsgurt auf.

Die Tür öffnete sich, und Daniels Hand streckte sich uns entgegen.

»Kommen Sie schnell«, sagte er zu Juan Gabriel.

Ich war der Nächste. Die Sonne blendete mich, als ich mit weichen Knien zu Boden taumelte, von Daniels fester Hand gestützt. Ich drehte mich um und sah, wie Ehud ausstieg.

Da zerriss ein ohrenbetäubender Schrei die Stille.

Einer der Krieger stürzte auf das Flugzeug zu. Er fuchtelte mit einer Machete, die er wild gegen die Maschine schüttelte. Sein mit zinnoberroten und schwarzen Streifen bemaltes Gesicht war wutverzerrt.

Rasch trat Daniel dazwischen. Zentimeter vor Daniel blieb der Krieger stehen und funkelte ihn wütend an. Daniel sprach leise auf ihn ein. Gleichzeitig schloss er die Tür. Yahanua und der Pilot waren noch drin.

Die Achuar-Männer umringten Ehud, Juan Gabriel und mich. Sie rempelten uns an, drohten mit ihren Waffen und skandierten wieder: »Tötet sie, tötet sie, tötet sie.«

Da hob Daniel die Hand. »So war es früher.« Seine Stimme war gefasst, ruhig und fest – und die des Dolmetschers ebenfalls. »Die Achuar und die Shuar sind keine Feinde mehr. Ihr müsst jetzt alle zusammenhalten: Achuar, Shuar, Kichwa – alle Nationen –, um gegen die Öl- und

Minengesellschaften zu kämpfen.« Er fasste mich an der Schulter. »Das ist John Perkins. Ich habe euch von ihm und seiner Organisation Dream Change erzählt. Er ist hier, um euch zu helfen.«

Um mich drehte sich alles, als Daniel uns drei von den Kriegern weg in den Schatten eines nahen Baumes führte. Ich lehnte mich gegen den Stamm, versuchte, gleichmäßig zu atmen, und beobachtete, wie er wieder zu dem Mob zurückging, der das Flugzeug umrundete.

Durch das Fenster konnte ich ein Gesicht sehen. Vielleicht war es ein Lichteffekt – oder meine Fantasie spielte mir einen Streich –, doch einen Augenblick lang dachte ich: Tukupi. Dann sah ich, dass es Yahanua war. Ich winkte. Sie schien mich aber nicht zu sehen.

Daniel sprach auf die umherlaufenden Krieger ein. Was er sagte, konnte ich nicht genau verstehen. Sie waren ständig in Bewegung, wie ein aufgebrachter Bienenschwarm. Ein paar von ihnen hoben ihre Speere hoch und richteten sie auf das Flugzeug. Doch dann räumten sie nach und nach das Feld.

Daniel kam zu uns herüber. »Ich konnte sie nicht überzeugen.« Er wischte sich den Schweiß von der Stirn. »Sie muss hier weg.«

Der Pilot startete den Motor. Langsam wendete die Maschine. Ein Windstoß des Propellers besprenkelte uns mit Matsch. Der Motor heulte auf. Das Flugzeug fuhr die Startbahn hinunter, nahm Tempo auf, hob ab und stieg mit kaum mehr als einem Meter Abstand über das Blätterdach.

Ich schaute zu den Kriegern, die jetzt ganz still dastanden, gleich neben der Landebahn, und zusahen, wie die Maschine fortflog. In einer letzten Geste des Hasses hoben sie ihre Speere und schrien auf. Einer drehte sich um und starrte mich an. Sein finsterer Blick fuhr mir bis ins Mark.

Für ihn war auch ich ein Feind. Warum bloß war ich nicht mit Yahanua abgehoben? Wieso waren wir nicht alle im Flugzeug geblieben und zurückgeflogen?

»Gehen wir«, sagte Daniel. Er führte uns auf einem schmalen matschigen Trampelpfad in den undurchdringlichen Dschungel hinein. Der Lärm des Triebwerks verhallte, die Vögel waren verstummt. Es herrschte eine übermächtige Stille.

Fünf Achuar-Männer folgten uns. Auf den Schultern trugen sie unsere Rucksäcke, die ich vollkommen vergessen hatte.

»Wieso tragen sie unsere Sachen?«, fragte ich Daniel. »Sollten wir ihnen nicht helfen?«

Der Anflug eines Lächelns huschte über sein Gesicht. »Ich habe ihnen gesagt, dass ihr unsere Gäste seid. So behandeln sie ihre Gäste.«

Mir schien das nur ein weiteres Beispiel für die Privilegien zu sein, die wir Amerikaner stillschweigend voraussetzten. Unterbewusst war mir wohl klar gewesen, dass ich mich nicht um unser Gepäck kümmern musste, weil das schon jemand anderer tun würde.

Als wir an dem breiten Fluss Pastaza ankamen, blieben wir kurz stehen und schauten auf das wilde Wasser, das aus den Gletschern der Anden herabgestürzt war und auf den Atlantik zuströmte. Ein langer Einbaum mit Außenbordmotor wurde ans Flussufer gezogen.

Die fünf Achuar-Männer luden unser Gepäck in den Einbaum und setzten sich nach hinten. Daniel, Juan Gabriel, Ehud und ich kletterten hinein. Ich schaute zu den Achuar hinten im Boot. Alle wichen meinem Blick aus. Obwohl sie Daniels Aussage, dass wir ihre Gäste seien, offenbar akzeptiert hatten, wirkten sie unwirsch. Ich nahm an, dass sie ungehalten waren, weil man sie mit Yahanuas Abflug ihres vermeintlichen Rechts beraubt hatte. Oder interpretierte ich ihren Gesichtsausdruck nur falsch? Ich hoffte schwer auf Letzteres.

Daniel wies Ehud und mich an, uns auf die zweite Bank von vorne zu setzen. Er und Juan Gabriel ließen sich ganz vorne nieder. Ich fühlte mich nackt, schutzlos und verletzlich. Ich wünschte, es hätte irgendeine Barriere zwischen den Achuar und meinem Rücken gegeben. Ich dachte an Yahanua, die sicher im Flugzeug saß – oder vielleicht schon wieder zu Hause.

Daniel drehte sich zu uns um. »Bis nach Kapawi sind es etwa zwei Stunden«, sagte er. Er signalisierte dem Achuar-Mann am Heck, den Außenbordmotor zu starten. Wie dieser aussah und klang, konnte er gut und gern aus der Zeit der großen Kriege zwischen den Achuar und Shuar in den 1930er- und 1940er-Jahren stammen.

Der Fluss war reißend. Die schnelle Strömung brachte Stämme mit sich, die auf- und abtauchten und unser Kanu zu rammen drohten. Um uns herum bildeten sich Wirbel. Ich wusste, dass an den dunklen, lianenüberwucherten Ufern Kaimane lauerten. Ich fragte mich, ob die Achuar in unserem Boot vorhatten, uns mit ihren Speeren aufzuspießen, unsere Leichen in den Fluss zu werfen und es den Kaimanen zu überlassen, alle Beweise zu vernichten.

Der Regen riss mich aus meinen Gedanken. Er fiel in kräftigen Schauern auf den Fluss, sodass man den Dschungel nicht mehr sehen konnte. Daniel, Juan Gabriel, Ehud und ich kauerten uns unter Planen, die am Bug verstaut gewesen waren. Wir waren bereits nass bis auf die Haut. Die Planen stanken nach Motoröl und verfaultem Fisch, boten jedoch wenigstens etwas Schutz vor dem unbarmherzigen Regen.

Der Wolkenbruch hörte sich auf der Plane an wie Maschinengewehrfeuer. Ich hatte schon früher Unwetter im Dschungel erlebt, doch immer unter dem Blätterdach, nie ungeschützt mitten auf einem Fluss. Einmal hob ich die Plane an, um hinauszuschauen. Doch ich sah nur eine Wasserwand. Ich fragte mich, wie es der Mann am Steuer schaffte, uns durch alles hindurchzumanövrieren, was da im Fluss schwamm.

Mir kam der Gedanke, dass ich solche Angst vor diesen Männern gehabt hatte, doch jetzt unser Leben in ihren Händen lag und sie sich unserer annahmen.

Nach etwa einer Stunde hörte der Regenguss auf. Wir wagten uns unter der Plane hervor. Als ich mich umdrehte, sah ich, dass sich die Achuar bis auf den Lendenschurz ausgezogen hatten. Sie schöpften mit Kalebassen. Ich fragte, ob ich helfen könne.

»Nein«, erwiderte einer. »Das ist unsere Aufgabe.« Wieder fiel mir die Diskrepanz zwischen der Angst auf, die ich zuvor vor ihnen gehabt hatte, und der Realität, in der sie sich so fürsorglich um uns kümmerten.

Ich entdeckte bei Juan Gabriels Füßen eine Plane, die nicht dazu verwendet worden war, uns oder unser Gepäck zu schützen. Sie verdeckte etwas Sperriges. Ich fragte Daniel, was das sei.

Er lächelte, beugte sich darüber und klopfte darauf. »Ein Geschenk«, sagte er.

Ich versuchte, hinüberzulangen und die Abdeckung zu entfernen.

Er schob meine Hand weg. »Es ist ein Geschenk«, wiederholte er.

»Für …?«

Sein Lächeln wurde breiter. »Rat mal.«

»Keine Ahnung.«

Er zog die Plane weg. »Für dich.«

Es war ein Aluminiumfässchen Heineken.

Ich beugte mich zwischen den beiden nach vorne, bis ich es berühren konnte. Es war wirklich, real – keine Erscheinung. Ich packte ihn an der Schulter. »Du kennst mich ganz gut!«

Er lachte bloß.

Wir ließen das Fässchen herumgehen. Jeder von uns neun hob es an den Mund und trank. Erst war es noch schwer, doch mit jedem Schluck wurde es leichter. Und die Stimmung in der Gruppe ebenfalls. Wir vier sangen: »Row, Row, Row Your Boat.« Die Achuar lachten, wir lachten, wir tranken und sangen noch mehr. Das Miteinander half, die Wunde zu schließen, die Yahanuas Beinahe-Ermordung gerissen hatte.

Unser Einbaum bog aus dem Pastaza in einen deutlich kleineren, ruhigeren Nebenfluss ein. Riesige Bäume spannten ihre Zweige über uns. Es war, als hätten wir einen geschützten Waldtunnel betreten.

»Das kommt mir vor wie eine Kathedrale«, meinte Ehud.

Daniel drehte sich um und lächelte. »Der Capahuari. Sehr hübsch und sehr friedlich. Einer der Gründe, weshalb ich diesen Standort für die Lodge ausgewählt habe.«

Das Kanu bog um eine Kurve, als plötzlich der Motor erstarb.

»Schaut mal da.« Daniel zeigte nach vorne, wo sich das Wasser teilte und zwei dünne Flossen herausragten, die aussahen wie große graue Messer. »Flussdelfine.«

»Fantastisch«, rief Ehud aus. »Davon habe ich schon gelesen, aber ich hätte nie gedacht, dass ich sie mal zu Gesicht bekomme.«

»Ein gutes Zeichen«, meinte Juan Gabriel. »Sie begrüßen uns.«

Wir blieben still sitzen und sahen zu, wie sie um unseren Einbaum herumtollten. So leise, wie sie gekommen waren, verschwanden sie wieder.

Der Motor startete, und bald erreichten wir den wackeligen, provisorisch anmutenden Anleger an dem Ort, an dem einmal das Hotel stehen sollte: die Kapawi Lodge.

Eine große Erleichterung überkam mich. Da sagte Daniel: »Heute Abend treffen wir uns mit den Anführern in ihrem Gemeinschaftshaus. Sie möchten mit dir reden, John.«

Kapitel 15

VON ZWEI REGIERUNGEN BEDROHT

WIR SASSEN AUF HARTEN HOLZBÄNKEN, gefertigt aus den Böden und Seiten alter Einbäume. Achuar-Frauen schenkten uns laufend Chicha in unsere Kalebassen, während ihre Männer, die Krieger, mit Argusaugen aufpassten, dass wir auch ja keinen Tropfen übrig ließen.

Vor uns stand einer ihrer Anführer mit dem Speer in der Hand. Er sprach Achuar, doch ein halbwüchsiger Junge, der eine Missionsschule besucht hatte, dolmetschte ins Spanische.

»Wir haben gehört«, sprach mich der Redner an, »dass du vor vielen Jahren, als manche von uns noch gar nicht geboren waren, im Shuar-Territorium gelebt hast. Damals wussten wir noch wenig über die Welt da draußen. Heute sind wir nicht mehr so unwissend. Das Eis auf den großen Bergen schmilzt. Eure Ölfirmen haben die Flüsse unserer Nachbarn vergiftet, der Kichwa und der Huaorani. Sie ermorden Frauen und Kinder mit ihren Giften und töten Krieger, die ihr Land verteidigen wollen. Sie werfen Feuer aus ihren Flugzeugen. Euer Volk hat keine Achtung vor den Wäldern und Flüssen und Tieren. Es verwandelt jeden Ort, zu dem es vordringt, zu Asche und schwarzem öligen Schlamm. Die Bäume und Tiere verschwinden für immer.«

Er hob den Speer über den Kopf und senkte ihn wieder. Dann trat er einen Schritt auf mich zu und stieß mir den Speer vors Gesicht. »Wir sind Krieger.« Dann schwenkte er zu meiner Erleichterung die Spitze von mir weg und auf die Bänke zu, auf denen seine Männer saßen.

»Doch unsere Schamanen haben geträumt, dass uns die Vernichtung droht. Wir sind nicht so dumm, zu glauben, dass unsere Speere eure Kugeln, eure Flugzeuge, eure Gifte und das Feuer bekämpfen können, das ihr vom Himmel schickt.« Er zeigte mir das andere Ende des Speers, das zu einem Schlangenkopf geschnitzt war. »Arutam«, sagte er mit dem Wort, das Shuar wie Achuar für die Kraft der Verwandlung verwenden. Er reichte mir den Speer. »Wir haben gehört, dass du den Shuar hilfst. Nun bitten wir dich, auch uns zu helfen. Wir bitten dich, die Botschaft dieses Speers zu hören, der für den großen Geist steht, der die Kraft der Wälder verkörpert – Arutam. Wir bitten dich, uns zu helfen, den Jaguar zu berühren – das, was uns am meisten Angst macht: dich, dein Volk, deine Kultur.«

Viele taten es ihm nach. Jeder Redner, der an diesem und am nächsten Abend vor uns stand, hatte dieselbe Botschaft. Manche schrien sie hinaus, andere flüsterten sie. Manche untermalten sie mit dramatischen Gesten, andere standen stocksteif da, die Hände fest an die Seite gepresst. Doch sie alle hatten uns dasselbe zu sagen – und ich wollte es nicht hören.

Sie baten mich, sie mit Partnern in den USA zusammenzubringen, die ihnen helfen würden, die Ölgesellschaften abzuwehren, ihren Wald zu schützen und – wie sie es formulierten – mit ihnen daran zu arbeiten, den Traum der modernen Welt zu verändern: eine Kultur des Überkonsums in eine zu verwandeln, die das Leben respektiert und erhält. Ähnliche Botschaften hatte ich schon gehört – von den Maya, den Shuar und den Kichwa. Doch die Achuar sagten, diese Botschaft komme direkt aus dem Wald. Sie, und jetzt ich, seien nur die Übermittler.

Ich wollte, musste mich weigern, denn ich hatte schon mit meiner Arbeit bei Dream Change mehr als genug zu tun. Ich fühlte mich, als würde ich die Shuar im Stich lassen, weil ich bei meiner Arbeit an verschiedenen Orten nicht genug unternahm, um die indigenen Völker und die Umwelt zu verteidigen. Wie konnte ich mir da noch mehr aufhalsen? Wie konnte ich diesen Menschen helfen?

Das war aber noch nicht alles. Ich hatte Erlebnisse, die mir Numis Warnung ins Gedächtnis riefen: » Die Ölgesellschaften werden danach trachten, dich zu vernichten. Und das will vielleicht auch deine Regierung, und die ecuadorianische ebenso.«

Auf einer früheren Reise nach Ecuador hatte mich in meinem Hotelzimmer in Quito ein Ecuadorianer angerufen, der sich als Julio Martinez vorstellte – Berater der Regierungsorganisation Petroecuador, die für ausländische Ölverträge zuständig war. Er lud mich zum Abendessen ein.

»Öl«, meinte Julio in dem schicken Restaurant »El Dorado«, »ist Ecuadors Zukunft. Wenn Sie und Dream Change weiter Probleme machen …« Er ließ den Satz unvollendet und nahm einen Schluck Wein. »Tja, Sie haben Präsident Roldós gekannt.« Er schüttelt bedauernd den Kopf. »Roldós stand dem Fortschritt im Weg. Als sein Flugzeug abstürzte, zahlte er letztlich den Preis dafür.« Er musterte mich über sein Glas hinweg. »Ich hoffe, Sie sind klüger.«

Am Tag nach diesem Essen flog ich nach Miami. Als ich den Zollbereich verlassen wollte, kam ein Mann im Anzug auf mich zu, zückte eine Marke und brachte mich in einen Nebenraum. Ohne auf meine Bitten um eine Erklärung einzugehen, führten er und ein weiterer Mann eine Leibesvisitation durch, und zwar grob, demütigend und einschüchternd.

Ich hatte keinen Zweifel: Ich wurde gewarnt – bedroht von zwei Regierungen.

Und hier, im tiefsten Amazonien, drängten mich die Achuar, noch größere Risiken einzugehen. Sie baten mich, eine Botschaft aus dem Wald in die Welt zu tragen. Sie baten mich, eine Partnerschaft aufzubauen, die sich Big Oil entgegenstellen und die Einstellungen, Werte und Handlungen der modernen Zivilisation verändern würde.

Kapitel 16

ENTSCHEIDUNGEN

FRÜH AM MORGEN des dritten Tages, nachdem ich bei diesem ersten Besuch in Kapawi 1993 das Flehen der Achuar um Hilfe gehört hatte, führte mich Daniel auf einem schmalen Pfad durch dichten Urwald. Es hatte fast die ganze Nacht geregnet. Die Luft war schwer vom Geruch nach nassem Laub. Das Wasser tropfte mir von Bäumen, Schlingpflanzen und Blättern auf Kopf und Schultern. Vögel, die unsichtbar hoch oben im Blätterdach saßen, begleiteten uns mit ihrem Gesang.

Juan Gabriel und Ehud waren in der Lodge geblieben, wo wir in Schlafsäcken auf dem Boden geschlafen hatten. Ehud wollte sich von den Ältesten ihre mündlichen Überlieferungen erzählen lassen und sie aufzeichnen. Juan Gabriel übersetzte für ihn.

Daniel und ich kamen an eine Stelle, an der die Bäume einen herrlichen Blick auf den Capahuari freigaben – nicht weit von dem provisorischen Anleger, an dem wir drei Tage zuvor angekommen waren. Die Sonne brannte auf uns herunter. Als ich den Fluss sah, stieg in mir die Erinnerung an die schrecklichen Momente auf dem Flugfeld hoch, als die Krieger Yahanua töten wollten. Seither hatten sich die Achuar zwar sehr friedlich verhalten, doch ich wurde meine Angst nicht los …

Daniel muss das gespürt haben. »Die Achuar sind gute Menschen«, sagte er. »Es ist schwer, alte Verhaltensmuster abzulegen, aber sie bemühen sich sehr. Und sie bitten dich, deine Leute dazu anzuleiten, Muster abzulegen, die uns alle gefährden.« Er klopfte mir auf den Rücken und zeigte auf den Fluss. »So wird der erste Blick unserer Besucher auf die Kapawi Lodge aussehen.« Er breitete die Arme aus, als wollte er den Fluss umarmen. »Es soll etwas ganz Besonderes werden.« Er sah mich an. »Ein paradiesischeres Fleckchen Erde kann man sich kaum vorstellen, oder?« Er lächelte sein unvergleichliches Lächeln. »Doch ich muss dich das fragen, John: Willst du wirklich den Rest deines Lebens hier verbringen, Chicha trinken und dir die Hilferufe der Achuar anhören?«

Ich war baff. »Natürlich nicht.«

»Dann wirst du ihrer Bitte nachkommen müssen. Es sind nämlich ihre Kanus.«

»Sie würden es doch wohl nicht wagen, uns als Geiseln zu nehmen.« Ich hielt inne und suchte seinen Blick. »Oder doch?«

Wieder lachte er und klopfte mir auf den Rücken. »Denk mal drüber nach, John.«

Den Rest des Tages verbrachte ich überwiegend allein am Fluss und dachte über seine Worte nach. Ich glaubte nicht, dass die Achuar uns vier, darunter zwei Amerikaner, zwingen würden, gegen unseren Willen hierzubleiben. Doch nach dem, was ich am Flugplatz erlebt hatte, konnte ich mir nicht sicher sein.

Daniel hatte mir seine Meinung jedenfalls deutlich gemacht. Die Achuar waren hartnäckig. Sie brauchten und wollten meine Hilfe. Und in mir sagte eine Stimme, dass ich ihnen helfen wollte – vielleicht war das ja meine Bestimmung?

Ich sah zu, wie der Capahuari vorbeiströmte. Ich dachte an die amerikanischen Patrioten, die sich den Briten widersetzt hatten. An Robin Hood, Martin Luther King Jr., Rosa Parks. Stets hatten meine Helden mutig Stellung bezogen, um den Unterdrückten zu helfen. Ich dachte an den Mann von Petroecuador und an die US-amerikanischen Zollbeamten.

Ich schloss die Augen und lauschte dem Fluss und den Vögeln im Wald. Da erschien mir Entsás Gesicht. Er beugte sich vor, setzte mir die Lippen aufs Herz und blies. Sein Bild verblasste. Ich berührte mein Herz. Ich spürte die Pfeile, die er mir vor all den Jahren eingeblasen hatte. Ich öffnete die Augen.

»Natürlich hast du Angst«, sagte ich mir. »Aber darum geht es ja. Die Ölgesellschaften und die US-Regierung sind deine Jaguare.« Ich breitete die Arme zum Fluss und zu den Bäumen hin aus. Ich würde nicht davonlaufen.

Ich hob einen Stock auf, hielt ihn einen Moment in der Hand und warf ihn dann in den Fluss. Während ich zusah, wie er davontrieb, wusste ich: Wenn ich mich meinen Ängsten stellte, konnte ich dem imperialistischen System entschlossen trotzen, das den amerikanischen Idealen so widersprach, die mir vermittelt worden waren. Ich musste das sogar. Aber wie? Das war die Frage. Wie sollte ich eine scheinbar so unmögliche Aufgabe anpacken?

Am Spätnachmittag bat ich Daniel, mit mir in den Wald zu gehen. Wir setzten uns auf die Wurzel eines riesigen Kapokbaums, die wie ein Strebebogen emporragte. Ich gestand ihm, dass ich zwar gern helfen wollte, mich dafür aber ungeeignet fühlte und eigentlich schon durch meine Arbeit mit den Shuar überlastet war. Ich sagte, ich hielte es zwar für meine Pflicht, das Unrecht zu beenden, das die großen Ölkonzerne anrichteten, hätte aber Angst vor Vergeltung. Ich erzählte ihm von dem Petroecuador-Mann und den US-Zollbeamten.

Er dachte eine ganze Weile über meine Worte nach. »Ich verstehe«, entgegnete er schließlich. »Doch es muss einen Weg geben. Ich wette, du kennst jemanden, der dir helfen kann. Jemanden, der die Partnerschaft auf die Beine stellen kann, die den Achuar vorschwebt.« Ich sah zu, wie sich ein hellblauer Schmetterling neben uns auf einen Zweig setzte. »Jemand, der kein so leichtes Opfer ist wie du, der nie in deiner Branche gearbeitet hat, nie einer Regierung auf die Füße getreten ist und Präsident Roldós nicht gekannt hat.« Nach kurzer Pause fuhr er fort: »Vielleicht jemand, der weiß, wie man an Geld kommt.«

Da fiel mir sofort Lynne Twist ein. »Ja«, erwiderte ich. »So jemanden kenne ich. Aber sie wird niemals zustimmen. Sie hat viel zu viel mit einem anderen großen Projekt zu tun – damit, den Hunger auf der Welt zu beenden.«

»Vielleicht wirst du ja eine Überraschung erleben.« Er erhob sich. »Immerhin hast du doch das Buch *Und der Traum wird Welt* geschrieben.

Zumindest kannst du den Achuar hier sagen, dass dir vielleicht eine Lösung eingefallen ist.«

Ich bat Ehud um Rat.

»Mir scheint, dass dein ganzes bisheriges Leben darauf hinausläuft«, meinte er.

An jenem Abend saß ich mit den versammelten Achuar zusammen. Ich wusste, was ich zu sagen hatte, war aber furchtbar nervös. Ich war sicher, Lynne würde ablehnen. Wie komme ich mir dann vor?, fragte ich mich. Zurückgewiesen und wie ein Versager, war die Antwort. Der Gedanke gefiel mir überhaupt nicht. Ich fürchtete mich davor – vor der Vorstellung, zurückgewiesen zu werden und zu versagen. Indem ich mir diese Ängste bewusst machte, begriff ich, dass ich mich dem Jaguar stellen musste. Ich musste meine Angst vor Zurückweisung und Misserfolg einsetzen, um mich zum Handeln zu animieren. Ich stand auf.

Die Achuar, die in meiner unmittelbaren Nähe standen, konnten bestimmt sehen, dass ich zitterte, als ich so vor ihnen stand. Ich erklärte ihnen, dass ich einen Plan hätte. Ich gab zu bedenken, dass er vielleicht nicht funktionieren würde, versicherte ihnen aber, alles daranzusetzen. Als ich mich wieder setzte, klatschten sie. Ein Junge kam zu mir und bedankte sich.

Am nächsten Morgen begleitete eine Gruppe Achuar-Männer Ehud, Juan Gabriel, Daniel und mich an die Stelle, an der die endgültige Anlegestelle gebaut werden sollte. Ihre Gesichter waren mit geometrischen Symbolen bemalt und sie trugen roten und gelben Federschmuck auf dem Kopf. Einer überreichte mir den schlangenköpfigen Speer, den er mir am ersten Abend ins Gesicht gehalten hatte. »Arutam«, sagte er. »Er soll dich beschützen, wenn du den Jaguar berührst.«

Ich nahm den Speer. Der Schaft war warm von seinem Griff und von der Sonne. Er fühlte sich fest und stark an. Ich schwor mir im Stillen: Ich würde alles tun, um dieses Land und die Menschen zu schützen, die über so viele Generationen seine Wächter gewesen waren. Diesen Ort, der ein so wichtiger Teil meines Lebens geworden war. Ich drückte den Speer ans Herz. Ich wusste, das Arutam dieser Achuar-Krieger würde mit den unsichtbaren Pfeilen verschmelzen, die mir ein Shuar-Schamane eingepflanzt hatte.

Als wir zum schlammigen Flussufer hinuntergingen, blieb ich stehen und beobachtete, wie eine Horde Affen durch die Bäume am anderen Flussufer tobte. Ein paar davon trugen Jungtiere auf dem Rücken. Ich dachte an meine Tochter in den USA. Die Aussicht, mich mit den Achuar zu verbünden, um einen neuen Traum hervorzubringen, der sicherstellen würde, dass diese Wälder für künftige Generationen erhalten blieben, ließ mich unwillkürlich lächeln. Zum ersten Mal seit langer Zeit war ich voller Hoffnung.

Auf das Drängen mehrerer Ältester hatten wir beschlossen, auf dem Rückweg zum Flugplatz einen namhaften Achuar-Schamanen zu besuchen – Daniels Freund Taish. »Nimm mit ihm Ayahuasca«, sagte einer der Ältesten zu mir. »Die Pflanze hat dir etwas Wichtiges zu sagen.« Sie warnten uns noch, dass ihre Siedlung vor Kurzem von einer anderen Achuar-Gruppe angegriffen worden sei, die glaubte, Taish habe mithilfe schwarzer Magie einen ihrer Schamanen getötet. Sie versicherten uns aber, dass es keine Probleme mehr gebe. »Taish hat großes Arutam. Der Zeitpunkt ist gut, um sein Ayahuasca mit ihm zu teilen.« In all den Jahren, die ich schon auf den Rat der Schamanen höre, nehme ich Ayahuasca nur, wenn ich das Gefühl habe, dass meine letzte Erfahrung mit der Pflanze vollständig verarbeitet ist, und wenn es ein neues, bedeutsames Problem, eine Krankheit oder eine Frage gibt, die mich beschäftigt. Das letzte Mal war vier Jahre her. Es war wieder an der Zeit, fand ich.

Das Kanu, das uns den Fluss hinaufbrachte, war groß. Als wir aufbrachen, waren mehrere Dutzend Passagiere und viele Körbe mit verschiedenen Waren an Bord. Wir hielten viele Male und setzten Mitreisende an Pfaden ab, die in den Urwald führten. Sie alle arbeiteten in Kapawi auf der Baustelle und fuhren regelmäßig nach Hause, um Vorräte zu bringen oder beim Jagen, bei der Feldarbeit und anderen Aufgaben in der Familie zu helfen.

Je weiter wir fuhren, desto scheuer wurden die Menschen. Erst war es nur ein Kind, das rasch im Wald verschwand, als es uns kommen sah.

Dann waren es auch die Älteren. Ab einem gewissen Punkt versteckten sich alle vor uns. Daniel erklärte, diejenigen, die noch nie Fremde gesehen hatten, würde unser Erscheinen in Angst und Schrecken versetzen. »Kennst du die Legende von den Evias*?«, fragte er mich. »Den großen weißen Kannibalen, die die Shuar angriffen?« Ich kannte sie sehr wohl, und zwar als Geschichte, die man Kindern abends erzählte – wie zu meiner Zeit die Geschichten vom schwarzen Mann oder das Märchen von Hänsel und Gretel mit der bösen Hexe. »Bei den Achuar erzählt man sich dieselbe Legende. Vielleicht halten sie uns für Evias.«

Ich fragte mich, ob das auch etwas mit dem Krieg gegen Taish zu tun haben könnte.

Kurz vor Sonnenuntergang tauchte ein ovales Haus von eindrucksvoller Größe hoch auf einem Hügel mit Blick über den Fluss auf. Wie alle Shuar- und Achuar-Häuser war es mit kunstvoll geflochtenem Stroh gedeckt und hatte ein steil abfallendes Dach. Anders als andere Achuar-Häuser hatte es aber wie die Shuar-Häuser Wände aus vertikalen Chontaholzpflöcken. Dasselbe Holz wurde auch für die Anfertigung von Speeren verwendet.

»Wozu die Wände?«, fragte ich Daniel.

»Weil sie angegriffen wurden«, entgegnete er mit angespannter Stimme.

Als wir ans schlammige Ufer kletterten, sah ich besorgt mit Speeren bewaffnete Achuar-Krieger mit stark zinnoberrot bemalten Gesichtern. Sie standen am Pfad und rund ums Haus Wache. Ihr Anblick verhieß nichts Gutes. Ich schaute zurück und sah, dass Ehud und Juan Gabriel noch unten am Fluss waren. Ehud knipste und Juan Gabriel rauchte eine Zigarette und unterhielt sich mit ein paar Achuar-Männern. Sie wirkten unbesorgt, doch mein Magen fühlte sich an wie ein Schlangennest.

»Vielleicht sollten wir lieber zurückfahren«, flüsterte ich Daniel zu.

»Schauen wir erst mal, was Taish dazu sagt.«

Aus dem Haus kam ein hochgewachsener muskulöser Mann mit nacktem Oberkörper auf uns zu, über dessen Brust sich Perlenketten kreuz-

* manchmal auch »Iwias« geschrieben

ten. Unterm Arm trug er ein Gewehr – damals eine nicht alltägliche und hochbegehrte Waffe.

Jeder Muskel in meinem Körper spannte sich an.

Er trug den traditionellen Rock der Achuar, der bis zu seinen bloßen Füßen reichte. Auf seinem langen schwarzen Haar thronte eine rot-gelb-schwarz-weiße Federkrone. Am meisten erschreckte mich aber sein grimmiges Gesicht. Über seine Wangen und seine Nase verliefen parallel zwei rote Linien, die durch zinnoberrote Kreuze miteinander verbunden waren – ein Symbol für die gefürchtete Anakonda. Von den Ohren zum verkniffenen Mund zogen sich weitere rote Linien. Seine dunklen Augen musterten uns, während er näher kam.

Daniel trat vor. »Hola, Taish. Wir kommen als Freunde«, sagte er auf Spanisch.

Einer der jüngeren Männer stellte sich neben Taish und übersetzte: »Du bist mein Freund, Daniel«, erwiderte Taish. »Du und deine Freunde sind willkommen.«

»Wie es scheint, befindet ihr euch noch im Krieg. Sollten wir lieber wieder abfahren?«

»Ihr seid hier sicher.« Er lächelte. »Diese Feiglinge haben mich angegriffen, als ich alleine war. Ich habe sie in die Flucht geschlagen. Jetzt habe ich Krieger an meiner Seite. Sie werden sich fernhalten.« Er klopfte auf seine Waffe.

Als sich Ehud und Juan Gabriel zu uns gesellten, erklärte ich ihnen die Situation. Doch die Männer am Fluss hatten ihnen die ganze Geschichte bereits erzählt.

»Uns wurde versichert, dass alles wieder ruhig ist«, meinte Juan Gabriel.

»Ich glaube, das ist ein guter Ort für Ayahuasca«, setzte Ehud hinzu. »Ich bin dafür, dass wir bleiben.«

Ich hatte den ganzen Tag gefastet – wie immer, wenn ich Ayahuasca trinke. Aus früheren Erfahrungen wusste ich, dass die Pflanze bestimmen würde, was sie mich lehrte – und dass ich mich am Ende dem ergeben würde, was auf mich zukam. Den ganzen Tag über drehten sich meine

Gedanken immer wieder um die aktuelle Weltlage. Ich hoffte, das Ayahuasca würde mir helfen, Erkenntnisse darüber zu gewinnen, wie sich die Menschen von einem einfachen, naturnahen Leben wie dem der Achuar zu einem komplexen, höchst materialistischen und wenig nachhaltigen Leben entwickelt hatten, wie es die meisten von uns heute führen. Am späten Nachmittag ging ich in den Wald, setzte mich unter einen großen Kapokbaum und rekapitulierte mein Leben: aufgewachsen in Tilton, New Hampshire, Collegebesuch, Eintritt ins Friedenskorps, Aufstieg zum EHM, die Arbeit mit den Shuar und Dream Change und für SWEC. Immer wieder stellte sich mir die Frage: Warum hatten die Menschen den Pfad der Kulturentwicklung gewählt, der zu übervölkerten Städten, Umweltverschmutzung, extremer Verschwendung und krassen Einkommensgefällen führte und letztlich der Selbstzerstörung geweiht schien?

Ich merkte, dass die Schatten länger wurden. Es war so weit.

Ich ging zu Taishs Haus zurück, wo ich Daniel, Juan Gabriel, Ehud und mehrere Achuar-Männer und -Frauen antraf, die auf u-förmig aufgestellten Hockern aus Holz saßen. In der Öffnung des Us standen zwei leere Hocker einander gegenüber. Sie waren für den Schamanen bestimmt, wie ich wusste. Ich setzte mich neben Daniel.

»Es trinken heute auch ein paar Verwandte und Nachbarn von Taish mit«, flüsterte er mir zu.

Bald gesellte sich Taish zu uns. Er war gekleidet wie zuvor, in knöchellangem Rock und Federkrone, nur dass er keine Perlenketten mehr auf der nackten Brust trug. Sein Gesicht war mit dem uns mittlerweile vertrauten zinnoberroten Anakondasymbol bemalt. Statt des Gewehrs trug er eine große Kalebasse und einen kleineren Becher aus Ton. Er ging zu einem der unbesetzten Hocker ganz vorne und sah sich in unserer Gruppe aus Achuar und Ausländern um. Sein Blick traf meinen. Einen ganz kurzen Augenblick kam es mir so vor, als lächele er. Dann wanderten seine Augen schon weiter.

Ohne ein Wort hob er die Kalebasse auf seinen Schoß und begann zu pfeifen. So ging das etwa fünf Minuten lang. Dann winkte er mich heran. Ich sollte der Erste sein.

Ich erhob mich, trat zu dem leeren Hocker und setzte mich ihm gegenüber. Er musterte mich, ohne Blickkontakt herzustellen. Ich sah zu, wie er langsam die dicke, dunkle Flüssigkeit aus der Kalebasse in den Becher goss. Der vertraute beißende Geruch erregte in mir sofort Brechreiz. Er beugte sich über den Becher, sang in ihn hinein und hielt ihn mir hin.

Ich wusste, dass es für mich am besten war, den ganzen Becher möglichst in einem Zug zu leeren – es so schnell wie möglich hinter mich zu bringen. Den geleerten Becher gab ich Taish zurück und setzte mich wieder auf meinen Hocker. Dort saß ich und sah den anderen zu. Der Prozess wiederholte sich ein ums andere Mal. Als der letzte Achuar seinen Becher geleert hatte, gurgelte und rebellierte mein Magen. Ich stand auf und stolperte aus dem Haus zum Waldrand, wo ich auf alle Viere fiel und mich übergab. Heftig erbrach ich faulig schmeckende dunkelorangefarbene Flüssigkeit. Ich hörte eine Stimme, die mich mahnte, dass mein Körper sich von schlechter Energie befreie. Ich wollte nur, dass der quälende Brechreiz aufhörte, doch er packte mich wieder und wieder.

Als er endlich nachließ, war ich erschöpft. Ich verlagerte mich von der knienden in eine sitzende Position, lehnte mich an einen Baum und schaute in den dunklen Wald. Da sah ich bunte Lichtperlen, die ich schon von früheren Ayahuasca-Reisen her kannte, und geometrische Formen, die ständig ihre Gestalt änderten. Nach einer Weile bemerkte ich, dass Schatten durch den Wald strichen. Sie glitten zwischen den Bäumen hin und her – in großer Zahl: Männer, deren Körper rot bemalt waren. Als sie näher kamen, richteten sie ihre Speere auf mich und auf Taishs Hütte. Krieger. Wir wurden angegriffen! Mich überkam schreckliche Angst. Taishs Feinde hatten diesen Moment gewählt, in dem wir vollkommen hilflos waren, um uns alle zu töten. Ich musste ins Haus zurücklaufen, um die anderen zu warnen, doch ich war wie gelähmt und konnte mich nicht vom Fleck rühren.

Da begann Taish zu singen – und alles veränderte sich.

Ich sah, dass mich eine schützende bläuliche Sphäre umgab, eine Art blauer Dunst, und ich begann zu schweben. Ich erhob mich bis über das

Blätterdach. Als ich hinunterschaute, hatten sich die nackten Angreifer in bewaffnete Soldaten mit Metallhelmen und Brustpanzern verwandelt. Sie trugen Schilde und stählerne Schwerter. Ich schwebte über ihnen, sah hinunter und konnte alles beobachten. Sie führten mich in ein römisches Amphitheater. Von oben sah ich, wie Löwen eine Gruppe schutzloser Männer, Frauen und Kinder zerfleischten. Die Szene verblasste und ging in eine andere über: Eine lange Reihe angeketteter afrikanischer Sklaven wurde unter Peitschenhieben und Prügeln von einem Segelschiff auf einen Markt geführt, wie es ihn in Charleston, South Carolina, oder in Cartagena in Kolumbien im 18. Jahrhundert gegeben haben mochte. Es folgte eine Szene nach der anderen, in der Menschen brutal gegen andere Menschen vorgingen, bis hin zu gewaltigen Flugzeugträgern und Männern, die Drohnen steuerten. Dann wurde ich Zeuge ganz anderer Schrecknisse: Riesige Bulldozer und Ölbohrplattformen verwüsteten die Erde, gigantische Fabriken spuckten Abgase in die Atmosphäre, Frauen prostituierten sich an Straßenecken, in großen Kaufhäusern drängten sich Kunden, die einander nicht ansahen und nicht miteinander sprachen, ich sah Slums an Steilhängen über glänzenden Wolkenkratzern aus Stahl und Glas, Familien, die in Pappkartons neben offenen Abflussrohren lebten, Obdachlose, die sich unter Autobahnbrücken in schmutzige Decken hüllten, und prachtvolle Anwesen, die hoch oben über herrlichen Stränden thronten.

Noch einmal änderte sich die Szenerie abrupt. Ich schwebte über grünes Hügelland und sah unter mir eine Gruppe Frauen. Eine von ihnen schaute zu mir hoch und deutete auf mich. »Siehst du, die Reichen werden immer reicher und konsolidieren ihre Macht«, rief sie mir zu.

Die anderen stimmten im Chor ein: »Technik, Kontrolle. Zähmt die Natur.«

Die Anführerin hielt einen Monolog darüber, wie die Reichen und Mächtigen alles beherrschen wollen – die Menschen und die Natur. Und dabei das Leben zerstören, wie wir es kennen. »Kommerz ist für sie zum Lebensinhalt geworden – zum *einzigen*. Wir nennen sie die ›treulosen Beherrscher‹«, sagte sie.

Und immer wieder ertönte zwischendurch der Chor mit dem Refrain: »Technik, Kontrolle«, »treulose Beherrscher« und »zähmt die Natur, zähmt die Natur«. Endlich winkte mich die Anführerin weiter. »Du hast verstanden«, sagte sie. »Jetzt kannst du in deine andere Welt zurückkehren, dort wartet Arbeit auf dich.«

Und damit war es vorbei. Als ich zu mir kam, lag ich vor Taishs Haus auf dem Boden. Ich versuchte, zu begreifen, was ich gerade erlebt hatte. Mir wurde klar, dass mir eine Antwort auf die Frage gegeben worden war, warum sich die Menschen kulturell so entwickelt hatten, dass wir uns von der Natur gelöst hatten und uns nun in die Selbstzerstörung führten. Als Spezies hatten wir einen Weg eingeschlagen, um uns mehr Macht, Einfluss, materiellen Wohlstand und kulturelle Überlegenheit zu verschaffen. Der Kolonialismus prägte unsere Geschichte.

Vorsichtig zog ich mich auf meine Knie hoch, atmete mehrmals tief durch und stand auf. Ich war etwas unsicher auf den Beinen, schaffte es aber zu Taish ins Haus, der am Feuer stand. Wir tauschten einen kurzen Blick. Er zeigte auf meinen ausgerollten Schlafsack. Ich verbeugte mich vor ihm und stolperte dorthin. Als ich in den Schlafsack kroch, sah ich überrascht, dass Ehud, Juan Gabriel und Daniel neben mir lagen. Sie schliefen schon fest. Ich sah auf die Uhr und stellte erstaunt fest, dass es schon fast Mitternacht war. Seit ich das Ayahuasca getrunken hatte, waren mehr als fünf Stunden vergangen.

Am nächsten Morgen weckte mich Gelächter. Ich schaute mich um und sah, dass Ehud, Juan Gabriel und Daniel mit Taish und ein paar anderen Achuar-Männern zusammensaßen und Chicha tranken. Die Achuar lachten. Ich stand auf und setzte mich dazu. Taish erhob sich und sagte die spanischen Worte zu mir, die viele Achuar kennen: »Bien. Muy bien.« (Gut. Sehr gut.)

Ich wiederholte die Worte und bedankte mich bei ihm auf Achuar: »Makate.«

Wir tauschten noch ein paar Höflichkeiten aus, tranken weiter Chicha und aßen Bananen und gekochten Maniok. Wie nach einer Ayahuasca-Reise üblich, erzählten wir kurz, was wir erlebt hatten.

Taish lächelte, als ich meine Erfahrung geschildert hatte. »Vor dir steht ein großer Jaguar«, sagte er. »Das ist gut, denn er verleiht dir das Geschenk des Arutam.«

Bevor wir Kapawi verließen, hatte Daniel über Kurzwellenfunk arrangiert, dass uns ein Flugzeug vom nächstgelegenen Flugfeld abholen sollte, sofern es das Wetter zuließ. Wolken zogen auf, und wir mussten uns beeilen, fortzukommen, bevor der Regen einsetzte. Wir entschuldigten uns, packten unsere Sachen und machten uns auf den Weg zum Kanu.

An dem schmalen Flussstrand umarmte Daniel Juan Gabriel, Ehud und mich. Er wollte bleiben, um seine Arbeit mit den Achuar und an der Kapawi Lodge weiterzuführen.

Ich warf einen letzten Blick auf den Urwald, den Fluss und die Achuar. Diese Männer, die sich der Außenwelt so viele Jahrhunderte lang trotzig verwehrt hatten, hatten etwas sehr Wichtiges erkannt. Sie mussten ihren Jaguar berühren, sich ihrer größten Angst stellen. Mir wurde bewusst, dass meine nächtliche Besucherin recht hatte: Auf mich wartete Arbeit. Ich musste mich den treulosen Beherrschern stellen und in meiner Welt Menschen finden, die den Achuar dabei halfen, uns aus unserer »Zähmt die Natur«-Mentalität herauszuholen. Und ich musste die Angst vor Zurückweisung und Misserfolg überwinden.

Mit Ehud, Juan Gabriel und vier Achuar-Männern stieg ich in den Einbaum und machte mich auf den Weg zum Flugplatz.

Ein Achuar setzte sich neben mich. »Mir sind letzte Nacht während der Ayahuasca-Zeremonie meine Vorfahren erschienen«, sagte er auf Spanisch und zeigte zum Himmel. »Sie sind da oben. Los Sabios wachen über uns und senden uns ihren Ratschlag. Sie haben mir gesagt, dass du und deine Leute uns helfen werden, unser Land vor den Ölgesellschaften zu schützen. Und dass wir euren Leuten beibringen müssen, pfleglich mit allem umzugehen, das uns versorgt – den Pflanzen, den Flüssen und den Tieren.«

Als wir weiter den Fluss hinunterfuhren, kam mir wieder in den Sinn, was die Frau auf meiner Ayahuasca-Reise zu mir gesagt hatte: »Der Kommerz … der *einzige* Lebensinhalt … treulose Beherrscher … Es wartet

Arbeit auf dich.« Mir schien, dass ich den Auftrag erhalten hatte, einen Plan aufzustellen, den meine Welt verstehen würde. Doch wie sollte ich das anfangen?

Kapitel 17

AUGE IN AUGE MIT DEM JAGUAR

ALS WIR AN DEM KLEINEN FLUGHAFEN am Rande des Dschungels ankamen, von dem aus wir Tage zuvor gestartet waren, setzten wir uns in den Jeep, den Juan Gabriel dort hatte stehen lassen, und fuhren nach Quito. Drei Tage nachdem ich Kapawi verlassen hatte, kam ich am Miami International Airport an.

Wieder wurde ich von Zollbeamten einer Leibesvisitation unterzogen. Es war erniedrigend und erschütterte mich zutiefst. Doch diesmal war ich nicht verängstigt, sondern wütend. Während die beiden Männer grob meinen nackten Körper abtasteten, wurde mir klar, dass ich nur eine kleine Dosis dessen abbekam, was Immigranten oder US-Bürger mit anderer Hautfarbe vermutlich ständig erlebten: Diskriminierung und Misshandlung durch die Vertreter einer mächtigen Regierung. Das bestärkte mich in meiner Entschlossenheit, mich gegen ein System zu stellen, das die Hilflosen ausbeutet und misshandelt.

Während ich nach Norden fuhr, zu meinem Haus in Palm Beach Gardens, wanderten meine Gedanken von dem Erlebnis am Zoll nach Amazonien zurück – und dann zu dem Anruf bei Lynne Twist, der mir bevorstand. Die Angst, die ich in der Achuar-Hütte verspürt hatte, meldete sich zurück. Sicher würde sie gekränkt reagieren, sagte ich mir. Ich hörte sie förmlich sprechen, als säße sie neben mir im Auto: Haben Sie nicht zugehört, was ich Ihnen über mein Engagement für das Hunger Project erzählt habe? Oder: Wie können Sie mir überhaupt so eine Frage stellen?

Als ich zu Hause angekommen war, hatte ich beschlossen, jeden Gedanken an diesen Anruf auf den nächsten Morgen zu vertagen.

Beim Abendessen wollte meine Frau Winifred wissen, was ich auf der Reise alles erlebt hatte. Ich erzählte es ihr und kam nicht umhin, zu erwähnen, dass ich Angst vor dem Gespräch mit Lynne hatte.

»Was wirst du tun, wenn sie ablehnt?«, fragte Winifred.

»Ich weiß nicht. Aber vermutlich kann ich mich dann in Ecuador nie wieder blicken lassen.« Wir lachten beide. Ich hatte das im Scherz gesagt. Doch vor dem Einschlafen beschlich mich der bedrückende Gedanke, dass es durchaus so kommen konnte.

Viel zu schnell kam der nächste Morgen. Ich ging ins Büro und starrte das Telefon an – eines der ersten kabellosen Modelle. Dann schaute ich auf die Uhr. An der Ostküste war es 9:30 Uhr. Also war es in Kalifornien, wo Lynne lebte, erst 6:30 Uhr – viel zu früh, um anzurufen. Uff!

Ich ging den Stapel Post auf meinem Schreibtisch durch und zahlte ein paar Rechnungen.

Dann war es 11 Uhr – also 8 Uhr in Kalifornien. Ich wusste, dass Lynne oft schon vor 7:30 Uhr am Telefon saß.

Ich beschloss, mir eine zweite Tasse Kaffee zu holen, bevor ich sie anrief. Ich brauchte noch einen Koffeinschub.

Ich saß am Schreibtisch und trank den Kaffee so langsam ich konnte. Dabei schaute ich das Gemälde an der Wand an, das eine Straßenszene in Ecuador zeigte. Bang fragte ich mich, was ich Daniel sagen sollte, wenn Lynne ablehnte. Wie sollte ich mein Versagen den Achuar erklären? Und was würde ich meinem Verleger Ehud sagen?

Da fiel mir die Ironie dieser beiden Fragen auf. Bei der einen ging es um eine Kultur, die von ausländischen Unternehmen stark bedroht wurde, bei der anderen um persönlichen Stolz.

Ich erinnerte mich, wie ich in der achten Klasse durch eine Turnhalle gegangen und ein Mädchen zum Tanzen aufgefordert hatte. Sie hatte mich abgewiesen. Eine ganze Halle voller Menschen hatte zugesehen, ihre Schlüsse gezogen und hinter meinem Rücken über mich gelacht … Zumindest war es mir so vorgekommen.

Ich stellte meine Kaffeetasse ab, schloss die Augen und versuchte, zu meditieren. Doch immer wieder kamen in mir Gedanken an meine Angst auf, abgewiesen zu werden und zu versagen. Sie hatte mich in meinem Leben so häufig verfolgt. Dabei hatte ich am Anfang meiner Karriere doch äußerst erfolgreich Staatschefs anderer Länder überredet, die EHM-Deals anzunehmen, die ich anzubieten hatte. Auch wenn sie zunächst ablehnten, war ich am Ball geblieben. Was war denn eigentlich der Unterschied?

Ob ich nun vor einer Achtklässlerin stand und mich verletzlich, schutzlos und bloßgestellt fühlte oder ob ich an einem Konferenztisch mit den Großen und Mächtigen saß und vor mir Papiere ausgebreitet hatte – und mich in der Rüstung meines Business-Anzugs kompetent, selbstsicher und gut angezogen fühlte?

Aus diesen beiden Bildern erkannte ich, dass die Episode an der Schule persönlicher Natur gewesen war. Ich hatte mich diesem Mädchen – und einer Turnhalle voller Schulkameraden – verletzlich gezeigt, und sie hatte mich zurückgewiesen. Mich abgelehnt. Mich ganz persönlich. Bei den EHM-Deals dagegen ging es nicht um mich als Menschen. Und dieser Unterschied hatte mein Leben geprägt.

Die Angst vor persönlicher Zurückweisung, dem Urteil anderer, die Verletzlichkeit gegenüber der Meinung anderer, war für mich ein Jaguar. Lynne Twist würde mich zurückweisen. Persönlich.

Ich öffnete die Augen. Vor mir auf dem Schreibtisch lag der Speer mit dem Schlangenkopf, den mir die Achuar geschenkt hatten. Arutam.

Ich war aufgefordert, meine Angst vor Zurückweisung und Misserfolg in Tatkraft zu verwandeln.

Ich griff nach dem Speer, fühlte, wie fest und stark er war. Ich richtete die Spitze gegen meine Stirn, auf mein drittes Auge, und dann auf mein Herz. Wenn sie mir einen Korb gab, dann wegen ihres Engagements für das Hunger Project – nicht, weil sie mich als Mensch zurückwies.

Ich legte den Speer neben das Telefon und wählte Lynnes Nummer.

Sie hob sofort ab. »Gott sei Dank, Sie sind da.« Ich konnte hören, wie sie erleichtert aufatmete. »Ich versuche schon eine ganze Weile vergeblich, Sie zu erreichen. Ihr Anrufbeantworter hat mir nur mitgeteilt, dass Sie verreist sind, war aber schon voll.«

Ich atmete kräftig aus. »Ich war in Ecuador. Warum wollten Sie mich denn sprechen?«

»Ich bin gerade aus Afrika zurück, wo ich etwas sehr Seltsames erlebt habe. Das hat mir Sorgen und Angst gemacht. Ich hoffte, Sie könnten mir vielleicht helfen.«

Sie erzählte mir, sie habe auf einer Sitzung des Hunger Project in Ghana ähnliche Visionen gehabt wie seinerzeit in Guatemala.

»Ich saß mit all den Afrikanern am Tisch, als sich plötzlich ihre Gesichter veränderten. Sie waren mit geometrischen Formen bemalt und von rotem und gelbem Federschmuck umrahmt. Ich entschuldigte mich, ging auf die Damentoilette und versuchte, meine Fassung zurückzugewinnen. Doch als ich wieder am Tisch saß, begann das Ganze von vorn. Ich sagte, mir sei nicht gut, bat darum, die Sitzung verlassen zu dürfen, packte meine Sachen und nahm den nächsten Flug nach Hause, nach San Francisco.« Sie hielt inne. Ich konnte sie atmen hören. »Aber die Visionen sind noch da«, fuhr sie mit angstvoller Stimme fort. »Sie stellen mein ganzes Leben auf den Kopf! Ich weiß nicht, wie ich sie verstehen soll. Ich dachte, Sie könnten mir vielleicht helfen, Sie haben doch Erfahrung mit Schamanen.«

Ich konnte kaum glauben, was ich da hörte. Am liebsten hätte ich es herausgeschrien, doch ich zwang mich, ruhig zu bleiben. »Die Achuar«, sagte ich ins Telefon. »Sie sehen die Achuar.«

»Was?«

»Das amazonische Volk, das ich gerade besucht habe.« Ich konnte nicht sitzen bleiben. Mit dem Telefon am Ohr ging – ja, tanzte – ich im Zimmer auf und ab. »Sie rufen Sie.« In der Leitung, die sich über den ganzen Kontinent erstreckte, war es still. Unwillkürlich musste ich lachen. »Erinnern Sie sich noch? Als wir in Guatemala waren, habe ich Ihnen davon erzählt, dass die Einheimischen glauben, man müsse ›den Jaguar berühren‹?«

»Ich glaube schon.« Wieder Schweigen in der Leitung. »Ja. Es ging darum, sich den Dingen zu stellen, die man fürchtet.«

»Tja …« Ich wollte auf keinen Fall klingen wie ein Kind, das gerade einen Blankogutschein für den Süßwarenladen bekommen hatte. »Die Achuar haben mich daran erinnert, dass wir, wenn wir den Jaguar berühren, unsere Ängste und die Hindernisse erkennen, die uns im Wege stehen. Wir dürfen nicht vor ihnen davonlaufen, sondern wir müssen uns ihnen stellen und die Art verändern, wie wir sie wahrnehmen. Und dann die nötigen Maßnahmen ergreifen, um uns selbst zu verändern – und unsere Gesellschaft. Sie haben mir auf dieser jüngsten Reise verraten, dass wir es sind, die sie am meisten fürchten – unsere Ölgesellschaften, unsere Lebensweise, unseren extremen Materialismus. Sie erzählten mir, sie hätten geträumt und ihre Schamanen hätten die Bedeutung ihrer Visionen ergründet. Sie seien zu dem Schluss gekommen, dass sie uns berühren müssten – dass ihr Volk mit unserem Volk in Berührung kommen muss, damit sie einen Kontakt herstellen zur Ursache ihrer größten Ängste.«

»Der modernen Welt …«

»Ganz genau.« Ich konnte mich in meinem Enthusiasmus kaum bremsen. »Genau das ist es! Genau das haben sie gesagt.«

»Unglaublich. Sie sind also auf Sie zugekommen …«

»Auf meinen Freund Daniel und dann auf mich.«

»Auf Menschen, denen sie vertrauen.«

»Sie möchten mehr über die moderne Welt – unsere Welt – erfahren, um sich auf engere Kontakte vorzubereiten, wenn es dazu kommt. Um sich gegen die Ölfirmen zu verteidigen. Sie haben mich um Hilfe gebeten.«

»Die Prophezeiung vom Adler und vom Kondor.« Sie atmete hörbar aus. »Und weiter?«

»Ich habe ihnen gesagt, ich würde jemanden finden, der besser geeignet wäre, das zu bewerkstelligen.« Ich wartete darauf, dass sie die offensichtliche Frage stellen würde.

Sie schwieg.

»Sie.« Sie reagierte noch immer nicht. »Sie haben den idealen Hintergrund durch Ihre Fundraising-Kompetenz, Ihre philanthropische Tätigkeit, Ihre Netzwerkaktivitäten und Ihre Erfahrungen mit Menschen aus Afrika, Indien und nun auch Guatemala. Ich habe den Achuar gesagt, dass Sie vielleicht bereit wären, eine Gruppe zusammenzustellen, um mit ihnen eine partnerschaftliche Beziehung einzugehen. Ihr Volk und das unsere. Sie fanden das großartig, waren begeistert und trugen mir auf, Sie zu ihnen einzuladen – mit einer solchen Gruppe. Im Grunde war es sogar mehr als eine Einladung. Sie sagten, es sei vorbestimmt.«

Sechster Teil

Die Legende von den Evias

1994 bis 1995

Sie sollten sich fragen: Wer sind die Evias in Ihrem Leben? Wovor fürchten Sie sich? … Was müssen Sie tun, um das zu ändern? … Das müssen Sie alleine tun. Dabei kann Ihnen keiner helfen. Und nur wenn Sie es tun, werden Sie nicht mehr mit sich selbst im Widerstreit liegen.

Kapitel 18

LANDRAUB

Doch als die Einladung, oder eigentlich der »Ruf«, von diesen Ureinwohnern tief im Amazonasgebiet kam, war es ein Ruf, den ich nicht ignorieren konnte. So halfen John und ich, eine Gruppe von zwölf Reisenden aus der modernen Welt zu organisieren, die die Führer der Achuars treffen sollten. Die Gruppe war aus Menschen mit enormen Qualitäten und Integrität zusammengesetzt – Menschen mit offenem Herzen, mit weltweitem Interesse und mit Verständnis für die Wichtigkeit des Regenwaldes für die Nachhaltigkeit allen Lebens. Sie waren bescheiden genug, für die Weisheit der Ureinwohner offen zu sein, den Schamanismus und die Lebensweise der Achuar-Gemeinschaft zu achten.[8]

Lynne Twist, *Die Seele des Geldes*

NOCH WÄHREND DIESES TELEFONATS erklärte sich Lynne bereit, die Bitte der Achuar zu erfüllen. Unverzüglich begann sie, eine Liste von Leuten zusammenzustellen, die interessiert sein könnten und die die nötigen Netzwerke und Kompetenzen mitbrachten, um eine Partnerschaft zu begründen, wie sie den Achuar vorschwebte. Wir nahmen erste Kontakte auf. Doch dann funkte die Politik dazwischen: Spannungen zwischen Ecuador und Peru im Jahr 1994 über ein umstrittenes Gebiet im Regenwald, gefolgt von einem kurzen Grenzkrieg Anfang 1995, bremsten uns über ein Jahr lang aus, bis ein Friedensvertrag zwischen den beiden Ländern unterzeichnet war. Danach nahmen wir beide unsere Bemühungen wieder auf, die Personen auf Lynnes Liste zu kontaktieren.

Das war ein ordentliches Stück Arbeit für uns. Alle hatten von dem Grenzkrieg gehört. Wir mussten sie überzeugen, dass er wirklich vorbei war. Außerdem mussten wir sie vor den Beschwernissen und möglichen Gefahren einer Reise in den amazonischen Regenwald warnen. Für viele Achuar würden sie die ersten Ausländer sein, die diese zu Gesicht bekamen. Sie würden primitiv untergebracht sein. Sie würden in Kanus durch Flüsse fahren, in denen Kaimane und Anakondas lebten, und durch Urwälder wandern, in denen Jaguare, Wildschweine und Giftschlangen zu Hause waren. Es würde kein warmes Wasser geben, keine Toiletten, keine weichen Betten und keine Pagen, die sich um das Gepäck kümmerten. Sie würden in Schlafsäcken unter Moskitonetzen schlafen, die sie selber tragen mussten.

Wir wussten, wir mussten das alles ansprechen. Persönlich stellte mich das vor einen Konflikt. Einerseits war mir zwar klar, wie wichtig es war, alle potenziellen Probleme zu schildern, andererseits wollte ich sie nicht abschrecken. Ich wünschte mir verzweifelt, dass auf dieser Reise etwas Weltbewegendes passieren würde. Aber ich hatte keine Ahnung, wie das aussehen könnte. Ein besseres Wort als das, das die Achuar benutzt hatten – »Partnerschaft« – fiel mir nicht ein. Doch was bedeutete das?

In vielen Telefongesprächen und Briefen informierten Lynne und ich jeden potenziellen Teilnehmer über die Unannehmlichkeiten, Beschwernisse und Gefahren. Doch wir betonten auch die historische Bedeutung dieser Reise und die Schönheit der Region. Ich erzählte ihnen von den wunderschönen verspielten Flussdelfinen, die die Flüsse bewohnten, die sie mit dem Kanu befahren würden, von den farbenfrohen Aras, Tukanen und Schmetterlingen und den umhertollenden Affen. Sie würden Gelegenheit haben, bei einem Schamanen zu wohnen, der von seinem Volk verehrt und geachtet wurde, und bei ihm, wie wir vermuteten, Ayahuasca und Heilung finden. Sie würden sich unter die Männer, Frauen und Kinder mischen können, die sie in ihre Dörfer eingeladen hatten, weil sie eine Partnerschaft begründen wollten, die nicht nur die Einstellung der Menschen zum Regenwald verändern würde, sondern möglicherweise unsere Präsenz auf diesem Planeten. Ecuador und Peru hatten Frieden geschlossen. Diese Reise würde, so versprach ich, das Abenteuer ihres Lebens werden.

Noch einen Punkt erwähnte ich, der zumindest manchem Interessenten Mut machte. Ich konnte ihnen nämlich mitteilen, dass meine zwölfjährige Tochter Jessica mit uns kommen würde. Winifred und ich hatten mit ihr erstmals die Maya-Gebiete Mexikos bereist, als sie noch kein Jahr alt war. Seither hatten wir sie schon mehrmals in die ecuadorianischen Anden mitgenommen. In Amazonien war sie zwar noch nie gewesen, wollte jedoch unbedingt mit und Winifred und ich dachten, die Erfahrung könne ihr guttun. Ich bin mir ziemlich sicher: Das Wissen um Jessicas Teilnahme bestärkte die geladenen Mitreisenden in dem Vertrauen, dass ich alles Menschenmögliche tun würde, damit sie nicht zu Schaden kamen.

Am Ende waren außer unseren beiden ecuadorianischen Führern Daniel und Juan Gabriel noch zwölf Personen mit von der Partie: Ella Allford, Dave Ellis, Trish Waldron, Deb Emmershien, Jim Gollin, Bob Graham, Wendy Graham, Josh Mailman, Lynne Twist und ihr Mann Bill, Jessica und ich. Ein Teil der Gruppe traf sich am Flughafen in Miami, die übrigen flogen direkt nach Quito.

Die Reise ins Achuar-Territorium führte uns 1995 in dem modernen klimatisierten Bus, den wir gechartert hatten, von Quito aus über die Gipfel der Anden hinunter in den Dschungel. Der Bus stand zwar in krassem Kontrast zu der Holzkiste, in der wir 27 Jahre zuvor transportiert worden waren, aber die schlammigen Serpentinen erinnerten noch an jene Tage. Doch – womöglich, weil der Bus so komfortabel war – genossen die Mitreisenden das große Abenteuer und die atemberaubenden Aussichten über den Canyon des Río Pastaza.

Auf der einen Seite ragten schroffe Felswände auf wie die Mauern einer riesigen Festung, hie und da durchbohrt von leuchtenden Pfeilen: purpurroten Bromelien. Alle paar Kilometer ergoss sich ein kaskadierender Wasserfall über unseren Bus. Auf der anderen Seite tat sich unvermittelt ein tiefer Abgrund auf. Am Boden der Schlucht schlängelte sich der Pastaza auf den Amazonas zu.

Jenseits des Pastaza veränderte sich die Landschaft. Steilhänge, einst von üppigem tropischen Urwald überzogen, waren zerstört und vernarbt – in Ödnis verwandelt durch die Gier der Ölfirmen und Holzfäller und die Bauern, die nachrückten, sobald diese Unternehmen Straßen angelegt hatten. Als ich durch das Busfenster auf die Verheerungen schaute, stiegen in mir Erinnerungen an das Ecuador von 1968 hoch.

Texaco hatte zwar vollmundig behauptet, Erdöl sei ein Wunder, das ein armes Land in den Wohlstand katapultieren würde, doch das Wunder war zum Albtraum geworden. Aus der Szenerie, die sich uns heute bot, sprach die Ironie der modernen Wirtschaft. Weitläufige Waldgebiete waren zerstört worden, als die von Ölgesellschaften gebauten Straßen den Dschungel der Kolonisierung und Erschließung preisgaben. Aras, Jaguare, Affen, Tapire und indigene Kulturen waren immer tiefer in den Wald getrieben worden. Etwas weiter nördlich hatten die Ölgesellschaften einst unberührte Flüsse in brennende Chemiekloaken verwandelt. Die Menschen, die dort lebten, litten unter extrem hohen Krebsraten und Leukämie bei Kindern. In der gesamten Region kämpften Menschen, denen gesagt worden war, sie würden durch die »Erschließung« zu Wohlstand kommen, verzweifelt um ihr Überleben.

An einer Stelle kam die gewaltige Betonmauer des Agoyán-Wasserkraftwerks in Sicht. Daniel erklärte am Mikrofon: »Ich glaube, John möchte ein paar Worte zu diesem Staudamm sagen.«

Zögernd schälte ich mich aus meinem Sitz. Auf dem Weg nach vorne versuchte ich, meiner Emotionen Herr zu werden und die widerstreitenden Gefühle in mir zu beschwichtigen. Ich wusste nicht, wie viel ich diesen Menschen mitteilen sollte.

Daniel übergab mir das Mikro. Er bat den Fahrer, anzuhalten. Wir hielten am Straßenrand an einer Stelle, die freien Blick auf die monumentale graue Mauer bot.

»Nun, das gehört zu meiner Geschichte als Wirtschaftsberater …«, setzte ich an und betrachtete dabei das Mikrofon in meiner Hand. Ach, was sollte es! »Wir bezeichneten uns damals selbst scherzhaft als Agenten im Auftrag der Wirtschaft.« Zum ersten Mal sprach ich das öffentlich aus. Dann umriss ich kurz meine Arbeit. »Hier in Ecuador waren wir vor allem mit dem Bau von Stromnetzen befasst.« Ich zeigte aus dem Fenster. »Dieser Staudamm wurde zwar erst in den 1980er-Jahren fertiggestellt, doch die Planung begann schon in den 1960er-Jahren. Nach einem Putsch im Jahr 1972 erklärte sich der neue Diktator, General Lara – Absolvent der School of the Americas und der CIA-Mann in Ecuador –, bereit, von der Weltbank und der Interamerikanischen Entwicklungsbank Kredite aufzunehmen, um Staudämme und andere Infrastruktur zu bauen. US-Unternehmen verdienten Millionen an den ausgesprochen lukrativen Planungs- und Bauaufträgen, die sie mit häufig korrupten ecuadorianischen Regierungsvertretern aushandeln konnten. Ein paar wohlhabende Ecuadorianer, die stromabhängige Fabriken oder andere Unternehmen besaßen, wurden superreich. Die schlechte Nachricht war: Um die Kreditzinsen zu zahlen, wurden die Kassen für Bildung, Gesundheitswesen und andere Sozialleistungen geplündert, von denen alle Ecuadorianer etwas gehabt hätten. Die Kredite waren unter anderem an die Bedingung geknüpft, dass Ecuador Texaco und anderen Ölfirmen erlauben würde, tiefer in den Regenwald vorzudringen.« Ich schaute meinen Mitreisenden ins Gesicht. »Das war Kolonialismus, wie er im Buche steht«, erklärte ich. »Die USA bauten ein Weltreich auf – in Asien, im Nahen Osten, in Lateinamerika und in Teilen Afrikas. Heute leben in den USA nicht einmal 5 Prozent der Weltbevölkerung, doch wir konsumieren über 20 Prozent der globalen Ressourcen.«

»Was genau meinen Sie mit ›Kolonialismus‹ und ›Weltreich‹?«, fragte eine Frau von ganz hinten im Bus.

»Wenn ein Land in ein anderes Land oder eine Kultur vordringt und Wirtschaft, Grund und Boden, Ressourcen, Menschen und Regierungssystem übernimmt, dann ist das Kolonialismus«, entgegnete ich. »Ein Weltreich zeichnet sich durch mehrere Merkmale aus, doch die wichtigsten fünf sind: Es kolonisiert viele andere Länder oder Kulturen, seine Bürger verbrauchen pro Kopf einen unverhältnismäßig großen Anteil an den Ressourcen, seine Sprache wird als Gemeinsprache akzeptiert und in Handel und Politik verwendet, sein Geld ist die vorherrschende Währung und seine Streitmacht ist groß und jederzeit bereit, die Interessen des Weltreichs überall zu verteidigen.«

»Das hört sich ganz nach den modernen Vereinigten Staaten an«, meinte ein Mann.

Ich konnte nur mit dem Kopf nicken und mit letzter Kraft die Gefühle zurückhalten, die mir die Stimme raubten.

Mehrere Mitreisende stöhnten auf.

»Sie sind also wiedergekommen, um Schaden wiedergutzumachen«, stellte die Frau von ganz hinten fest.

Daniel wies den Fahrer an, weiterzufahren. Der Bus machte einen Satz. Ich verlor das Gleichgewicht, doch Daniel fing mich auf.

»Der Staudamm schlägt zurück«, sagte ich, als ich wieder festen Stand hatte.

Alle lachten – eine willkommene Auflockerung.

»Darf ich Ihnen eine vielsagende Geschichte erzählen?«, fragte ich. »1978 fanden nach einer langen Periode mit von der CIA gestützten Diktatoren demokratische Wahlen statt. Präsident wurde ein Anwalt namens Jaime Roldós, der im Wahlkampf versprochen hatte, den Ölfirmen Einhalt zu gebieten und sie zu zwingen, Umweltschäden zu beheben, die sie hinterlassen hatten, und ihre Gewinne mit den Ecuadorianern zu teilen. Mit anderen EHMs wurde ich hergeschickt, um Roldós zum Umdenken zu bewegen. Er sollte seine Wahlversprechen brechen. Das versuchten wir mit Zuckerbrot und Peitsche: Wir lockten ihn mit finanziellen Vorteilen und drohten mit der CIA, mit Staatsstreichen und Attentaten.« Die Worte blieben mir im Hals stecken. Wieder stand ich da und konnte kaum weitersprechen.

Daniel nahm mir das Mikrofon ab. »Präsident Roldós starb beim Absturz seines Privatflugzeugs.«

Ich beugte mich zum Mikrofon. »Ich bin mir ganz sicher: Er wurde ermordet.« Ich schaute mich im Bus um. »Das sollte für den Augenblick genügen.«

Ich setzte mich neben Jessica.

»Gute Arbeit, Dad«, sagte sie und klopfte mir auf den Oberschenkel.

Den Rest der Fahrt schaute ich schweigend aus dem Fenster. Ich konnte hören, wie sich die anderen darüber unterhielten, was ich ihnen erzählt hatte. Ich wusste, sie hatten Fragen. Aber ich war nicht in der Stimmung, mehr über diese dunklen Seiten meines Lebens und meines Landes zu verraten, was sie offenbar verstanden. Schließlich kamen wir in Shell an, einer kleinen Stadt, die um ein Flugfeld herum angelegt worden war, das die gleichnamige Ölgesellschaft gebaut hatte. Inzwischen wurde es vom ecuadorianischen Militär als zentraler Stützpunkt für seine Einsätze in Amazonien genutzt – und von den Söldnern, die den Betrieb der Ölgesellschaften sicherten.

Wir kletterten aus dem Bus und sammelten uns in einem der Hangars. Dort warteten wir auf unseren Flug zu einem anderen unbefestigten Flugfeld, das allerdings neuer war als jenes, auf dem ich bei meiner früheren Reise gelandet war. Es lag bei einem Ort, wo Kichwa und Shuar lebten, und befand sich näher bei Kapawi.

Während wir warteten, erzählte ich der Reisegruppe, was mir seit meinem letzten Besuch bei den Achuar immer öfter im Kopf herumging. Ich erklärte ihnen, sie würden bald Menschen begegnen, die so lebten, wie die meisten Menschen fast ihre gesamte Geschichte hindurch gelebt hatten. »Es gibt uns nun schon seit ungefähr 200 000 Jahren. Und bis auf die letzten 3000 bis 4000 Jahre lebten unsere Vorfahren stets im Einklang mit der Natur. Ihre Lebensweise – ihre Wirtschaft – war darauf ausgerichtet, ihre Kinder und Kindeskinder und viele weitere Generationen zu versorgen. Die Menschen, die Sie in Kürze kennenlernen werden, wollten sie hier haben, weil sie begriffen haben, dass unser modernes Leben – unsere Art, zu wirtschaften – auf kurzfristigen, gierigen und letztlich selbstzerstörerischen Vorstellungen beruht. Sie haben die schrecklichen Verheerungen gesehen, die die Erschließung von Ölquellen und der Bau von Straßen, Pipelines, Arbeitercamps und anderer Infrastruktur durch die Unternehmen ihren indigenen Nachbarn zugefügt haben. Sie möchten, dass wir bei unserer Abreise die Botschaft mitnehmen und in die moderne Welt hinaustragen, dass wir uns ändern und die Zerstörung aufhalten müssen.«

»Ganz richtig«, pflichtete mir Daniel bei. »Und ich möchte noch erwähnen, dass manch andere Volksgruppen in der Gegend, durch die wir kommen, neidisch sind, weil wir eine Lodge bei den Achuar bauen – ziemlich weit von ihren Siedlungen entfernt. Sie hätten sie lieber in ihrer Nähe gehabt, an einem weit weniger attraktiven Standort. Wundern Sie sich daher bitte nicht, wenn sie uns nicht besonders freundlich gesinnt sind.«

Kapitel 19

PIRANHAS

UM ALLE MITREISENDEN, unser Gepäck und die Vorräte unterzubringen, die wir für unseren Aufenthalt im Dschungel brauchten, hatten wir drei kleine Flugzeuge gechartert. Vor unserem Aufbruch hatte Winifred darauf bestanden, dass Vater und Tochter nicht in derselben Maschine sitzen durften. Sie hatte kein großes Vertrauen in die kleinen Flugzeuge. Wenn eines abstürzte, sollte zumindest nur einer von uns darin sitzen. Daniel teilte die drei Gruppen entsprechend ein. Jessica flog mit ihm in der ersten Maschine. Ich saß in der zweiten, Juan Gabriel, Lynne und Bill in der dritten.

Als wir den endlosen Regenwald überflogen, freute ich mich, wieder in dieses Land zurückzukehren, das ich so liebte. Doch dann gingen meine Sorgen mit mir durch. Ich dachte daran, was alles schiefgehen könnte. Vielleicht würde ein Flugzeug abstürzen. Oder die Kichwa würden uns überfallen. Ein Kanu könnte kentern, sodass jemand ertrinken würde. Ich wurde die Angst nicht los, dass der Partnerschaftstraum der Achuar zum Albtraum werden könnte.

Nach einer Flugstunde machte ich im Dschungel eine Lichtung aus, einen schmalen Erdstreifen zwischen den Bäumen – unsere Landebahn. Während der Pilot kreiste, schaute ich nach unten und atmete auf: Jessica, Daniel und ihre Gruppe stiegen gerade aus dem Flugzeug. Sie waren in Sicherheit!

Wir landeten ebenfalls und unsere beiden Gruppen begrüßten sich überschwänglich. Jessica umarmte mich. »Der Urwald hat mich total beeindruckt. Er ist so riesig und wunderschön«, sprudelte es aus ihr heraus, während ich sie im Arm hielt.

Vier Achuar-Männer halfen uns, unsere Flugzeuge zu entladen. Wir sortierten gerade unsere Ausrüstung und schnallten unsere Rucksäcke an, als einer der Piloten besorgt zu uns herübereilte.

»Ich hatte gerade Funkkontakt mit dem Kollegen in der dritten Maschine.« Er zeigte hektisch auf die dunklen Wolken, die sich in der Ferne am Himmel zusammenbrauten. »Ein Unwetter hat sie zur Landung gezwungen.« Er bekreuzigte sich.

»Geht es ihnen gut?«, wollte Daniel wissen.

»Ich glaube schon. Sie sind auf dem Flugplatz einer Missionsstation gelandet.«

Mit sorgenvollen Gesichtern drängten sich unsere Mitreisenden um uns. Alle schauten in die Richtung, in die der Pilot gezeigt hatte. Die unheilvollen Wolken kamen rasch auf uns zu.

»Ist Bill und Lynne etwas passiert?«, fragte jemand.

»Sollten wir nicht zurückfliegen und sie suchen?«, schlug ein anderer vor.

»Immer mit der Ruhe«, meinte Daniel und erklärte, was passiert war. »In dieser Gegend müssen Flugzeuge witterungsbedingt häufiger woanders landen als geplant.« Er brachte ein Lächeln zustande. »Die anderen kommen nach, sobald es aufklart.«

Wie gern hätte ich seine Zuversicht geteilt.

Er nahm die Achuar-Männer zur Seite und beriet sich leise mit ihnen. Dann kam er wieder zu uns. »Gehen wir zur Lodge voraus. Dann können wir uns noch einrichten, bevor es dunkel wird.«

Er führte uns über einen Pfad in die nächstgelegene Siedlung. Wir näherten uns den palmwedelgedeckten Hütten von Menschen, die uns, wie uns Daniel gewarnt hatte, möglicherweise übel nahmen, dass wir unsere Lodge nicht näher bei ihnen bauen wollten. Dort kamen wir uns vor, als hätten wir eine Geisterstadt betreten. Niemand begrüßte uns. Kein Mensch ließ sich blicken. In den Eingängen der Hütten standen ein paar verwahrloste Hunde, die die Zähne fletschten und uns anknurrten. Ansonsten rührte sich nichts. Das war eigenartig, unüblich und verstörend. So etwas hatte ich in einer indigenen Siedlung noch nie erlebt.

Der Schweiß brach mir aus und rann mir über Gesicht, Arme, ja, den ganzen Körper – und zwar nicht nur wegen der tropischen Temperaturen.

»Verdammt«, murmelte Daniel. »Die Leute hier begreifen einfach nicht, dass wir versuchen, sie und ihren Dschungel zu beschützen – genau wie die Achuar, bei denen wir die Lodge bauen. Ihre lange, von Ausbeutung geprägte Geschichte hat sie Ausländern gegenüber misstrauisch gemacht.« Ich spürte, dass er kein gutes Gefühl hatte.

»Wirkt irgendwie feindselig«, meinte ich.

Er nickte. »Sie beobachten uns, aber wir können sie nicht sehen.«

Endlich hatten wir die Siedlung hinter uns. Dann liefen wir noch etwa zehn Minuten lang über einen Dschungelpfad zum Río Pastaza.

Dieser war hier mächtiger als dort, wo ich ihn Monate zuvor zum ersten Mal gesehen hatte – so breit wie ein Fußballplatz und sogar noch wilder. Unwillkürlich dachte ich daran, wie damals meine Shuar-Freundin Yahanua bedroht worden war.

Ich stand abseits von der Gruppe und schaute auf das unruhige Wasser und die bedrohlich dunklen Wolken, die uns inzwischen fast eingeholt hatten. Meine Gedanken waren bei Yahanua und bei Bill und Lynne und ihrer Gruppe. Mitten im Fluss trieb ein Nest aus knorrigen Zweigen. Es sah aus wie der nasse Haarschopf eines ertrunkenen Riesen. Plötzlich geriet es in einen Strudel. Sekunden später tauchte es 15 oder mehr Meter weiter flussabwärts wieder auf, wurde in die Luft gewirbelt und klatschte zurück auf das schäumende Wasser. Ich fragte mich, was Yahanua wohl sagen würde. Würde sie in der Gewalt dieses Stroms ein Omen sehen? Und in dem Wust aus Zweigen ein Symbol für das dritte Flugzeug – oder gar für unsere ganze Gruppe?

Die schwarzen Wolken, der brodelnde Fluss, die bedrückende Atmosphäre ließen mich an *Herz der Finsternis* von Joseph Conrad denken. War ich wie Conrads Stationsleiter Kurtz, der im Kongo des 19. Jahrhunderts für eine europäische Elfenbeingesellschaft arbeitete, und drängte diesem Land die Düsternis, Grausamkeit und Barbarei auf, die Conrad sarkastisch als »Zivilisation« bezeichnete? Für ihn war dieser Begriff eine Ausrede für die Kolonisierung von Völkern mit Ressourcen, die England begehrte. Auch ich brachte Menschen aus einem Land hierher, das auf eine lange Geschichte der Gewalt gegen indigene Völker zurückblickte. Würde das, was ich hier tat, womöglich noch mehr Schaden und Leid anrichten? Würden mich meine Wiedergutmachungsversuche noch tiefer in die Finsternis stürzen – und mit mir alle anderen, ob Achuar oder Amerikaner?

»John!« Daniels Stimme riss mich aus meinen Grübeleien. Er stand mit dem Rest der Gruppe bei einem großen Einbaum und winkte mich ungeduldig heran.

Ich ging am Flussufer entlang, versuchte, die düsteren Gedanken aus meinem Kopf zu verbannen, und rief mir ins Gedächtnis, dass wir hier waren, weil uns die Achuar dazu aufgefordert hatten. Weil sie mit uns eine Partnerschaft eingehen wollten. Dennoch stand mir hartnäckig das Bild des einsamen, verzweifelten, verlassenen Kurtz vor Augen. Und ich hörte förmlich die eindringlichen letzten Worte Marlon Brandos in seiner Rolle als sein Pendant in *Apocalypse Now*, einer modernisierten Filmadaption über den Versuch der USA, Vietnam zu kolonisieren. »Das Grauen«, murmelt Brando im Sterben, und noch einmal: »Das Grauen.«

Als ich zu Daniel stieß, stand er noch neben dem Kanu. Alle anderen saßen schon, schauten auf das aufgewühlte Wasser und versuchten erst gar nicht, ihre Furcht zu verbergen.

Ich kletterte in den Einbaum. Daniel setzte sich neben mich an den Bug. Er zeigte auf ein zweites Kanu, das etwas weiter flussabwärts am Ufer lag. Daneben standen ein paar Männer. »Das sind Leute aus der Siedlung, durch die wir gerade gekommen sind«, sagte er.

»Die unfreundliche?«

»Ja, aber sie waren nicht dort. Sie kommen gerade vom Fischen. Ich habe ihnen Geld gegeben, damit sie Bill, Lynne und ihre Gruppe nachbringen, sobald sie gelandet sind.«

»Traust du ihnen?«

»Wenn es um Geld geht, schon. Das gilt sogar hier im Dschungel.« Er stand auf, stützte sich dabei mit einer Hand auf meine Schulter und wandte sich zu den anderen um. »Das hier ist immer noch der Río Pastaza«, brüllte er, um das donnernde Wasser zu übertönen. »Er sieht hier ganz anders aus, aber es ist derselbe zauberhafte Fluss, den Sie schon im Canyon in den Bergen gesehen haben.« Ich wusste, er wollte sie beruhigen.

»Der mit dem Damm bei Agoyán?«, fragte einer.

»Genau der.« Er lachte und setzte sich wieder neben mich.

Der Damm bei Agoyán löste bei mir ganz andere Assoziationen aus. Ich hatte diesen Fluss verdammt – und damit auch mich selbst. Ich saß in einem Käfig aus Schuld und Verleugnung.

Daniel gab dem Achuar am Heck des Einbaums ein Zeichen. Dieser betätigte mehrmals den Starterzug des altersschwachen Außenbordmotors, der nicht gleich anspringen wollte.

Alle Köpfe drehten sich zu dem Mann am Heck.

Er zog kräftiger, wieder und wieder. Der Motor stotterte und erstarb.

Ein zweiter Achuar kam ihm zur Hilfe. Nach rund einem Dutzend Versuchen sprang der Motor an. Er keuchte wie ein Lungenkranker. Schlimmer noch – er war zu schwach, um uns aus dem Schlamm zu ziehen.

Da sprang Daniel ins Wasser und gab dem Einbaum einen Stoß. Langsam entfernte sich der Bug vom Ufer. Daniel kletterte ins Boot zurück und wir steuerten auf den Fluss hinaus.

»Flussaufwärts muss es ganz schön gestürmt haben«, rief mir Daniel ins Ohr. »Die Leute kriegen was geboten für ihr Geld.«

Hoffentlich nicht zu viel, dachte ich. Immer wieder trieben Baumstämme gefährlich nahe auf uns zu. Die dunklen Wolken verhießen einen Regenguss, wie ich ihn bei unserem früheren Besuch erlebt hatte.

Während wir durch die wilden Wasser tuckerten, drängten sich mir immer wieder Bilder vom Agoyán-Damm auf, Fernsehbilder von der zerschellten Maschine von Roldós und von den furchtbaren schwarzen Ölseen, die den Dschungel nördlich von uns überschwemmten. Darüber klang Brandos Stimme: »Das Grauen.«

Da drehte unser Einbaum scharf ab und fuhr unter einem gewaltigen Ast durch, der sich über uns wölbte. Plötzlich änderte sich das Bild. Der

Fluss wurde schmal, das Wasser ruhig. Wir hatten den Pastaza hinter uns gelassen. Der Motor lief leiser, alles wurde ruhiger.

Daniel erhob sich und wandte sich zu den anderen um. »Der Capahuari«, sagte er mit breitem Lächeln. »Ein herrlicher Fluss zum Schwimmen. Bis zur Lodge ist es nicht mehr weit.«

»Gibt es hier Piranhas?«, fragte jemand.

»Schon«, entgegnete Daniel, »aber die sind harmlos. Kleine Fische vergreifen sich nicht an großen Tieren wie uns.«

Ich griff nach seiner Hand und zog mich zu ihm hoch. Es gab wohl kaum eine bessere Gelegenheit, unsere Mitreisenden von ein paar tief verwurzelten Vorurteilen zu befreien, die ihnen Angst machten. »Dass Piranhas Menschen fressen, ist ein Mythos, der auf Präsident Teddy Roosevelt zurückgeht, wie ich gelesen habe. Ein paar Brasilianer haben damals einen Flussabschnitt abgesperrt und dort eine Schule Piranhas tagelang ohne Futter gehalten. Als Roosevelt ankam, führten sie ihn zum Flussufer und trieben eine Kuh oder Ziege hinein. Die ausgehungerten Fische stürzten sich auf sie und fraßen sie bei lebendigem Leibe. Und prompt schrieb Roosevelt später über die bösartigen menschenfressenden Piranhas des Amazonas.«

»Sind Sie da sicher?«, wurde gefragt.

»Dass die Piranhas ungefährlich sind? Hundertprozentig.« Nach einer kurzen Pause setzte ich hinzu: »Ich habe zwar gehört, wenn eine Schule nach einer Überschwemmung in einer Pfütze zurückbleibt und kurz vor dem Verhungern ist, soll es zu solchen Szenen kommen, wie Roosevelt sie beobachtet hat. Doch ich kenne keinen, der das schon erlebt hätte.«

»Ich bin schon mit Tausenden Piranhas geschwommen. Kein Mythos sind allerdings die herrlichen rosa Flussdelfine, die es hier gibt. Hoffentlich leisten sie uns Gesellschaft, wenn wir später schwimmen gehen. Sie sind sehr zutraulich.«

Vom Ufer her breiteten Bäume ihre Äste über unser Kanu und verdeckten die dunklen Wolken. Unser Steuermann schaltete den Motor ab und ließ uns treiben, damit wir die Vögel singen hören konnten. Hinter mir setzten angeregte Unterhaltungen ein. Als ich mich umdrehte, sah ich, dass meine Reisegefährten fasziniert beobachteten, wie über ihnen eine Schar plappernder Papageien flog und am Ufer weiße Reiher wateten. Jeder schien auf irgendetwas zu zeigen: auf die riesigen Bäume am Ufer, die farbenprächtigen Helikonien, die zum Wasser herunterhingen, die fluoreszierenden blauen Morphofalter, die mitunter auf unserem Kanu landeten, und eine Brüllaffenfamilie in einem nahen Baum.

Einmal kam eine Gruppe nackter Achuar-Kinder die an einer steilen Uferstelle in den Lehm geschnittenen Stufen herunter und beobachtete uns stumm, bis wir hinter der nächsten Biegung verschwanden.

Dann waren wir auch schon am Ziel – an der Schleife des Capahuari, wo mich Daniel bei meinem ersten Besuch überredet hatte, den Achuar zu helfen. Die Sonne schien wieder, die Wolken hatten sich ebenso schnell verflüchtigt, wie sie aufgezogen waren. Eine ganze Gruppe Achuar-Männer nahm uns in Empfang. Ihre Gesichter waren mit orangefarbenen und schwarzen Symbolen bemalt, bis auf die Perlenketten waren ihre Oberkörper nackt und sie trugen die traditionellen knöchellangen Röcke und gelben und roten Federschmuck auf den Köpfen. Sie halfen uns an einem neu gebauten Dock aus dem Boot. Dann führten sie uns über eine erhöhte Promenade zu einer einsamen Plattform, die sie auf Pfählen in den See gebaut hatten, den der Fluss in einer Biegung bildete. Die Plattform war rundherum offen, hatte aber ein Dach aus Palmwedeln. Daniel erklärte, hier würde später die Bar der Lodge eingerichtet werden. Doch vorerst sollten wir hier untergebracht werden – auf einer künstlichen Insel hoch über dem Wasser.

Nachdem er uns herumgeführt hatte, erklärte er, dass es in wenigen Stunden dunkel sein würde. Er schlug vor, unsere mitgebrachten Moskitonetz-Zelte auszupacken und uns unter dem Palmwedeldach häuslich einzurichten, damit es sich die dritte Gruppe gleich bequem machen konnte, sobald sie ankam.

Die Stimmung hatte sich sichtlich gebessert … bis Daniel uns unterbrach, als ich mit Jessica gerade unser Zelt aufbaute. Er zog mich besorgt zur Seite. »Die dritte Maschine ist gelandet«, meinte er. »Ich habe sie gehört, als ich die Gruppe herumgeführt habe – vor mehr als eineinhalb Stunden. Eigentlich müssten sie längst hier sein.«

»Glaubst du, es ist etwas passiert?«

»Weiß nicht, aber ich hatte kein gutes Gefühl, als wir durch diese Siedlung kamen.« Er verstummte. Dann sagte er: »Ich nehme das Kanu und fahre hin. Dann weiß ich mehr.«

»Was ist mit den Achuar, die uns begleitet haben?«

»Die sind in ihr Lager zurück. Ich sehe zu, ob ich sie unterwegs auflesen kann.«

»Ich komme mit dir.«

»Nein, nein. Du bleibst hier. Wir wollen die Leute nicht beunruhigen. Wenn einer fragt, dann sagst du, ich hätte befürchtet, dass vielleicht kein Kanu mehr da sein könnte, und deshalb unseres genommen, um Bill, Lynne und die anderen abzuholen.« Er lächelte gezwungen. »Vielleicht stimmt das ja sogar.«

Ich wusste, dass er das nicht wirklich glaubte. Wir hatten beide das andere Kanu am Flussufer liegen sehen – mit den Kichwa-Männern, die er angeheuert hatte, um unsere Leute herzubringen.

Kapitel 20

DIE ENTFÜHRUNG

ECUADOR HEISST SO, weil das Land auf dem Äquator liegt. Deshalb geht die Sonne das ganze Jahr über jeden Tag gegen 18:30 Uhr unter.

Als es dunkel wurde, übermannte mich die Nervosität. Daniel war fort. Die Achuar waren fort. Wir hatten kein Kanu und saßen fest. Ich wagte nicht, Jessica oder sonst jemandem von meinen Ängsten zu erzählen. Was konnte ich tun? Was war wohl wirklich geschehen? War das Flugzeug abgestürzt? Hatte es einen Gewaltausbruch gegeben? Ich wusste nur: Daniel war schon fast eineinhalb Stunden unterwegs und hatte das Flugzeug bereits weitere eineinhalb Stunden früher landen hören.

Ich ging zu Jessica, versuchte, unbeschwert zu klingen, und bat sie, sich ein paar Leute zu suchen und auszupacken, was wir fürs Abendessen brauchten.

»Was ist denn los, Dad?« Ihre Stimme verriet, dass sie ebenfalls Angst hatte.

»Es ist alles in Ordnung, ganz bestimmt.«

Sie warf mir einen zweifelnden Blick zu. »Komm schon, Dad. Ich kenne dich doch.«

»Also gut, ich mache mir Sorgen. Aber wir dürfen die anderen nicht beunruhigen.«

»Ich gebe mir alle Mühe«, sagte sie, ohne mich weiter zu bedrängen.

Und ich wusste, das würde sie. Das gab mir Auftrieb. Ich lief zu der Promenade am Dock zurück. Auf dem Weg kam ich an einem kleinen Werkzeugschuppen vorbei. Er war nicht abgeschlossen. Darin lehnte eine Machete an der Wand. Ich war Kampfsportler und hatte seit Jahren den schwarzen Gürtel. Vielleicht war dafür jetzt der richtige Zeitpunkt … Ich griff nach der Machete und ging weiter.

Da hörte ich ein Geräusch.

Ein Motor. Das schwache, aber vertraute Husten des alten Außenborders von unserem Kanu. Hoffnung wallte in mir auf … Ich ging weiter auf die Promenade zu und fiel schon in einen Laufschritt, als mir plötzlich bewusst wurde: Ich konnte doch gar nicht wissen, wer in dem Einbaum saß. Vielleicht waren es Krieger aus dem feindlichen Dorf, die uns töten wollten. Als die Promenade zum Dock hin abbog, verlangsamte ich meinen Schritt und festigte meinen Griff um die Machete. Dann blieb ich stehen.

Im Dämmerlicht tauchte der Bug des Einbaums auf. Er hielt auf mich zu und wirkte unscharf und surrealistisch. Ich stützte mich auf einem Knie ab und versuchte angestrengt, mehr zu erkennen. Das Boot kam näher. Darin zeichneten sich geisterhafte Silhouetten ab. Eine stand am Bug und schwenkte etwas. Einen Speer?

Ich hob meine Machete.

Es waren Arme. Der Mensch am Bug winkte mit den Armen.

»Hola.« Das war unverkennbar Daniels Stimme.

Ich erhob mich. Er hielt sich am Bug fest, winkte und rief. Rechts hinter ihm standen Juan Gabriel, Bill und Lynne. Auch sie winkten. Ich konnte immer mehr Gesichter erkennen – unsere Leute und dahinter ein paar der Achuar, die schon zuvor unser Kanu begleitet hatten. Alle winkten.

Als sie am Dock anlegten, zählte ich durch. Sie waren vollzählig, riefen und lachten. Ich senkte die Machete. Als wäre ein tonnenschweres Gewicht von mir abgefallen, rannte ich zum Boot.

Daniel warf mir ein Seil zu. Ich half beim Anlegen.

»Wann gibt's Abendessen?«, fragte Juan Gabriel.

»Was war denn los?«

»Frag sie.« Daniel zeigte hinter sich, wo die übrigen die hölzerne Plattform erklommen.

»Wir sind entführt worden«, sagte jemand.

Ich schaute Daniel an. »Na ja, quasi«, sagte er und runzelte die Stirn.

Auf dem Weg zu unserem Camp, wo Jessica und die anderen warteten, erzählte mir Daniel, was passiert war – unterstützt von Bill und Lynne. Offenbar war der Häuptling der Siedlung auf der Jagd gewesen, während unsere ersten beiden Gruppen das Dorf passierten. Als die dritte Gruppe landete, war er wieder zurück und hatte eine Menge Chicha intus. Er bestand darauf, dass alle ins Gemeinschaftshaus kommen und mit ihm Chicha trinken sollten. Nach etwa einer Stunde – und mehr Chicha, als ihnen lieb war (doch sie hatten sich nicht getraut, abzulehnen) – erklärte er ihnen, dass sie in seinem Dorf übernachten sollten. Er wies auf eine kleine Hütte, die Bill zufolge »aussah wie ein baufälliger, primitiver Geräteschuppen – der auf Lynne und mich alles andere als einladend wirkte«.

Nach ein paar Stunden, die ihnen endlos vorgekommen waren, erschien Daniel. »Stocksauer«, erzählte einer. Er versicherte der Dorfgemeinschaft, diese Leute seien gekommen, um ihnen zu helfen – nicht nur den Achuar, sondern allen Amazonas-Nationen. Sie hätten zur Lodge gebracht werden sollen, erklärte er, und dass er mehrere Männer genau dafür bezahlt habe. Es folgte eine hitzige Diskussion.

Schließlich hatte sich Daniel an die Gruppe gewandt. »Packt eure Sachen, und dann nichts wie weg hier«, hatte er gesagt und sie zu seinem Kanu geführt, bei dem ein paar der Achuar-Männer warteten, die er auf dem Weg eingesammelt hatte.

Eine haarsträubende Geschichte – eines der vielen seltsamen Erlebnisse auf dieser abenteuerlichen Reise. Einer meinte, das sei ein guter Stoff für einen Film. Mir drängte sich ein schwärzerer Gedanke auf. Sobald ich Gelegenheit hatte, nahm ich Daniel zur Seite und erklärte ihm, dass ich befürchtete, die sogenannte »Entführung« könne der Reisegruppe einen denkbar schlechten Eindruck von Kapawi vermitteln.

»Ich glaube, genau das wollte der Häuptling damit erreichen und uns so alles kaputtmachen.«

»Ach, darum ging es ihm?«, fragte ich.

»Bei dem kann man nie wissen. Er ist zur Hälfte Kichwa, zur Hälfte Shuar – beides traditionell Feinde der Achuar. Obwohl die Leute allmählich begreifen, dass ihre eigentlichen Feinde die Ölgesellschaften sind, sind sie noch ihrer alten Denkweise verhaftet. Männer wie er vergrößern durch solche Manöver ihre Macht.«

»So etwas gibt ihm Macht?«

»Zumindest glaubt er das.«

»Und wie erreichen wir, dass sich unsere Gruppe wieder wohler fühlt?«

»Warte nur ab«, meinte Daniel zuversichtlich. »Der heutige Abend wird etwas ganz Besonderes.«

Nach dem Abendessen brachte er die Gruppe wieder zum Kanu. Der Achuar-Steuermann fuhr uns den Capahuari hinauf. Daniel bat ihn, den Motor abzustellen. Als der Einbaum lautlos zur Lodge zurücktrieb, erhob sich Daniel. »Sie werden gleich Zeuge eines fantastischen Schauspiels, wie es nur wenige Menschen je erleben«, sagte er. Er zeigte in eine Richtung. »Dort ist das Kreuz des Südens.« Dann drehte er sich um 180 Grad. »Und da der Große Wagen. Wenn Sie den beiden Sternen am Ende des Großen Wagens folgen, können Sie den Polarstern erkennen. Nur am Äquator kann man das Kreuz des Südens und den Polarstern gleichzeitig sehen.« Er zeigte uns noch andere Sternbilder und erzählte ein paar der alten Legenden, die sich um sie ranken – solche aus der griechischen und römischen Mythologie ebenso wie die der Achuar.

An jenem Abend auf dem friedlichen, sternenhellen Fluss erzählte uns Lynne, was in ihr vorgegangen war, als sie aus dem Dorf befreit worden waren und die Achuar in dem Kanu sahen, die Daniel mitgebracht hatte. Ihre Gesichter waren genau dieselben, die sie in ihren Visionen in Guatemala und Ghana gesehen hatte – Gesichter von Männern mit gelbroten Federkronen, deren Gesichter mit orangefarbenen und schwarzen

Mustern bemalt waren. »Da wusste ich: Ich muss alles tun, um eine Partnerschaft mit ihnen aufzubauen.«

Als wir an diesem Abend in die Sterne schauten, nahm ich Jessicas Hand. Ich hatte das Gefühl, einen Initiationsritus zu durchlaufen. Dass die Initiation noch längst nicht vorbei war, konnte ich nicht ahnen.

Kapitel 21

DAS MISSVERSTÄNDNIS

AM NÄCHSTEN TAG unternahm die ganze Gruppe eine Wanderung durch den Urwald. Wir blieben oft stehen, damit Daniel und einer unserer Achuar-Führer erklären konnten, wozu die verschiedenen Pflanzen und Bäume verwendet wurden: manche als Nahrung oder Arznei, andere zur Fertigung von Werkzeugen, Waffen, Kanus und Schmuck, noch andere für den Bau von Hütten und Häusern.

»Der Dschungel liefert alles«, erzählte Daniel. »Viele moderne Pharmazeutika werden aus Pflanzen des Regenwaldes gewonnen. Ein Beispiel dafür ist Curare, ein Pflanzenextrakt, das die Jäger Amazoniens auf die Spitzen ihrer Blasrohrpfeile aufbringen.«

»Giftpfeile!«, rief einer.

»Viel sicherer«, entgegnete Daniel. »Die Leute hier sind nicht so dumm, ein Tier zu vergiften, das sie essen möchten. Curare lähmt Affen und Vögel, sodass sie von den Bäumen fallen. Das Mittel und seine Derivate werden seit über 100 Jahren im Rahmen der modernen Anästhesie in Krankenhäusern eingesetzt.«

Unser Achuar-Führer brachte uns zu einem riesigen Baum gleich neben dem Pfad. Als er mit seiner Machete die Rinde anschnitt, quoll eine rote Flüssigkeit hervor. Es sah aus, als ob der Baum blutete.

»Sangre de Drago«, erklärte Daniel. »Das perfekte Antiseptikum.« Er sah sich um. »Hat jemand einen Kratzer?«

Eine der Frauen trat vor. »Ich habe mich hier aufgeschürft«, sagte sie und hielt ihren Arm hoch.

Daniel nahm ein Stöckchen, schabte etwas von der roten Flüssigkeit auf seinen Finger und rieb es auf ihren Kratzer. Wie durch Zauberei verwandelte es sich in eine weiße Creme.

»Fühlt sich schon besser an«, lachte sie. »Ganz erstaunlich.«

»Besser als Wasserstoffperoxid«, meinte Daniel. »Hat jemand Mückenstiche?« Während der nächsten paar Minuten verabreichte Daniel mehreren Leuten Sangre de Drago.

Während er das tat, erinnerte sich einer der Männer an den Vortrag, den ich im Flugzeughangar über Menschen gehalten hatte, die in Harmonie mit der Natur leben. »Das sehen wir hier wirklich«, sagte er. »Vor ein paar Tagen klang es noch wunderlich, fast unglaublich. Jetzt ist es real. Man fragt sich, wie wir so gierig und dumm sein können und uns des Chaos, das wir unseren Kindern hinterlassen, nicht bewusst sind.« Wir liefen weiter und erreichten nach einer Stunde eine Lichtung, die die mit Maniokstsräuchern bepflanzt war. »Ein Zeichen, dass wir uns einer Achuar-Gemeinschaft nähern«, erklärte Daniel. »Das ist eine ihrer wichtigsten Pflanzen. Ein Grundnahrungsmittel. Die Frauen machen daraus auch Chicha.«

Unser Achuar-Führer sprach auf Daniel ein, der für uns dolmetschte: »Wir kommen gleich zu einer Siedlung. Für die Menschen dort sind Sie der erste Kontakt mit der Außenwelt. Sie haben bisher erst zwei weiße Männer gesehen – einen Priester und mich. Keine Frauen. Wir haben ihnen heute Morgen durch einen Boten mitteilen lassen, dass wir kommen. Sie erwarten uns, aber wir sind für sie etwas ganz Neues.«

»Ich gehe vor«, erklärte mir Jessica. »Ich möchte euch filmen, wenn ihr die Siedlung erreicht.« Meine zwölfjährige Tochter hatte einen Camcorder dabei, damals der neueste Stand der Technik. Daraus ragte ein Teleobjektiv hervor. Wenn sie die Kamera vors Auge hielt, sah man nur ihren Hals, ihren Mund mit der Zahnspange, die in der Sonne glitzerte, und die Linse, umrahmt von ihrem langen hellbraunen Haar.

»Gut«, sagte ich. »Aber geh nicht zu weit vor.«

Sie lief den schmalen Dschungelpfad entlang und verschwand hinter einer Biegung.

Wir anderen gingen langsam weiter. Keiner sagte ein Wort. Alle waren ganz auf den bedeutsamen Moment konzentriert, als erste Gruppe Fremder mit den ersten ausländischen Frauen diese Siedlung zu betreten.

Doch plötzlich tauchte Jessica wieder auf. Sie rannte mit baumelnder Kamera auf uns zu. Tränen strömten über ihr Gesicht.

Daniel und ich eilten zu ihr. Daniel war schneller. Er kniete sich hin, um sie in den Arm zu nehmen. »Was ist denn passiert?«, fragte er. »Bist du verletzt?«

»Sie haben gesagt, ich bin böse«, schluchzte sie. »Warum sagen sie denn, dass ich böse bin?«

Ich sah Daniel an. Er zuckte die Achseln. »Die Achuar sprechen kein Englisch«, meinte er. »Wer war denn dort? Wer hat gesagt, du seist ›böse‹ (englisch: ›evil‹)?«

Die anderen scharten sich um uns. Das Wort »evil« machte die Runde.

Jessica rang nach Luft. »Die Kinder«, brachte sie schließlich heraus. »Als sie mich gesehen haben, haben sie ›evil‹ gerufen und sind in den Wald gerannt.«

Inzwischen hatten uns alle eingeholt. Ich sah ihre angespannten Mienen. Nun war es so weit. Wenn die »Entführung« nicht schon jede Aussicht auf eine Partnerschaft zunichtegemacht hatte, dann bestimmt dieses Erlebnis.

Da hörte ich, wie Daniel leise lachte.

Ich sah ihn an.

»Alles gut«, sagte er und schaute in Jessicas tränenüberströmtes Gesicht. »Das hast du falsch verstanden – gesagt haben sie etwas ganz anderes.« Er musterte die Umstehenden und lachte beruhigend. »Die Kinder haben von den ›Evias‹ gesprochen. Das sind mythische Wesen.« Zu mir gewandt fuhr er fort: »Erklär du das, John. Es ist dasselbe wie bei den Shuar.«

Natürlich! Warum war ich nicht gleich darauf gekommen?

Ich richtete mich auf und half meiner Tochter auf die Füße. Mehrere Frauen nahmen Jessica in den Arm. Ich fasste kurz die Legende von den riesigen weißen Kannibalen zusammen, die aus dem tiefen Wald kamen, um Shuar und Achuar und ihre Kinder zu fressen. »Die Einzelheiten erzähle ich Ihnen später«, versprach ich. »Die Legende ist gerade heute besonders interessant, weil manche der Shuar und Achuar, die gegen den Ansturm der Ölindustrie kämpfen, die Ölgesellschaften als moderne Manifestation der Evias bezeichnen.« Ich fragte Jessica: »Hast du gefilmt, als du die Siedlung erreicht hast?«

»Ja«, sagte sie und trocknete ihre Tränen mit einem Taschentuch, das ihr jemand in die Hand gedrückt hatte. »Ich war total aufgeregt. Ich habe eine Gruppe Kinder gesehen und bin mit der Kamera auf sie zugelaufen. Ich wollte sie beim Spielen filmen, bevor ihr ins Dorf kommt, und dann aufnehmen, wie sie auf euch reagieren.«

»Dann ist alles klar«, sagte ich. »Als sie dich mit dieser Kamera sahen, hat es für sie so ausgesehen, als hättest du nur ein riesenhaftes Auge. Vermutlich hast du gelächelt und deine Zahnspange hat in der Sonne geglänzt. Du bist auf sie zugelaufen und sie waren sicher: Du musst ein Evia sein. Deshalb haben sie ein Wort gerufen, das du als ›evil‹ – böse – verstanden hast, und sind in den Wald gelaufen, um sich zu verstecken.«

»Ein Fehler, aus dem wir lernen sollten«, sagte Daniel. »Wir hätten allen sagen sollen, dass Sie die Achuar nur fotografieren oder filmen dürfen, wenn Sie vorher um Erlaubnis gefragt haben. Also bitte keine Bilder mehr, wenn sie es nicht ausdrücklich gestattet haben.«

Jessica erzählte mir später, dieses Erlebnis habe ihr erst richtig bewusst gemacht, wie sich die Anwesenheit Fremder auf eine Gemeinschaft auswirken kann und wie wichtig es ist, das zu wissen, bevor man sich Zugang zu einer solchen Gemeinschaft verschafft. Wie ich es sehe, war das nicht nur eine lehrreiche Lektion in Kultursensibilität, sondern auch ein Beispiel dafür, was wir Amerikaner uns so selbstverständlich herausnehmen.

Bis wir die Siedlung erreicht hatten, hatten die erwachsenen Achuar ihre Kinder überredet, aus ihrem Versteck zu kommen. Die meisten

Männer kannten Daniel und hatten beim Bau der Lodge geholfen. Die Frauen waren ein bisschen skeptischer. Doch nach einem halbstündigen Gespräch zwischen unserem Achuar-Führer, Daniel und den Männern brachten uns die Frauen Chicha, das sie uns, wie es bei ihnen Brauch ist, einzeln servierten.

Daniel erklärte, dass Chicha für die Achuar mehr sei als nur ein Getränk: Man trank es zusammen, wenn sich die Gemeinschaft versammelte. Dass man es uns vorsetzte, war ein Zeichen von Freundschaft und Vertrauen.

Jessica zeigte den Kindern ihre Kamera und versuchte, mit Zeichensprache zu erklären, wie sie funktionierte. Dann forderten sie die Kinder auf, mit ihnen auf der Lichtung inmitten der Siedlung Fußball zu spielen – mit dem kleinen Ball, den ihnen Daniel mitgebracht hatte. Das Kichern, Rufen und Lachen der Kinder brachte uns zu Bewusstsein, dass wir alle Menschen waren.

Als wir uns aufmachten, um den Rückweg nach Kapawi anzutreten, stellte sich eine Gruppe Achuar-Frauen vor uns auf und sang uns ihre ans Herz gehenden Lieder vor. Dass wir gemeinsam Chicha getrunken hatten, dass sich die Achuar-Kinder nach anfänglicher Berührungsangst geöffnet hatten und nun auch noch der Gesang der Frauen – das alles schien deutlich zu machen, dass es zwischen zwei Gruppen mit ganz unterschiedlichem Hintergrund in kürzester Zeit einen Durchbruch bei der Kommunikation gegeben hatte. Allem Anschein nach war das ein gutes Omen für die Entwicklung einer Partnerschaft mit den Achuar – und vielleicht auch ein Zeichen der Hoffnung für die Welt.

Abends in der Lodge erklärte ich, dass die Ältesten der Shuar und der Achuar die Legende von den Evias wie all ihre Mythen und mündlichen Überlieferungen abends vor dem Schlafengehen ihren Kindern erzählten – oder früh am Morgen, wenn sie sich auf den neuen Tag vorbereiteten.

»Aus den Legenden sollen die Kinder fürs Leben lernen«, setzte ich hinzu. »Überlegen Sie sich beim Zuhören, welche Botschaft sie den Kindern vermittelt: Sie sollen sich ihren Ängsten stellen, und zwar allein. Tun sie das, gewinnen sie Selbstvertrauen und Stärke. Das gibt ihnen die Kraft, ihre Ängste zu überwinden und sich weiterzuentwickeln.«

Dann erzählte ich die Legende nach, wie ich sie von einem Shuar-Ältesten gehört hatte.

Kapitel 22

DIE GESCHICHTE EINES SCHAMANEN

HIER DIE GESCHICHTE in den Worten von Chumbi, Shuar-Ältester und Schamane:

Die Evias waren riesige weiße Kannibalen, die tief im Wald lebten. Wir Menschen gingen nie in ihre Nähe. Solange wir denken konnten, waren sie unter sich geblieben und hatten uns in Ruhe gelassen. Und wir waren ein glückliches, friedliches Volk.

Eines Nachts kamen sie in unser Dorf. Sie packten unsere Frauen und Kinder und fraßen sie vor den Augen der Männer auf. Natürlich griffen die Männer nach ihren Speeren und kämpften tapfer. Doch wenn sie versuchten, die Evias mit ihren Speeren zu stechen, brachen diese ab. Sie konnten nichts tun. Dann töteten und fraßen die Evias unsere Männer. Wir konnten nur in den Wald fliehen und uns verstecken.

Das geschah immer wieder. Doch die riesigen Evias töteten uns nicht nur, sie trampelten auch unser Land nieder, fällten Bäume, um Feuer zu machen, und nutzten unsere Flüsse als Kloaken. Wir waren hilflos und voller Angst.

Eines Tages kam ein Kanu den Fluss herunter. Darin saßen drei Krieger. Ihr Anführer war groß und muskulös. Er schien über besondere Kräfte zu verfügen. Sein Name war Etsaa, und er sagte, er sei gekommen, um uns vor den Evias zu retten.

Wir mochten es kaum glauben. Wie sollte diesem Mann gelingen, woran all unsere Krieger gescheitert waren?
Am nächsten Tag verschwand Etsaa im Wald. Er ließ seine Männer zurück mit den Worten: »Ich muss das alleine tun. Ich darf meine Männer nicht mitnehmen.« Wir waren uns sicher: Er würde nicht zurückkehren.
Die Tage vergingen. Kein Lebenszeichen von Etsaa. Jeden Morgen erwachten wir und rechneten mit dem nächsten Angriff der Evias.
Doch dann, oh Wunder, kam Etsaa aus dem Wald.
»Ich habe die Evias genau beobachtet«, sagte er. »Ich habe einen Plan.« Er schaute sich unter uns um. »Aber ihr müsst Opfer bringen.«
»Wir tun alles«, versprachen unsere Leute.
»Die Evias sagen, wenn eure Frauen ihnen genügend Chicha, Früchte, Gemüse und Nüsse bringen und eure Männer die besten Stücke der Tapire, Wildschweine, Vögel und Affen, die ihr erlegt, dann werden sie euer Leben verschonen.«
Wir wussten, dann würden wir hungern müssen – auch unsere Kinder. Doch wir sahen keinen anderen Ausweg. Daher stimmten wir zu.
Und so kam es. Die Evias hielten Wort. Sie griffen uns nicht mehr an. Doch mit der Zeit litt unser Volk entsetzlich. Es gab einfach nicht genug Nahrung für die Evias und für uns. Wir verhungerten.
»Ich kann euch sagen, wie ihr die Evias ein für alle Mal loswerdet«, sagte Etsaa. »Doch ihr müsst etwas dafür tun.«
»Natürlich«, sagten wir, »wir tun alles, was du willst.«
Er fragte, ob uns aufgefallen sei, dass unsere Zahl stark gewachsen war, bevor die Evias kamen. Dass die Tiere und die Vögel immer weniger und der Wald immer kleiner geworden sei.
Wir sprachen darüber und erkannten: Er hatte recht.
»Für die Tiere, die Vögel, die Pflanzen und die Bäume seid ihr die Kannibalen«, sagte Etsaa. »Ihr seid für sie, was die Evias für euch sind.«
Das leuchtete uns ein.
»Ihr müsst euch verändern. Ihr müsst Geburtenkontrolle praktizieren, wie ich sie euch beibringen werde. Ihr müsst eure Zahl gering halten und pfleglich mit allem Leben um euch herum umgehen. Andernfalls

müsst ihr mit euch selbst so verfahren wie eure Frauen bei der Feldarbeit: Ihr müsst euer Volk jäten wie eure Frauen die Maniokhaine.«
Wir fragten, was er damit meine.
»Wenn ihr zu viele seid, müsst ihr gegeneinander kämpfen – ein Clan gegen den anderen.«
Sein Ansinnen erschien uns einfach. Wir waren sicher, wir könnten Geburtenkontrolle praktizieren und würden einander nicht töten müssen. Also stimmten wir zu.
»Gut.« Er zeigte uns, wie wir das Chicha und die Lebensmittel vergiften konnten, die wir den Evias brachten, und wie wir ihnen Fallen stellen konnten. »Mit euren Waffen könnt ihr sie nicht töten. Deshalb müsst ihr mit List und Tücke vorgehen und Tricks anwenden.«
Die Tricks, die er uns zeigte, funktionierten. Binnen Kurzem hatten wir uns von den Evias befreit. Danach verließ uns Etsaa. Er stieg zum Himmel auf und wurde zur Sonne. Deshalb nennen wir die Sonne bis heute »Etsaa«.
Doch mit der Zeit gelang es uns nicht mehr, unsere Zahl zu kontrollieren, und wir mussten gegen andere Clans kämpfen.

Für die Achuar war diese Legende mehr als nur eine gute Geschichte: Sie war eine Lektion in Selbstfindung. Wenn er sie erzählt hatte, schaute sich Chumbi stets unter seinen Zuhörern um – gewöhnlich Shuar-Kinder. »Ihr müsst euch fragen«, sagte er dann, »wer in eurem Leben die Evias sind. Wovor fürchtet ihr euch? Wodurch fügt ihr den Pflanzen und Tieren und anderen Menschen Schaden zu? Was müsst ihr tun, um das zu ändern? Ihr müsst erkennen, dass jeder seine eigenen Evias hat. Und jeder von euch ist Etsaa. Ihr sollt wissen: Manchmal müsst ihr tief in euch gehen, um euch euren Evias zu stellen. Und ihr müsst das alleine tun. Dabei kann euch niemand helfen. Nur so könnt ihr verhindern, dass ihr gegeneinander kämpfen müsst.«

Kapitel 23

ZAHLTAG

AM NÄCHSTEN MORGEN versammelte sich unsere Gruppe zum Frühstück. Das Gespräch drehte sich um die Zerstörung, die die industrialisierte Welt verursachte. Darum, dass wir und unsere Unternehmen – wie die Evias – den Boden zertrampelten, die Wälder abholzten, die Flüsse verschmutzten und gierig nach allem griffen, was uns vor Augen kam. Jemand stellte fest: Wenn wir so weitermachten, würde unsere Bevölkerung irgendwann durch Kriege, Epidemien oder andere Akte menschlicher oder höherer Gewalt dezimiert werden. Die indigene Legende wurde als Botschaft verstanden, die sich auf die zunehmenden globalen Krisen bezog.

Ein paar Mitreisende wollten wissen, wie ich das gemeint hätte, als ich sagte, manche Achuar und Shuar glaubten, wir aus der modernen Welt und unsere Ölfirmen seien die heutige Manifestation der Evias.

»Die Missionare messen den Geschichten der indigenen Völker keinen Wert bei«, entgegnete ich. »Für sie ist Etsaa ein Sakrileg. Ein paar ältere Shuar-Männer haben mir von einer Zeit erzählt, als sie und ihre Frauen eine Art tantrischer Geburtenkontrolle praktizierten, und dass die Frauen auch bestimmte Pflanzen einsetzten, um Empfängnis zu verhüten oder Schwangerschaften zu beenden. Dann kamen die Missionare. Die Kirche untersagte jede Form der Geburtenkontrolle außer Abstinenz. Und diese werden Achuar und Shuar nicht praktizieren. Missionare und die Regierung verurteilten auch die Kämpfe. Das finden wir gut, doch es hat auch negative Folgen. Die Bevölkerung ist explodiert. Die Tiere – im Dschungel die Hauptquelle für Protein – verschwinden. Indigene Männer und Frauen in ganz Amazonien müssen sich für die Öl- und Baufirmen prostituieren, um ihre Familien zu ernähren. Manche sagen, Etsaa sei böse, weil er seine Zusage nicht einhalte. Und deshalb seien die Evias wiedergekommen.«

»Verglichen mit den Achuar sind wir Riesen«, meinte einer. »Weiße Riesen.«

»Und Bohrtürme, Bulldozer und andere gigantische Maschinen kannibalisieren das Land«, kommentierte ein anderer.

Wieder ein Moment, in dem unsere Gruppe ihre Wahrnehmung änderte. Den meisten Teilnehmern war stets die Überzeugung vermittelt worden, unsere Kultur sei an Orten wie Amazonien angesehen. Doch bei diesem Frühstück wurde viel darüber gesprochen, dass man uns auch als riesige weiße Kannibalen betrachten konnte, die kamen, um die Achuar und ihre Nachbarn auszubeuten.

Nach dem Frühstück fuhren wir mit dem Kanu zum Haus von Taish, dem Schamanen, den Daniel, Ehud, Juan Gabriel und ich bereits früher einmal besucht und bei dem wir Ayahuasca getrunken hatten und ich auf eine schamanische Reise durch die Geschichte gegangen war. Daniel hatte mir versichert, zwischen Taish und der Gruppe, die ihn damals angegriffen hatte, sei Frieden geschlossen worden. Wir hätten nichts zu befürchten.

Taish hieß Daniel, Juan Gabriel und mich mit offenen Armen willkommen und begrüßte mithilfe eines jungen Dolmetschers alle anderen. Ein paar unserer Mitreisenden meinten zwar später, er habe ausgesehen wie ein wilder Krieger, doch auf mich wirkten seine Erscheinung und sein Verhalten viel freundlicher als noch ein Jahr zuvor.

Wir hatten kaum unsere Moskitonetzzelte unter dem Palmwedeldach seines großen Hauses aufgestellt, als schon die Sonne unterging. Wir versammelten uns um Taish und saßen auf hölzernen Hockern im Kreis. Er hieß uns noch einmal willkommen und bot uns Ayahuasca an. Damals war der Trank außerhalb Amazoniens noch praktisch unbekannt.

Nur Lynne, Bill und noch ein weiteres Mitglied unserer Reisegruppe entschlossen sich, davon zu trinken, doch ein paar andere, die das abgelehnt hatten, baten Taish um Heilung – und erhielten diese. Selbst für alle, die nicht aktiv teilnahmen, war der Abend etwas ganz Besonderes.

Der melodische Singsang des Schamanen, die Geräusche des Dschungels, der Geruch des Holzrauchs, der sich mit dem Duft der Nachtblüher mischte, und das, was Daniel als »den Geist der Pflanze« bezeichnete, all das machte uns aufnahmebereit für die Magie dieses Ortes. Die Anspannung und Nervosität, die sich in mir aufgebaut hatten, seit Lynne und ich mit der Planung dieser Reise begonnen hatten, fielen in dieser Nacht von mir ab. Zum ersten Mal fühlte ich mich leichter.

Am nächsten Morgen trafen Daniel, Juan Gabriel und ich mit Taish und drei Achuar-Kriegern im Haus des Schamanen zusammen. Bei unserer letzten Reise hatte Daniel Taish als Geschenk Vorräte mitgebracht. Wir hatten weder für den Aufenthalt noch für das Ayahuasca bezahlt. Diesmal, so erklärte Daniel, sollten wir ihm Geld geben und festlegen, wie die künftigen Besuche der Menschen ablaufen sollten, die herkommen würden, sobald die Kapawi Lodge fertig war. Er fragte, wie viel die drei Personen, die Ayahuasca getrunken hätten, schuldig seien.

Taish beriet sich mit seinen Kriegern. »1000 Dollar«, sagte er schließlich.

Erschüttert schaute ich von Daniel zu Juan Gabriel. »Ich kann unmöglich von unseren Leuten einen so exorbitanten Preis verlangen.«

»Wir hätten den Preis vor der Zeremonie aushandeln sollen«, meinte Juan Gabriel. Sofort musste ich an die kulturbedingten Vorurteile denken, die selbst Menschen haben, die für solche Dinge sensibel sind.

Wir sprachen lange mit Taish. Er wandte sich an die Krieger. Sie warfen uns Blicke zu, die mir das Blut in den Adern gefrieren ließen. Einer hob seinen Speer und rammte ihn vor der Lodge in die Erde. Taish funkelte uns an. »1000 Dollar«, wiederholte er.

Ich erinnerte mich, was Daniel Monate zuvor gesagt hatte: » Du wirst ihrer Bitte nachkommen müssen. Es sind nämlich ihre Kanus.« Ich musste auch an die »Entführung« denken. Wie es schien, waren wir nun alle

Geiseln. Blieb uns etwas anderes übrig, als nachzugeben? Jede Aussicht auf eine Partnerschaft wäre damit aber sicher gestorben.

Wir riefen die Gruppe zusammen. Wir setzten uns auf den Hockern in einen Kreis. Als ich erklärte, was los war, spiegelten sich meine eigenen Empfindungen auf den Gesichtern der anderen: Schock, Wut und Angst.

»Das muss ein Irrtum sein«, meinte schließlich einer.

Da sprang Daniel auf. »Genau!« Er winkte Juan Gabriel und mir. »Kommt. Wir gehen noch einmal zu dem Schamanen.«

Ohne ein weiteres Wort wandte sich Daniel ab und lief voraus zu Taish, der noch immer in seinem Haus saß. Doch anders als zuvor lag ein langer Speer auf seinem Schoß. Um ihn herum hatten sich weitere Männer versammelt.

Wir drei setzten uns ihm gegenüber auf eine Bank.

Daniel bat mich um zehn Dollar.

Mit zittriger Hand zog ich einen Zehn-Dollar-Schein aus meiner Hosentasche und reichte ihn Daniel.

Er griff in seinen Rucksack, zog ein Bündel Scheine heraus, zählte sie durch und reichte sie Taish zusammen mit meinem Schein. »Wie viel möchtest du?«, fragte er.

Taish zählte die Scheine im Bündel und grinste breit. Er schwenkte sie in der Luft. »So viel«, sagte er. »So viel von jedem der drei, die Ayahuasca bekommen haben.«

Daniel wandte sich zu Juan Gabriel und mir. »Er denkt in Sucres«, erklärte er und meinte damit die ecuadorianische Währung. Er grinste. »Er will keine 1000 Dollar, sondern 1000 Sucres, die keine 5 Dollar wert sind.«

Wir mussten alle drei lachen.

Taish war irritiert. Was wir denn so lustig fänden, wollte er wissen.

Daniel erklärte es ihm.

Da schlug sich Taish aufs Knie. Er und seine Männer brachen in Gelächter aus. Im nächsten Moment lachten wir alle so herzlich und unbeschwert, wie es nur Menschen können, von denen gerade eine große Anspannung abgefallen ist.

»Das ist zu wenig«, sagte Daniel, als wir uns wieder gefasst hatten. »Du hast dein Haus mit uns geteilt und dein Ayahuasca. Wir möchten mehr dafür bezahlen. Als gutes Vorbild für andere.«

Taish dachte darüber nach und sprach leise auf Achuar mit den anderen Männern. »Wir vertrauen euch«, sagte er schließlich. »Bezahlt uns, was ihr für richtig haltet.«

Ich hätte ihn am liebsten umarmt. Stattdessen sagte ich *»danke«* auf Achuar: »Makate.«

Wir gingen zu unseren Leuten zurück. Sie waren eifrig damit beschäftigt, ihre Moskitonetzzelte und Rucksäcke zusammenzupacken. Offensichtlich wollten sie sich von den Verhandlungen ablenken. Als sie uns sahen, ließen sie alles stehen und liegen und umringten uns.

»Es war bloß eine Frage der Wahrnehmung«, sagte ich, »ein kulturelles Missverständnis.«

Daniel erklärte, was passiert war.

Erleichtertes Gelächter erfüllte Taishs Haus.

Am Ende einigten wir uns auf einen Preis, der in etwa dem entsprach, was man bei einem Physiotherapeuten in den Vereinigten Staaten für eine Massage bezahlen würde. Für die Achuar war das sehr viel, doch wir alle fanden, es sei das Mindeste. Schließlich wollten wir, dass sie uns für großzügig hielten. Und sie sollten merken, dass in unserer Gemeinschaft – entgegen dem, was ihnen die Missionare erzählt hatten – viele die Arbeit der Schamanen sehr zu schätzen wussten.

Als wir Taishs Haus verließen, verabschiedete sich jeder Einzelne von uns und bedankte sich für den Zauber und für seine Gastfreundschaft. Er, die umstehenden Krieger und seine ganze Familie strahlten. Und wir alle würden diese Geschichten noch unseren Enkelkindern erzählen.

Aus einer potenziell verheerenden Entwicklung war eine Bindungserfahrung geworden. Und eine Gruppe von Ausländern – Männer, Frauen und ein Kind – hatte im Haus eines Achuar-Schamanen übernachtet. Das hatte es noch nie gegeben.

»Wahrnehmungen«, mahnte mich Lynne, als wir in den Urwald gingen. »In diesem Fall die Wahrnehmung von Geld. Bei Roberto Poz waren es seine Wahrnehmung unserer Absichten und seine Überzeugung, dass Amerikanern nicht zu trauen war. Als er die Artefakte aus Ecuador sah, veränderte sich die Art, wie er uns und unsere Motive wahrnahm. Ganz ähnlich war es auch hier.«

Mir schien, es ließ sich noch mehr daraus lernen: Man sollte die Werte und Vorstellungen anderer Menschen und Kulturen grundsätzlich möglichst unvoreingenommen betrachten.

Siebter Teil

Eine Wirtschaft des Lebens aufbauen

1993 bis 2017

Die Wirtschaft des Lebens beseitigt Umweltschäden, saniert verwüstete Gegenden, setzt auf Wiederverwertung und entwickelt neue Technologien, von denen Mensch und Natur profitieren. Unternehmen, die Anlegern Renditen zahlen, die in eine Wirtschaft investieren, welche selbst eine erneuerbare Ressource ist, wurden zur Erfolgsgeschichte.

Kapitel 24

DER KREIS SCHLIESST SICH

TROTZ ALL MEINER JAHRE bei den Shuar und meiner früheren Reise zu den Achuar gewann ich bei diesem Besuch bei Taish und seinen Leuten neue, eindrucksvolle Erkenntnisse. Mitzuerleben wie Angehörige meines Kulturkreises von Menschen beeinflusst wurden, die fast überall auf der Welt als »primitiv« galten, machte deutlich, welche Rolle Vorurteile bei der Prägung unserer Alltagswirklichkeit spielten.

In der relativ kurzen Zeit im Regenwald – es waren nur fünf Tage und vier Nächte – erkannte unsere Gruppe, dass die Beziehung der Achuar zu Geld, ihre Lebensweise als fester Bestandteil der Natur, ihr langfristiges Engagement für künftige Generationen und die Spiritualität, die sich um ihre persönlichen Wechselbeziehungen zu Pflanzen, Tieren, den Flüssen und der Erde dreht, ihnen eine ganz andere Weltanschauung vermitteln, als sie Kulturen wie unsere zu bieten haben. Während wir gelernt haben, die Natur zu objektivieren und getrennt von uns zu betrachten, und unsere Religionen dem Menschen eine Sonderstellung zuweisen, wurde ihnen vermittelt, dass der Mensch nur eine Faser im reichen Gewebe des Universums ist.

Keiner aus unserer Gruppe konnte sich dem Einfluss entziehen, den unsere Erlebnisse auf uns hatten. Sie bestärkten mich in meiner Entschlossenheit, mich dafür einzusetzen, dass die Prophezeiung wahr werden konnte: dass Adler und Kondor sich zusammentun, um ein neues Bewusstsein dafür zu schaffen, was es heißt, der dominantesten Spezies auf diesem Planeten anzugehören. Besonders stark wirkten sich die Erfahrungen auf Lynne aus. Sie sollte später in ihrem Buch *Die Seele des Geldes* Folgendes schreiben:

> *Dort hatten wir ein Treffen mit den Führern des Achuar-Volkes, das mein Leben vollständig veränderte. Hier in diesem reichen Regenwald mit seinem Überfluss an Schönheit und Leben waren die Leute, deren Gesichtsbemalung und gelb-rote Federkronen ich aus meinem Traum wiedererkannte. Sie sahen aus wie aus einem anderen Zeitalter, aber auf ihre Art kultiviert und entwickelt wie die Entwickeltesten von uns allen.*[9]

Diese hohe Entwicklungsstufe wurde in jenen fünf Tagen und vier Nächten immer wieder deutlich. Aus unseren Gesprächen mit vielen Achuar erfuhren wir, dass sie die Probleme, mit denen sie in ihrem Winkel der Welt konfrontiert waren, als Symbol dafür begriffen, was überall passieren würde, wenn wir Menschen uns nicht änderten. Sie hatten uns in ihr Land und zu sich nach Hause eingeladen, um ihre Wälder zu retten – und auch, weil sie als unsere Partner dazu beitragen wollten, den Menschen überall begreiflich zu machen, dass wir unsere Beziehung zur Natur verändern müssen. Sie machten deutlich, dass das Überleben ihrer Wälder eng mit dem Überleben sämtlicher Systeme auf der Welt zusammenhing. Die Zukunft der Welt, sagten sie, hänge davon ab, dass die Menschen ihre Einstellung ändern – und eine solche Veränderung sei wiederum abhängig von einem neuen Traum für die Menschheit – davon, was es bedeutet, als Mensch auf dieser fragilen Weltraumstation namens Erde zu leben.

Alle in unserer Gruppe waren gleichermaßen erstaunt darüber, dass Menschen, die erst vor Kurzem mit der Außenwelt in Kontakt gekommen waren, über so profunde Kenntnisse und Weisheit verfügen konnten. Die meisten unserer Mitreisenden hatten stillschweigend angenommen, dass die Außenwelt – ihre Welt, unsere Welt – alle Antworten kannte. Bei unserer Abreise wackelte diese Überzeugung.

»Es fühlt sich wirklich so an, als spräche der Wald durch die Achuar und sie würden uns nur die Botschaft übermitteln«, meinte Lynne beim abendlichen Beisammensein.

Die Achuar hatten zwei Bitten an uns gerichtet. Erstens sollten wir ihnen helfen, sich ihren Ängsten zu stellen und die modernen Kulturen kennenzulernen, damit sie sich mit ihnen und mit der wachsenden Bedrohung durch die Ölgesellschaften auseinandersetzen konnten. Zweitens sollten wir uns unseren eigenen Ängsten stellen, von unserem Glaubenssystem ablassen, das uns von allem Nichtmenschlichen unterschied, lernen, wie wichtig es ist, im Einklang mit der Natur zu leben, die künftigen Generationen aller Arten zu schützen und eine Botschaft in die Welt hinauszutragen, die die Menschen in aller Welt dazu brachte, mitzutun.

»Unsere Visionen sagen uns, dass ihr, die ihr hierhergekommen seid, ganz anders seid als die Evias«, erklärte uns ein Ältester. »Ihr seid wie ein moderner Etsaa. Ihr seid gekommen, um uns zu lehren, wie wir uns gegen die Evias verteidigen können. Sie kommen aus eurem Land, doch ihr seid nicht wie sie.«

Diese Worte und die Leidenschaft und Eloquenz der Menschen, die sie uns übermittelten, ließen kein Mitglied unserer Gruppe unberührt. Wir alle sahen aber auch ihre praktische Seite. Diese Achuar waren Geschichtenerzähler mit einer reichen mündlichen Überlieferung, die sich gewählt auszudrücken verstanden. Als Jäger und Sammler waren sie überdies eng mit der Erde verbunden und wussten, wie wichtig es war, als feste Bestandteile eines größeren Ganzen zusammenzuarbeiten für das Wohl der gesamten Gesellschaft.

Aus ihrer praktischen Veranlagung heraus entstand 1992 eine Organisation namens »OINAE« (»Organización Interprovincial de la Nacionalidad Achuar del Ecuador«). Sie glich zwar den Verbänden der Shuar und Kichwa, die nach ecuadorianischem Recht anerkannt waren, hatte aber noch nicht alle staatlichen Anforderungen erfüllt. Daran arbeiteten die Achuar noch.

Dazu gehörte, dass die neu gewählten Vertreter ein Büro in Puyo einrichten mussten, einer Kleinstadt nicht weit von dem Shell-Flugfeld, das

Treffpunkt für Menschen aus dem gesamten ecuadorianischen Amazonasraum war. Dieses Büro, hieß es, sei nur notdürftig ausgestattet. Die Achuar mussten Wege finden, Ausrüstung anzuschaffen, Miete zu zahlen und den drei Anführern, die die Niederlassung verwalteten, Unterkunft und Verpflegung zu beschaffen.

Als wir das Achuar-Territorium verließen, holte uns unser Bus in Shell ab und brachte uns nach Puyo. Die Nachricht von unserer Ankunft war uns durch Dschungelläufer, Kurzwellenfunk und Buschpiloten vorausgeeilt. Die drei Achuar-Führer begrüßten uns an der Tür zu ihrem Büro, das – wie sie selbst – ganz anders war, als wir es erwartet hatten.

Kapitel 25

ENGAGEMENT

DIE DREI MÄNNER IN PUYO wirkten eher wie Geschäftsleute als wie die Achuar, an die wir gewöhnt waren: keine Gesichtsbemalung, traditionellen knöchellangen Röcke oder Federkronen. Stattdessen trugen sie gestärkte weiße Hemden mit Kragen, gebügelte Hosen und schwarze Businessschuhe.

Sie gaben uns die Hand und baten uns in einen baufälligen Holzverschlag. Wir drängten uns auf engstem Raum zusammen. Der Kontrast zwischen diesem Büro und ihrer Heimat im Dschungel hätte kaum größer sein können. Die abgestandene Luft in dem fensterlosen Raum roch schimmlig. Das spärliche Mobiliar bestand aus einem wackeligen Schreibtisch, vier klapprigen Holzstühlen und einer abgenutzten vorsintflutlichen Schreibmaschine.

Nachdem sie sich entschuldigt hatten, weil nicht genügend Stühle vorhanden waren, zeigte einer der Männer stolz auf die Schreibmaschine. »Unsere erste große Anschaffung«, erklärte er. »Die nächste wird hoffentlich ein Telefon.«

Der zweite relativierte: »Selbst wenn wir uns das leisten könnten, müssten wir ein Vermögen dafür zahlen, dass Leitungen verlegt werden.« Bedauernd schüttelte er den Kopf. »Vorerst müssen wir zum Telefonieren noch in den Laden da unten an der Straße gehen und für jeden Anruf bezahlen«, meinte er und zeigte durch die offene Türe, in der ein paar Mitglieder unserer Gruppe standen.

Daniel, der dolmetschte, erklärte ihnen, dass es eine Ehre für uns sei, sie in ihrem Büro zu besuchen. Er erzählte von unseren Erlebnissen in Kapawi und vermittelte ihnen, dass wir gekommen seien, um ihnen unsere Unterstützung anzubieten.

Der erste Mann sagte etwas, und Daniel übersetzte: »Er ist der Vorsitzende dieser neuen Achuar-Organisation. Er möchte Ihnen mitteilen, dass er von der Hilfe gehört hat, die Dream Change den Shuar leistet, und von der Absicht dieser Gruppe, die Achuar zu unterstützen. Er dankt Ihnen dafür. Er wiederholte noch einmal, was wir in den letzten Tagen schon gehört haben: Wie wichtig es ist, im Einklang mit der Natur zu leben. Er ist sehr dankbar dafür, dass Sie hier sind und sich für die Achuar engagieren und den Traum Ihres Volkes verändern möchten. Er und die beiden anderen Anführer sind gern bereit, Ihre Fragen zu beantworten.« Daniel schaute sich um. »Hat jemand Fragen?«

»Wie ist das für Sie, hier in Puyo zu leben statt im Regenwald?«, wollte eine Dame wissen.

Die drei wechselten einen Blick. »Wir vermissen unsere Familien«, entgegnete einer.

»Und den Wald«, fügte ein anderer hinzu. »Doch wir müssen das tun, wenn wir als Volk, als Kultur – als Nation – überleben wollen.«

In den nächsten Stunden präsentierten sie uns einen detaillierten Plan, der genau darlegte, was sie in den nächsten Wochen und Monaten sowie auf Jahre hinaus erreichen mussten. Sie hatten Listen, Grafiken und handgezeichnete Karten ihres Territoriums erstellt.

Mein Herz floss förmlich über vor Erregung, als ich diesen Männern zuhörte und sah, was in den Gesichtern der Menschen aus unserer Reisegruppe vor sich ging. Es schien gleichermaßen wundervoll und unglaublich, dass die Achuar – die Menschen aus dem Dschungel, die uns bei sich zu Hause willkommen geheißen hatten, und nun diese Männer, die diesen aufwändigen Plan ausgearbeitet hatten – dieselben Menschen waren, die Oberst Espinoza in meinen Friedenskorpstagen als »Killer« gefürchtet hatte. Und dass sie dieselben Menschen vertraten, die vor noch nicht einmal zwei Jahren das Flugzeug angegriffen hatten, in dem ich mit Yahanua saß, und versucht hatten, Taish zu ermorden. Offenbar war etwas geradezu Unvorstellbares passiert, etwas Magisches. In kürzester Zeit hatten die Achuar gelernt, miteinander und mit anderen Kulturen auszukommen, die sich von der ihren stark unterschieden – mit unserer und der ihrer Nachbarn, die früher ihre Feinde gewesen waren. Und nun waren sie entschlossen, Allianzen zu begründen, um ihr Land, ihre kulturellen Werte und die ganze Welt zu schützen. Ich konnte das alles kaum fassen. Und doch – hier stand ich, kaum zwei Jahrzehnte nach meiner Ankunft in dieser Region als Freiwilliger des Friedenskorps, und fragte mich: Wenn sie das können, sind wir dann nicht alle in der Lage, Änderungen zu vollziehen, die es unserer Spezies ermöglichen werden, in einer nachhaltigen Welt zu überleben und zu erblühen?

Als wir uns verabschiedeten, war klar: Eine Gruppe Menschen, die zuvor noch nie im Regenwald gewesen waren und mit Bedenken und Vorbehalten angereist waren, war hin und weg. Als wir das bescheidene Büro verließen, überschwemmte mich eine Welle der Dankbarkeit und des Wohlbefindens. Wie es schien, kam trotz der dramatischen Momente und der potenziellen Hindernisse möglicherweise doch die Partnerschaft zustande, die die Achuar an diesen langen Abenden im Versammlungshaus vor ein paar Jahren gefordert hatten.

Unser Bus brachte uns durch die Schlucht des Río Pastaza dorthin zurück, wo wir unsere letzte Nacht vor unserem Ausflug in den Dschungel verbracht hatten: in die Stadt Baños, wo heiße Duschen, Wasserklosetts und ein Hotel im westlichen Stil auf uns warteten – und ein Abendessen beim Italiener. Diese Leute hatten das Abenteuer im Regenwald zwar sehr genossen, doch ich konnte sehen, wie froh sie waren, in eine Welt zurückzukehren, die ihnen vertrauter war. Das zeigte, wie schwer es war, mit den überkommenen Mustern des Komforts und der Privilegien zu brechen.

Ich saß mit Jessica ganz vorne im Bus. Während der Fahrt stand ich auf und sah mich in unserer Runde um. Meine Reisegefährten waren schmutzig, schlammbespritzt, erschöpft, und doch – alle unterhielten sich angeregt und lachten viel.

»Du strahlst ja richtig«, sagte Jessica. »Ein paar Tage bei den Achuar, und schon sieht alles so aus, als wären diese Leute bereit, Dinge anzustoßen.«

Ich vertraute ihr meinen Traum an, dass aus dieser Begegnung eine funktionierende, dauerhafte Partnerschaft mit den Achuar hervorgehen würde. Ich hatte keine Ahnung, dass wir da einen Samen gesät hatten, der schließlich Wurzeln schlagen und sich auf dem ganzen Erdball ausbreiten würde.

Beim Frühstück am nächsten Morgen kam der Traum seiner Verwirklichung noch ein Stückchen näher. Es war unser letzter gemeinsamer Tag vor der Rückfahrt nach Quito, wo wir uns trennen und alle wieder nach Hause fliegen würden. Dave Ellis, Buchautor und Entwickler von Inspirations- und Motivationsprogrammen, startete einen Spendenaufruf. Als wir die letzte Kanne Kaffee geleert hatten und in den Bus steigen sollten, hatte die Gruppe bereits 120 000 Dollar zugesagt, um in Daves Worten »eine Partnerschaft zu schmieden, die den Regenwald rettet und den Traum der modernen Welt verändert«.

Da überkam mich plötzlich und vollkommen unerwartet ein ganz anderes Gefühl – eine Angst, die tief in meiner Magengrube saß. Komisch, dass sie mich überfiel, als ich gerade in den Bus stieg. Noch komischer, dass sie auf der Fahrt von Baños nach Quito zunahm. Warum? Was passierte da mit mir?

Jessica sah mich fragend an. »Was ist denn los, Dad? Du wirkst so angespannt.«

»Ich weiß nicht.« Ihre Frage zwang mich, meine Gefühle in Worte zu fassen. »Ich bin ein bisschen deprimiert, vermute ich. Besorgt.«

»Aber worüber denn?«

Ich überlegte kurz. »Tja, alle sind so begeistert. Und sie wollen so viel Geld spenden.« Ich unterbrach mich und zwang mich, meine Gedanken zu ordnen. Da wusste ich plötzlich, was mit mir los war. »Aber wer realisiert denn diese Partnerschaft? Ich habe schon mit Dream Change und den Shuar alle Hände voll zu tun. Und alle anderen hier im Bus werden ihr normales Leben wieder aufnehmen. Ich sehe nicht, wo das hinführen soll.«

Jessica warf mir einen teilnahmsvollen Blick zu. Dann hellte sich ihre Miene auf. »Frag doch die anderen.« Sie zeigte nach hinten in den Bus. »Irgendjemandem wird schon eine Lösung einfallen.«

Verblüfft sah ich sie an. Kaum zu glauben, dass sie erst zwölf war. Ihre Zuversicht wirkte ansteckend. »Also gut. Danke.« Ich stand auf und bat den Fahrer, das Mikrofon einzuschalten. »Hallo zusammen«, sagte ich und versuchte, sie aus ihren Gesprächen zu lösen. »Wow, was für eine Reise! Und was für eine Reisegruppe!«

Ich erntete einen Begeisterungssturm.

»Fühlen Sie sich inspiriert?«

Noch mehr Jubel.

»Ich auch. Aber …« Mein Blick wanderte von einem zum anderen. »Ich mache mir auch Sorgen. Wir haben den Achuar etwas versprochen. Sie haben sich bereit erklärt, Geld zu spenden, eine Partnerschaft zu begründen und einen Plan zu entwickeln, um ihnen zu helfen, ihre Vorhaben umzusetzen. Das ist absolut großartig.« Ich hielt kurz inne. »Doch, wie schon gesagt, ich stecke bereits bis zum Hals in meiner Arbeit mit den Shuar.« Ich suchte Blickkontakt zu jedem Einzelnen. »Wer wird denn das Geld einsammeln, die Verantwortung für den Aufbau einer Partnerschaft übernehmen und dafür sorgen, dass es weitergeht?«

Im Bus herrschte Totenstille.

Ich ließ meinen Blick von einem zum anderen wandern. Keiner schaute mich an. Sie sahen zu ihrem Nebenmann, aus dem Fenster – überallhin, nur nicht zu mir. Ich schaute zu Jessica hinunter. Sie lächelte süß und streckte einen Daumen nach oben. Immer noch sagte niemand ein Wort.

Schließlich blickte Bill Twist auf. Er erhob sich und griff nach dem Mikrofon. »Ich mache das«, sagte er. »Aber nur die ersten drei Monate lang.«

Aus drei Monaten wurde ein ganzes Leben. Aufgrund dieser Reise schmiss Bill am Ende seinen Job als CEO eines höchst erfolgreichen Finanzdienstleistungsunternehmens hin. Er gründete mit Lynne, ein paar Freunden und mir eine gemeinnützige Organisation gemäß Paragraph

501 Abschnitt 26 (c)(3) United States Code, die Pachamama Alliance. Ihr Name geht auf das Quichua-Wort für »Mutter Erde, Mutter Universum, Mutter allen Raums und aller Zeit« zurück. Bill wurde Verwaltungsratsvorsitzender der Organisation und später auch Geschäftsführer. In den Folgejahren sollte er Mitarbeiter für die Büros in San Francisco und Quito einstellen und ein Freiwilligennetz in über 80 Ländern ins Leben rufen. Lynne übernahm die Einwerbung von Geldern zur Finanzierung der vielen Projekte, die die Achuar und andere indigene Nationen unterstützen und inspirierende Programme entwickeln, um den zerstörerischen Traum der modernen Welt in Ländern auf allen Kontinenten zu verändern.

Von Anfang an waren die Programme der Pachamama Alliance stark von der Philosophie der Regenwaldbevölkerung beeinflusst, dass die objektive Realität von der eigenen Wahrnehmung geprägt wird. Für sie beschränkt sich ein »Traum« nicht auf das, was im Schlaf abläuft. Er bezieht sich auch darauf, wie unser Leben durch unsere Einstellungen bestimmt wird und welche Auswirkungen diese auf unsere Werte, Absichten und Handlungen haben. Die Programme der Pachamama Alliance konzentrieren sich darauf, aus einer Kultur der Trennung und des Überkonsums eine werden zu lassen, die das Leben achtet und erhält und der es gelingt, wie es in der Mission der Pachamama Alliance heißt, »indigene Völker des Amazonas-Regenwaldes zu befähigen, ihr Land und ihre Kultur zu bewahren und anhand der aus dieser Arbeit gewonnenen Erkenntnisse Menschen überall zu erziehen und zu inspirieren, eine blühende, gerechte und nachhaltige Welt hervorzubringen«.* Zu dieser Arbeit gehört die Ausbildung von Vermittlern, die Gruppen in das Achuar-Territorium begleiten – und zu vielen anderen indigenen Gemeinschaften –, wo sie lernen können, wie sich persönlicher und globaler Wandel gestalten lässt.

Später sollte sich zeigen, dass wir alle – Menschen aus Amazonien und aus der industrialisierten Welt – zusammenwirken, um ein Gesellschafts-, Regierungs- und Wirtschaftssystem zu erschaffen, das dem Leben auf un-

* https://www.pachamama.org/about/mission

serem Planeten eine Zukunft gibt: eine Wirtschaft des Lebens. Die Wirtschaft des Lebens saniert Umweltschäden, regeneriert verwüstete Landschaften, setzt auf Wiederverwertung und entwickelt neue Technologien, die Mensch und Natur zugutekommen. Unternehmen, die Rendite abwerfen für Anleger, welche in eine Wirtschaft investieren, die ihrerseits eine erneuerbare Ressource ist, schrieben Erfolgsgeschichte.

Als ich Bill Jahre später fragte, was ihn dazu gebracht hatte, damals im Bus zum Mikrofon zu greifen, erklärte er mir, weil er im Geschäfts- und Finanzleben zu Hause war, habe er sich gedacht, die anstehenden Aufgaben würden ihm leichter fallen als anderen. »Außerdem hat sich ja sonst keiner gemeldet – und es war wichtig, die Dynamik aufrechtzuerhalten.« Er unterbrach sich und lächelte. »In Wirklichkeit wäre ich enttäuscht gewesen, wenn sich jemand anderer bereitgefunden hätte. Mich haben meine Erlebnisse bei den Achuar tief berührt. Die Schönheit und Fülle ihres Territoriums hat mich sehr beeindruckt. Und die geerdete Stärke und stoische Präsenz der Achuar-Männer – vor allem des mächtigen Kriegers und geschickten Jägers, der als unser Führer sein Wissen über den Wald mit uns geteilt hat – gingen mir besonders ans Herz. Walter [diesen Namen hatten ihm Missionare gegeben] entging nichts und er verstand es, auf die Bedürfnisse und Eigenheiten eines jeden in der Gruppe einzugehen. Es faszinierte mich, mir die Welt so vorzustellen, wie sie ihm erscheinen musste. Wie konnte er sich so auf uns einlassen – auf uns, die wir so anders waren? Indem ich die Organisation für die Gruppe übernahm, konnte ich mich auf eine Weise einbringen, die mich vermutlich irgendwann nach Ecuador zurückführen würde – und das wünschte ich mir sehr.«

Ebenso bedeutsam wie alles, was bei der Pachamama Alliance passierte, ist aber, wie die Achuar, Shuar, Sápara, Kichwa, Shiwiar und andere indigene Völker Ecuadors ihre Beziehungen untereinander verändert haben. Erbitterte langjährige Feinde taten sich zusammen. Sie überwanden ihre Angst, berührten einen riesigen, bedrohlichen Jaguar, der sie jahrhundertelang in seinem Bann gehalten hatte, und vereinten ihre Kräfte. So wurden sie unter anderem zum Aushängeschild für viele Völker in aller Welt, die durch neue Denk- und Handlungsweisen positive Veränderungen herbeiführen möchten, wie sie den Bedürfnissen ihrer Gesellschaften, der ganzen Menschheit und der Natur entgegenkommen.

Die Achuar bemühten sich weiterhin um denselben rechtlichen Status wie die Shuar- und Kichwa-Verbände. Vier Jahre nach unserem Besuch erlangten sie ihn. Der Name ihrer Organisation wurde von »OINAE« auf »NAE« abgekürzt (»Nacionalidad Achuar del Ecuador«).

Die NAE schloss sich einer Koalition an, der viele indigene Nationen Amazoniens angehören – der CONFENIAE (Confederación de Nacionalidades Indígenas de la Amazonía Ecuatoriana). Sie ist eine der drei Säulen der CONAIE (Confederación de Nacionalidades Indígenas del Ecuador), eines einflussreichen Bündnisses, das die indigenen Nationen aus drei Regionen vertritt (Amazonien, die Anden und die Küste). Diese Verbände konnten Ecuadors Innen- und Außenpolitik äußerst erfolgreich beeinflussen und haben Modellcharakter für indigene Organisationen in aller Welt. Die Pachamama Alliance hat sie und ihre Bewegungen durch Geldspenden, Ausrüstung und Versorgungsgüter unterstützt, aber auch durch juristischen und betriebswirtschaftlichen Beistand.

Ich selbst saß zwar von Anfang an im Verwaltungsrat der Pachamama Alliance, von Ende der 1990er-Jahre bis 2001, konzentrierte meine Kräfte jedoch vor allem auf Dream Change und die Shuar. Doch mein Leben veränderte sich, als ich in Lebensgefahr in ein New Yorker Krankenhaus eingeliefert wurde …

Kapitel 26

VERGIFTET

2001 LIEF MEIN VERTRAG mit SWEC aus und ich dachte viel über das Buch nach, an dem ich gearbeitet hatte, bevor die Drohanrufe kamen. Es wollte mir nicht aus dem Kopf gehen.

Am 11. September 2001 führte ich für Dream Change eine Gruppe zu den Shuar, tief ins Amazonasgebiet. Als die Türme des World Trade Center angegriffen wurden, stand ich gerade über Kurzwellenfunk in Verbindung mit dem Piloten hoch oben in den Anden, der uns ein paar Tage später abholen sollte. Er hörte Radio und beschrieb mir Minute um Minute die unvorstellbaren Ereignisse in New York. An jenem Abend erbot sich ein Shuar-Schamane, mit unserer Gruppe eine Zeremonie durchzuführen, um uns zu helfen, den Schock und die Angst zu verkraften, die uns erfasst hatten.

Nach meiner Rückkehr in die Vereinigten Staaten flog ich nach New York. Als ich in dieses schreckliche Loch im Boden schaute, wusste ich: Es war an der Zeit, aufzuschreiben, was mir im Kopf herumging – was ich als Agent im Auftrag der Wirtschaftsmafia getan hatte. Ich sah zwar keinen direkten Zusammenhang mit dem 11. September, hatte aber dennoch das dringende Bedürfnis, ein paar der Gründe zu offenbaren, aus denen manche Menschen in anderen Ländern die USA hassen. Da ich bei SWEC nicht mehr in der Pflicht stand, gab es keine juristischen Hindernisse. Ich zögerte lediglich aus Angst, dass meine Familie und ich wieder von Attentätern bedroht werden könnten. Deshalb beschloss ich diesmal, eine persönliche Geschichte zu schreiben – ein Bekenntnis –, und niemand anderen zu behelligen, der in meiner Branche oder als Schakal tätig gewesen war. Ich wollte das ganze Manuskript heimlich fertigstellen und dann meinem Agenten Paul Fedorko in New York schicken. Ich dachte, wenn es erst einmal in seinen kompetenten Händen wäre und er es an die Verlage weitergeleitet hätte, wäre das meine beste Versicherungspolice. Jeder, der mir nach dem Leben trachtete, wüsste dann, dass sich meine Bücher reißend verkaufen würden, wenn er mich zum Märtyrer machte.

Die *Bekenntnisse* wurden von 39 Verlagen abgelehnt – in erster Linie aus Angst vor den Folgen. Doch Paul gab nicht auf und schaffte es nebenbei mustergültig, mein Ego zu beschwichtigen. Endlich fand mit Berrett-Koehler ein kalifornischer Verlag den Mut, das Buch Ende 2004 zu veröffentlichen. Rasch schaffte es den Sprung in die Sachbuch-Bestsellerliste der *New York Times*, auf der es sich über 70 Wochen lang hielt.

Fünf Monate nach dem Erscheinen des Buches, im März 2005, flog ich wieder nach New York, wo ich bei den Vereinten Nationen sprechen sollte. In jenen Tagen gab ich viele Interviews. Meine PR-Frau Peg Booth hatte mich ein paar Tage vor meinem Besuch in New York angerufen, um mir mitzuteilen, dass ein nach eigener Aussage freier Journalist ein Interview angefragt habe. Da er nicht für eine bestimmte Zeitung oder Zeitschrift schrieb, lehnte ich zunächst ab. Bei meinen Begegnungen mit Reportern bekannter Nachrichtenmedien, die oft beim Essen stattfanden, setzte ich Prioritäten.

Doch der Journalist blieb hartnäckig. »Er wäre bereit, dich vom Flughafen abzuholen, zu Terminen zu fahren oder zum Essen einzuladen«, erzählte mir Peg bei einem Folgetelefonat. »Er würde dich bei der Wohnung der Freunde absetzen, wo du übernachten willst.« Das klang doch viel besser, als sich ein Taxi zu suchen – da waren wir uns einig.

Auf der Fahrt zu einem kleinen italienischen Café an der Upper East Side unterhielt ich mich mit dem Mann über meinen bevorstehenden Auftritt bei den Vereinten Nationen. Ich war damals absolut unbesorgt. Mich zu töten würde meiner Geschichte nur noch mehr Publicity verschaffen, dachte ich, und das war so ziemlich das Letzte, was die CIA oder sonst jemand, der Schakale anheuern könnte, haben wollte. Wir bestellten, und ich suchte kurz die Herrentoilette auf, bevor die Spaghetti Bolognese serviert wurden. Als ich zurückkam, stand das Essen schon auf dem Tisch. Beim Essen stellte mir der Mann ein paar Fragen, die so banal waren, dass ich mich fragte, wie er überhaupt jemals einen Artikel an den Mann brachte. Das Essen war nett, er setzte mich ab und ich dachte, damit sei die Angelegenheit erledigt.

Nachdem wir uns getrennt hatten, hielt ich mich allein in der Wohnung meines Freundes auf und wollte mich gerade mit meinem Literaturagenten Paul treffen, als ich starke Krämpfe bekam. Ich stolperte ins Bad. Auf der Toilette brach Blut aus mir heraus. Als Paul kam, lag ich heftig zitternd auf dem Boden und befand mich im Schockzustand. Ich wurde als Notfall ins Lenox Hill Hospital eingeliefert, wo man mir erklärte, ich hätte mehr als die Hälfte meines Blutes verloren. Ich erhielt sofort Transfusionen. Später wurde ich sechs Stunden lang operiert. Mir wurden über 70 Prozent meines Dickdarms entfernt.

Als ich mich in meinem Krankenhausbett erholte, erhielt ich E-Mails und Anrufe von Reportern, von Mitarbeitern der Pachamama Alliance und vielen Freunden – darunter auch Menschen, die sicher waren, dass man mich vergiftet hatte. Je länger ich darüber nachdachte, desto überzeugter war ich, dass die Fakten diese Schlussfolgerung erhärteten. Erst wenige Monate zuvor hatte ich im Rahmen des Vorsorgeprogramms für über 50-Jährige eine Darmspiegelung machen lassen und mein Gastroenterologe in Florida hatte mir mitgeteilt, abgesehen von ein paar Divertikeln, wie sie die meisten Menschen in meinem Alter haben, sei mein Dickdarm in gutem Zustand. Ich hatte keinerlei Symptome und zuvor auch keine Schmerzen oder Blutungen gehabt. Als Kampfsportler hatte ich zwei Tage vor meinem Flug nach New York noch mit anderen Schwarzgurtträgern angestrengt trainiert und war in guter Form gewesen. Rückblickend wurde mir klar: Dass ich beim Treffen mit dem »freien Journalisten« zur Toilette gegangen war, hatte ihm Gelegenheit gegeben, mein Essen zu vergiften.

Die Ärzte in New York hatten genug damit zu tun gehabt, mich am Leben zu erhalten. Erst nach der Operation kam jemand auf den Gedanken, dass ich womöglich vergiftet worden sein könnte – als die einzigen Beweismittel bereits verbrannt waren. Ich war zwar früher schon durch anonyme Telefonanrufe und von einem Mann bedroht worden, der angeblich ecuadorianische Ölinteressen vertrat, und der US-amerikanische Zoll hatte mich schikaniert, doch ich war davon ausgegangen, dass ich nach der Veröffentlichung des Buches sicher sein würde. Offenbar hatte ich mich geirrt. Jeder Versuch, erneut Kontakt zu dem »freien Journalisten« herzustellen, scheiterte. Und wir hatten ohnehin keine Beweise, um ihn eines potenziellen Verbrechens zu beschuldigen.

In den ersten Tagen nach meiner Operation schwankte ich zwischen Erleichterung, dass ich noch am Leben war, und Angst, jemand könnte erneut versuchen, mich zu ermorden – oder Jessica und Winifred etwas antun. Sie waren nach New York gekommen und saßen an meinem Bett. Ich mahnte sie, vorsichtig zu sein.

Der Anruf eines alten Freundes, der als Söldner und Schakal für Geheimdienstorganisationen der Regierung in Afrika, im Nahen Osten und in den USA tätig gewesen war, lenkte meinen Verdacht aber in eine andere Richtung.

»Der Kerl war so dumm und unprofessionell, das klingt nicht nach CIA oder NSA«, meinte er. »Wenn er für eine der Alphabet agencies arbeiten würde, dann wärst du jetzt tot.«

»Wer steckt dann dahinter?«

»Soll ich raten? Ein Fanatiker. Einer, der dich dafür hasst, was du als EHM getan hast.« Er verstummte. »Oder weil du reinen Tisch gemacht und darüber geschrieben hast.«

Ich verspürte enorme Erleichterung. Doch dann kam mir ein anderer furchtbarer Gedanke. »Meinst du, er versucht es noch mal?«

Er überlegte kurz. »Das bezweifle ich«, sagte er schließlich. »Solche Irren sind gewöhnlich sprunghafte Menschen. Schlägt eine Aktion fehl, denken sie meist, dass ein zweiter Anlauf zu riskant ist. In diesem Fall liest der Kerl bestimmt alles, was so über dich im Internet steht. Er weiß, du hast schwer gelitten, den Großteil deines Dickdarms eingebüßt, einen Vortrag bei den Vereinten Nationen verpasst und wirst in Zukunft äußerst vorsichtig sein.« Er kicherte. »Sicherlich sonnt er sich im Ruhm seiner eigenen abstrusen Welt.«

Nach dem Gespräch fühlte ich mich wie ein Todgeweihter, der im letzten Moment begnadigt worden ist. Ich lag in meinem Bett, allein in meinem Krankenhauszimmer, und ließ mich von einem befreienden Gefühl in tiefen Schlaf begleiten.

Doch schon beim Aufwachen quälte mich eine neue verstörende Frage – vielleicht ausgelöst durch einen Traum: Wie viele Menschen hassten mich wohl noch für alles, was ich als EHM getan hatte – oder weil ich versuchte, das begangene Unrecht wiedergutzumachen?

Zwischen den grauen Krankenhauswänden, während draußen vor meinem Fenster die Sirenen heulten und drinnen die Kranken und Sterbenden stöhnten und über die Sprechanlage ständig Ärzte ausgerufen wurden, wo es antiseptisch roch, und angesichts all der Bilder, Geräusche und Gerüche, die in einem Krankenhaus auf die Sinnesorgane einwirken – vor allem in einem, das in so einem muffigen New Yorker Altbau untergebracht ist –, stürzte ich in den tiefen Abgrund der Selbstvorwürfe.

Eines Nachts rüttelte mich eine Krankenschwester wach. »Sie haben geschrien«, flüsterte sie. »Haben Sie Schmerzen?«

Ich lag da, schaute zu ihr hinauf und wurde noch von meinen Traumbildern verfolgt. Ein wilder Jaguar hatte mich angreifen wollen. Mir klangen zwei Fragen in den Ohren: Warum hast du diesen verwerflichen Job so lange gemacht? Hast du denn nicht gesehen, dass du Schwache kolonisierst?

»Tut Ihnen etwas weh?«, fragte sie noch einmal.

»Es war nur ein Albtraum«, brachte ich schließlich heraus.

Sie strich mir über die Schulter. »Kein Wunder, Sie haben ja auch eine traumatische Operation hinter sich.«

Während meiner Rekonvaleszenz hallten mir tagelang immer wieder diese beiden Fragen in den Ohren. Warum hatte ich diesen Beruf all die Jahre ausgeübt, selbst als ich schon wusste, dass falsch war, was ich tat?

Wieso hatte ich so lange gebraucht, um zu erkennen, dass unsere Art der Kolonisierung uns, den Kolonialherren, ebenso schadete wie den Kolonisierten? Das gescheiterte globale Wirtschaftssystem, das wir geschaffen hatten, und unsere Besessenheit von kurzfristiger Gewinnmaximierung, ungeachtet der ökologischen und sozialen Kosten, hatten in vielen Ländern zu verheerenden Umweltschäden, Einkommensgefälle, Kriegen und Zusammenbrüchen der gesellschaftlichen und politischen Strukturen geführt. Die einzige Antwort, die mir darauf einfiel: Es war unvorstellbar schwierig gewesen, MAIN zu verlassen. Ich war vom Geld verführt worden, von den Erste-Klasse-Flügen, von den Übernachtungen in den besten Hotels und all den anderen Extras. Und ich hatte dem Druck nachgegeben, den mein Chef, andere Topmanager und meine Kollegen ausübten. Mit Zuckerbrot und Peitsche hatten sie mich zum Bleiben überredet.

Doch da war noch etwas anderes. Die Aura meiner Position hatte mich dort gehalten. Ich tat, wozu ich erzogen worden war. Ich verdiente viel Geld und reiste an Orte, von denen ich mir nie hätte träumen lassen. Ich pflegte Umgang mit Staatspräsidenten. Ich lebte ein privilegiertes Leben – den amerikanischen Traum, wie er mir vermittelt worden war. Ich war Ökonom und tat, was Ökonomen in der internationalen Entwicklungsarbeit so tun. Ich war sogar Chefökonom. Dieser Titel war untrennbar mit meinem Namen verbunden – ein Etikett, das meinem Ego schmeichelte. Es war die Identität, die ich der Welt vorgaukelte – und dem Gesicht, das ich jeden Morgen rasierte. Außerdem war ich Amerikaner. Als solcher war es meine Aufgabe, all den Ländern, die versucht waren, sich den Sowjets und dem Kommunismus zuzuwenden, den amerikanischen Kapitalismus zu verkaufen.

Bald nach meiner Entlassung aus dem Lenox Hill Hospital fuhr ich nach Boston, wo ich wieder Verbindung zu Howard Zinn aufnahm, meinem ehemaligen Professor von der Boston University und Autor vieler Bücher wie dem Bestseller *Eine Geschichte des amerikanischen Volkes*. Howard war damals schon über 80 und engagierte sich immer noch für die Sache, für die er schon sein gesamtes Berufsleben hindurch eingetreten war: die Reform eines scheiternden Systems. Als ich ihm meine Schuldgefühle gestand, erinnerte mich seine Reaktion an den Rat, der mir einst aus indigenen Kreisen erteilt worden war.

»Lauf nicht weg vor deiner Schuld«, meinte Howard. »Wir alle haben Schuld auf uns geladen. Wir müssen zugeben, dass es zwar die großen Konzerne sind, denen die Propagandamaschinerie gehört, doch dass wir uns haben in die Irre führen lassen. Du kannst mit gutem Beispiel vorangehen. Zeig anderen, dass es einen Ausweg gibt, nämlich Wiedergutmachung – und sie ist möglich, wenn wir uns den Dingen stellen und sie ändern. Kremple die Ärmel hoch und tu etwas.«

Howard wollte mir dringend klarmachen, dass ich einer Erfolgsidee auf den Leim gegangen war, die mir durch viele Jahre meiner Ausbildung und meiner Sozialisation anerzogen worden war. Diese Vorstellung hatte mich in eine Realität versetzt, die für mich nicht länger taugte. Ich erinnerte mich an die Schamanen, die ich kennengelernt hatte. Sich zu verändern war nicht so schwer. Man musste diese tief verwurzelten Konzepte und Vorstellungen nur erkennen, sie berühren und ändern und dann aktiv werden, um eine neue Realität entstehen zu lassen. Aber leider war ich noch nicht so weit.

Kapitel 27

DIE ABKEHR VON ALTEN VORSTELLUNGEN

IN DEN VIER JAHREN nach der Veröffentlichung der *Bekenntnisse* wurde ich überschwemmt mit Anfragen, in vielen fremden Ländern, aber auch überall in den USA Vorträge zu halten und Interviews zu geben. Wenn ich zu Hause war, verbrachte ich Stunden mit Telefon- oder Internet-Interviews.

Weil das Buch so ein Erfolg war und satte Gewinne winkten, überboten sich die großen Verlagshäuser, die es ursprünglich abgelehnt hatten, um die Taschenbuchrechte zu erwerben. Mit meiner Zustimmung verkaufte sie Berrett-Koehler an Penguin. Im Anschluss hatte ich neben all den Vortrags- und Medienterminen noch einen Vertrag von Penguin für *The Secret History of the American Empire** und einen weiteren von Random House für *Hoodwinked* auf dem Tisch. Ich hatte so viel zu tun, dass ich kaum an etwas anderes denken konnte. Inzwischen sehe ich das so, dass ich auf diese Weise davor davonlief, Howards Rat zu befolgen.

2009 wurde es ruhiger und mir gingen Howards Worte nicht mehr aus dem Kopf: »Kremple die Ärmel hoch und tu etwas.« Ich merkte: Wenn ich integer und effektiv handeln wollte, musste ich mich zunächst von den Vorstellungen befreien, die ich mein Leben lang verinnerlicht hatte: von meiner Überlegenheit als weißer Mann, der in den Vereinigten

* Deutsche Ausgabe: Perkins, John (2007): Weltmacht ohne Skrupel, München: Redline. (Anmerkung der Redaktion)

Staaten geboren und aufgewachsen war. Ich musste mich von meinen romantischen Ideen über das Heldentum der Kolonisten verabschieden, die als Pioniere in Amerika gekämpft und die Einheimischen erbarmungslos getötet hatten, indem sie überlegene Waffen, Verrat, Lügen und Vertragsbruch einsetzten und die Überlebenden in konzentrationslagerähnliche Reservate sperrten. Ich musste all die negativen Vorurteile über Afroamerikaner, Vietnamesen, Chinesen, Muslime, Frauen, Schwule und alle anderen Menschen ablegen, die anders aussahen als ich oder andere Einstellungen hatten. Ich musste vieles überdenken, was ich in der Schule und vor allem an der Uni gelernt hatte. Ich musste die Kolonisierungskonzepte fallen lassen, denen zufolge die Umwelt entweder geschädigt werden musste, um ihr Öl, ihre Mineralien und ihr Holz auszubeuten, oder geschützt werden musste, weil sie medizinische Wirkstoffe, Luft, Wasser und andere Ressourcen barg, die dem Menschen nützlich waren. Ich musste mein Bewusstsein um die indigene Vorstellung erweitern, dass die Natur deshalb geschützt werden muss, weil sie lebt und heilig ist. Ich musste zugeben, dass meine Vorstellungen von mir selbst und meine Rolle in der Wirtschaft dazu beigetragen hatten, Systeme zu schaffen, die das Leben, wie wir es kennen, vernichten. Ich musste meine Angst in Überzeugungen und Aktivitäten umwandeln, die die Welt verbessern sollen.

Mein erster Schritt war ein Anruf bei Bill und Lynne, um ihnen mitzuteilen, dass ich mich stärker in die Pachamama Alliance einbringen wollte. Sie waren begeistert von der Idee. Ab 2010 wurde ich als Verwaltungsratsmitglied deutlich aktiver.

Die Vergiftung, die Erlebnisse im Krankenhaus, meine Gespräche mit Howard Zinn und die Erkenntnisse, die ich über meinen Job als EHM und darüber gewonnen hatte, wie verführerisch dieses Leben war, beförderten mich von meiner alten in eine neue Realität. Und sie verhalfen mir zu klareren Vorstellungen von dem Jaguar, den wir berühren müssen. Ich erkannte, dass der Jaguar auf der Brücke der Wahrnehmung steht, die uns von einer Realität in eine andere befördern kann.

Kapitel 28

DIE BRÜCKE DER WAHRNEHMUNG

ALS MICH ENTSÁ mit der Idee vertraut machte, durch Berühren des Jaguars Weisheit, Kraft und persönlichen Einfluss zu gewinnen, leuchtete mir das ein, weil ich eine Heilung, eine Transformation erlebt hatte. Er hatte dafür das Wort für Gestaltwandlung verwendet: »Arutam«.

Nun begriff ich die eher philosophischen Konzepte, die dahintersteckten. Ich erinnerte mich an die Worte Maria Juanas. Ich hatte sie in mein Notizbuch geschrieben: »Es gibt zwei Realitäten, die objektive, wie dieser Stuhl, und die wahrgenommene – also die Ideen, über die wir sprechen, während wir auf diesem Stuhl sitzen. Indem wir die wahrgenommene Realität verändern, verändern wir auch die objektive.« Sie hatte erklärt, dass der Stuhl und die Gespräche, die darauf stattfinden, eine andere Realität annehmen, wenn wir davon ausgehen, dass nur ein bestimmter Mensch, etwa ein Schamane, auf diesem Stuhl sitzen darf, als wenn wir glauben, dass jeder auf diesem Stuhl Platz nehmen kann.

Ich erinnerte mich auch, wie mir Professor Mata erzählt hatte, dass der Jaguar ein machtvolles Symbol sei, der mich, wenn ich mich meinen Ängsten stellte, zu Handlungen anleiten würde, die meine Wirklichkeit verändern sollten. In meinem Fall sollten sie mich gesund machen. Und das wurde mir tatsächlich zur neuen Realität.

Alles, was ich über die Jahre erlebt hatte, ermöglichte mir, klar zu sehen, dass die menschliche Realität von unseren Wahrnehmungen geprägt wird. Das ist die Grundlage der modernen Psychotherapie, der Quantenphysik und des Marketings von Unternehmen. Und um uns selbst oder unsere Welt zu verändern, müssen wir die Barrieren niederreißen, die uns in unserer alten Denk- und Handlungsweise festhalten. Laufen wir vor unseren Ängsten davon oder verleugnen sie, werden sie uns verfolgen. Stellen wir uns ihnen, können wir uns ihrer Macht bedienen.

Erst jetzt verstand ich, was es mit dem Jaguar auf sich hatte. Er stand auf der Brücke der Wahrnehmung, die uns von einer auf vorgefassten Ideen und Werten gestützten Realität in eine Realität befördern konnte, die auf neuen Ideen und Werten beruhte. Ließen wir uns von diesem Jaguar ins Bockshorn jagen – von den Dingen zurückhalten, die wir früher einmal gelernt haben, oder von unserer Angst vor Veränderungen –, würden wir an dem Jaguar nicht vorbeikommen und die Brücke nie überschreiten. Berührten wir dagegen den Jaguar und nahmen die Stimmen, Lehren, Werte und anderen Hindernisse bewusst wahr, die uns im Wege standen – stellten wir uns ihnen und veränderten sie –, dann gab uns das die Kraft, alles Nötige zu tun, um die Brücke in eine neue Realität zu überqueren.

Verständlich wurde das alles im Kontext meines Erlebnisses mit Entsá vor all den Jahren, als ich in El Milagro fast gestorben wäre. Vor meinem inneren Auge sah ich ein Bild aus zwei Kreisen, die für die beiden Realitäten standen, verbunden durch eine Brücke: Realität eins führt über eine Brücke der Wahrnehmung zur Entstehung von Realität zwei.

Als ich damals als Freiwilliger des Friedenskorps in Amazonien erkrankte und geheilt wurde, war Realität eins Chicha (Spuckebier) und exotische Speisen. Die Wahrnehmung war eine Stimme, die mir sagte: »Was du da isst und trinkst, das bringt dich um.« Sie beförderte mich über eine Brücke der Wahrnehmung in Realität zwei: Ich wurde sterbenskrank.

Die schamanische Reise veränderte diese Wahrnehmung. Sie ging von derselben Realität eins aus: Chicha und exotisches Essen. Doch dann kam die neue Wahrnehmung: Bilder, die mir zeigten, dass diese Ernährungsweise die Shuar stark machte und Chicha das Wasser reinigte. So konnte ich die Brücke der Wahrnehmung in eine neue Realität – Realität zwei – überschreiten: gute Gesundheit.

Bewacht wurde diese Brücke von einem Jaguar. Dieser wurde anfangs durch die Stimme aus der Vergangenheit verkörpert, die mir sagte, dass mir schadete, was ich zu mir nahm. Als mich Entsá aufforderte, mich meiner Angst zu stellen, ließ mich der Jaguar erkennen, dass diese Speisen nahrhaft waren. Es war meine Einstellung, meine Wahrnehmung, die mich davon abgehalten hatte, gesund zu werden – und als ich sie verändert hatte, genas ich.

Mir wurde auch klar, dass ich mir die Parasiten, die mir in Cuenca diagnostiziert worden waren, vermutlich von rohen Früchten, Gemüse und anderen Nahrungsmitteln zugezogen hatte, die ich an »zivilisierten« Orten wie Cuenca zu mir genommen hatte, oder in dem kakerlakenverseuchten Gasthof, in dem wir auf der Fahrt nach El Milagro übernachtet hatten – nicht von den gegarten Speisen im Dschungel.

In den Jahren, die auf diese Erleuchtung über die Brücke der Wahrnehmung folgten, arbeitete ich daran, meine Rolle als Mensch in dieser Epoche der Geschichte anders zu betrachten und zu einer neuen Wahrnehmung und einer neuen Realität zu finden. Ich handelte anders und nutzte meine Zeit anders. Auf diese Weise konnte ich einen Transformationsplan ins Auge fassen, der größer war als alles, was ich mir zuvor hätte vorstellen können. Ich begriff: Wenn ich den Jaguar berührte, konnte ich die Dinge aus einem anderen Blickwinkel betrachten. Ich konnte mit dem »anderen« mitfühlen und mich in ihn hineinversetzen. So stellte ich mir plötzlich Fragen wie: Wie fühlt sich dieser CEO, wenn er von Umweltschützern angegriffen wird? Was muss geschehen, damit er sich nicht in die Enge getrieben fühlt, sondern eher motiviert ist, die Dinge in Angriff zu nehmen, die die Umweltschützer von ihm fordern? Wie können wir ihm helfen, die Brücke der Wahrnehmung zu überschreiten?

Außerdem erkannte ich, dass meine Referenzen als Ökonom mir bei Wirtschaftslenkern, Medien und in wissenschaftlichen Kreisen Glaubwürdigkeit verschafften. Ich musste unbedingt aufhören, mich als ehemaliger EHM selbst zu zerfleischen, und mich stattdessen auf die Erfahrungen und Kenntnisse konzentrieren, die ich als Chefökonom erworben hatte.

Das war auch ein familiärer Wendepunkt für mich. Jessica hatte inzwischen ihren Collegeabschluss in der Tasche, war verheiratet und hatte einen Sohn, Grant. Winifred und ich gelangten zu dem Schluss, dass uns unsere Wege in unterschiedliche Richtungen führten, und wollten uns scheiden lassen. Im Verlauf des Scheidungsverfahrens merkte ich, dass überkommene Verhaltensweisen einer Scheidung im Wege standen, die uns erlauben würde, Freunde zu bleiben. So hatte ich zum Beispiel ganz stark das Gefühl, dass ich finanziell übervorteilt werden sollte und dass mir Geld eigentlich wichtiger sein sollte als mein künftiges Verhältnis zu Winifred. Als mir das bewusst wurde und ich diese Jaguare berührte, war das für mich wie ein Geschenk: Ich zeigte Empathie für sie, sie hatte Mitgefühl mit mir. Ich erkannte, dass unsere künftige Beziehung wichtiger war als der relativ geringe Betrag, um den es ging. Unsere Entscheidung, uns scheiden zu lassen, befreite uns beide gleich in mehrfacher Hinsicht. Wie wir das zuwege brachten – nämlich mit Verständnis füreinander und mit Freundlichkeit –, erlaubte uns, weiterhin gute Freunde zu bleiben und uns auf ganz neuen Ebenen zu unterstützen.

Ich begann eine Beziehung mit Kiman Lucas – der Frau, mit der ich jetzt schon viele Jahre zusammenlebe. Wir sind beide sehr anspruchsvoll, leidenschaftlich und emotional. Erkennen wir bei Meinungsverschiedenheiten, dass die Lösung darin besteht, dem anderen mehr Verständnis und mehr Empathie für seine Gefühle entgegenzubringen, so überqueren wir die Brücke der Wahrnehmung aus einer möglicherweise hässlichen Realität in eine bessere, schönere. Kiman ist Juristin. Entsprechend beschreibt sie diesen Prozess: »Realität eins sind die geschriebenen Gesetze. Wie wir diese wahrnehmen, uns ihnen stellen und die Art verändern, wie andere sie auszulegen versuchen, hat gewaltige Auswirkungen darauf, wie ein Prozess ausgeht. Realität zwei entspricht dem Ausgang des Verfahrens. ›Schuldig‹ oder ›nicht schuldig‹ wird von den Wahrnehmungen der Richter oder Geschworenen geprägt.«

Mir wurde klar: Wir mussten den Jaguar berühren, den unsere Angst vor Veränderungen darstellt. Wir mussten von einer destruktiven Realität in eine vordringen, die uns mit der Natur und miteinander in Einklang brachte. Nur so ließe sich ein gescheitertes Gesellschafts-, Regierungs- und Wirtschaftssystem in ein erfolgreiches verwandeln. Nur so konnten Wirtschaftslenker und alle Menschen dazu gebracht werden, die Werte zu verinnerlichen, die auf der langfristigen Nachhaltigkeit fußten, die uns unsere indigenen Verbündeten nahebrachten.

Kapitel 29

DIE ALLIANZ

ZUSAMMEN MIT DANIEL beschlossen Bill, Lynne und ich, alljährlich Gründerreisen zu dem Ort zu veranstalten, an dem alles begonnen hatte. In dieses Vorhaben bezogen wir zwei faszinierende Frauen ein: Belén Páez, die von Anfang an das Büro in Ecuador geleitet hatte, und Sara Vetter, Lynnes Partnerin bei der Spendenwerbung. Diese beiden Frauen stehen exemplarisch für die praktischen Aspekte einer Veränderung der Realität durch die Veränderung von Wahrnehmungen.

Belén war maßgeblich an der Entwicklung einer neuen Verfassung für Ecuador beteiligt, die als erste weltweit Naturrechte garantierte. Sie führte auch wesentliche Veränderungen bei indigenen Männern und Frauen zu Geschlechterfragen herbei. Unter ihrer Anleitung und der ihrer Shuar-Freundin Narcisa Mishienta erhielten Frauen das Recht, in der Gemeinschaft, in der nationalen Politik und in der Regierung Führungsrollen zu übernehmen.

Sara behauptet, der Wert des Geldes richte sich danach, wie wir es wahrnehmen. Sie versucht, Menschen begreiflich zu machen, dass Geld nur Mittel zum Zweck ist – und einer der wichtigsten Zwecke die Umstellung von gescheiterten Systemen auf solche, die künftigen Generationen ein nachhaltiges Leben ermöglichen. Sie animiert Menschen, Geld dafür zu verwenden, eine Wirtschaft des Lebens aufzubauen.

Aus einem Ruf aus dem Regenwald im Jahr 1993 und der Pilgerfahrt eines Dutzends Menschen in Achuar-Territorium 1995 war eine höchst erfolgreiche Organisation geworden – und eine großartige Partnerschaft mit indigenen Völkern. Sie war ein Paradebeispiel für das Überqueren der Brücke der Wahrnehmung. Weil sich veränderte, wie diese erste Gruppe die Welt wahrnahm, schafften sie und viele andere den Sprung in eine neue Realität. Manche mussten dafür den Jaguar der Entmutigung berühren: »Das Problem ist einfach zu groß.« Für andere war der Jaguar mangelndes Selbstvertrauen: »Dieses Problem kann ich unmöglich lösen.« Für wieder andere war es die Angst vor Veränderungen: »Ich möchte nicht riskieren, meinen gewohnten Lebensstil zu verlieren.« Welchem Jaguar sie sich auch stellten, sobald sie ihn erkannt und überwunden hatten, waren sie in der Lage, Maßnahmen zu ergreifen, die sie in eine neue Realität beförderten, in der sie mehr Mitspracherecht ausübten.

2020 war die Pachamama Alliance bereits absolut global und bot Programme in über 80 Ländern an. Zu Anfang ihres dritten Jahrzehnts verfügt sie über eine Website, www.pachamama.org, die einen Überblick über alles gibt, was sie bisher erreicht hat. Hier ein paar Auszüge daraus:

> *Seit 1997 arbeiten wir solidarisch mit indigenen Organisationen des Amazonas in Ecuador, um deren Rechte und Heimat zu verteidigen.*
> *Unsere ersten Bemühungen lieferten juristisches und technisches Fachwissen zur Stärkung der Selbstverwaltung der Ureinwohner und zur Erhaltung ihres Landes und ihrer Kulturen …*
> *Während [diese] ein großer Erfolg waren, fragten wir uns viele Jahre lang, wie wir eine weitreichende Wirkung erzielen können, um »den Traum zu verändern«.*
> *2005 haben wir mit dem »Awakening the Dreamer«-Symposium unsere Reihe von Workshops zum transformativen Lernen gestartet.*
> *Menschen versammeln sich auf Symposien auf der ganzen Welt, um den Wert der alten Weisheit bei der Bewältigung unserer modernen Krisen … zu entdecken.*[10]

Seit 1997 hat sich im ecuadorianischen Amazonasgebiet vieles verändert. Die Straße von Quito nach Shell ist inzwischen befestigt und breiter geworden. Die neuen Turboprop-Maschinen sind mit modernster Navigationstechnik ausgerüstet. An der Strecke leben weit mehr Menschen, die über Stromanschlüsse und Fernseher verfügen. In Form von Entwicklungskennzahlen nehmen sich diese Veränderungen zwar positiv aus, doch wie nützlich oder schädlich sie wirklich sind, darüber ließe sich streiten. Immerhin steigt dadurch das Potenzial für mehr Ausbeutung, Überbevölkerung und Naturzerstörung.

Es ist aber keine Frage, dass es positive Veränderungen gegeben hat. Die Ölgesellschaften dringen nicht weiter in das Gebiet der Achuar vor. Das Bewusstsein dafür, wie wichtig es ist, den Regenwald zu erhalten, ist gestiegen – in Ecuador und weltweit. Doch die möglicherweise beeindruckendste Veränderung von allen betrifft die Menschen.

Manche der Achuar-Krieger, die damals unser Flugzeug angriffen und versuchten, Yahanua zu töten, sind heute mit Shuar-Frauen verheiratet. Die Gruppe, die Bill, Lynne und ihre Reisegefährten »entführte«, arbeitet inzwischen eng mit der Pachamama Alliance zusammen. Taish und seine Exfeinde leben friedlich zusammen. Sämtliche Amazonasnationen haben sich nach Jahrhunderten der Feindschaft und des Krieges in Verbänden zusammengeschlossen, die dieselben Ziele und Werte verfolgen und gemeinsam handeln. Das wäre vor 20 Jahren noch unvorstellbar gewesen.

Dennoch werden die Meldungen über die Verheerungen, die wir Menschen auf unserem Planeten anrichten, immer düsterer.

Als ich mich an dieses Buch setzte, war bereits klar, dass der Ruf aus dem Regenwald ein Aufruf war, neue Erkenntnisse zu gewinnen, neue Werte zu übernehmen und alles Nötige zu tun, um das Navigationssystem dieser Raumstation, auf der wir leben, neu zu programmieren. Er war ein Appell, die Welt vor dem brutal zerstörerischen Verhalten zu bewahren, das wir gegenüber uns selbst und unserer Heimat an den Tag legen.

Ein Besuch bei einer indigenen Kultur, die viel über Kolonisierung und Entkolonisierung weiß, hat mich die tieferen Zusammenhänge erkennen lassen.

Achter Teil

Die Entkolonisierung

2017 bis heute

Wir sind die älteren Geschwister – unsere Kultur ist älter und weiser als eure. Es ist unsere Aufgabe, euch, den jüngeren Geschwistern, beizubringen, dass wir pfleglich mit unserer heiligen Mutter umgehen müssen, der Erde. Der Kolonisierung haben wir uns zwar widersetzt, doch die Ideen der Kolonisatoren sind in die Köpfe der jüngeren Geschwister eingedrungen.

Kapitel 30

DIE KOGI: Kolonisierungsexperten

IM HERBST 1976, als ich noch bei MAIN arbeitete, ritt ich zu Pferd durch dichten Dschungel in die Berge der Sierra Nevada de Santa Marta an der kolumbianischen Karibikküste. Nur dort ragen aus der Tiefe des Ozeans auf dem Festland Berge bis auf 5500 Meter in die Höhe. Ich war auf dem Weg zu einer Kaffeeplantage, die ich als privates Projekt gekauft hatte, um mit einer örtlichen Universität zusammenzuarbeiten. Ich hatte mir eingeredet, ich wolle den Bauern gern beibringen, wie sie ohne Chemie Landwirtschaft betreiben können. Rückblickend vermute ich, dass ich vielleicht unterbewusst einen Ausgleich leisten wollte für meine Arbeit als EHM und für die Privilegien, die ich als US-Bürger genoss, der in der Woche vermutlich mehr verdiente als diese Subsistenzbauern in ihrem ganzen Leben. Zu der Farm gehörten 100 Hektar unberührter Gebirgsregenwald. Auf rund 20 Hektar waren Kaffeesträucher angepflanzt worden. Den undurchdringlichen Dschungel, der die übrigen 80 Hektar bedeckte, hatte ich nie betreten.

Auf dem Pfad kam mir ein Reiter entgegen, der zwei weitere Pferde mit sich führte. Jedes trug eine mit einer Plane abgedeckte Last auf dem Rücken. Als er sich näherte, sah ich, dass unter den Planen Füße hervorschauten. Leichen! Gleich zwei. Trotz der Hitze lief mir ein kalter Schauer über den Rücken.

»Was ist denn passiert?«, fragte ich den Mann, als er sein Tier neben mir zum Stehen brachte.

»Sie haben sich gegenseitig erschossen.«

Ich war entsetzt. »Warum? Wer sind sie?«

»Ein Drogenhändler und ein FBI-Agent.«

Ich war fassungslos. »Das kann doch nicht sein. Das FBI wird nicht außerhalb der Vereinigten Staaten eingesetzt.«

Er griff in seine Satteltasche, zog etwas hervor, das aussah wie eine Brieftasche, und reichte es mir: ein FBI-Abzeichen.

Ein furchtbarer Gedanke beschlich mich. Was, wenn Einheimische, die mich als ausländischen Kolonisator ablehnten, auf meinem Land Marihuana und Kokain angebaut und dem FBI mitgeteilt hatten, ich sei ein Drogenhändler?

Ich wendete mein Pferd, ritt vor dem Mann mit den beiden Toten im Schlepptau den Pfad hinunter, stieg in den Jeep, den ich unten am Straßenrand geparkt hatte, und fuhr in die Stadt Barranquilla. Dort suchte ich unverzüglich das Büro eines kolumbianischen Freundes aus der Kaffeebranche auf und verkaufte ihm meine Plantage für billiges Geld.

38 Jahre später kehrte ich in die Berge der Sierra Nevada zurück. Mein Freund Daniel Koupermann, der mich seinerzeit mit den Achuar in Berührung gebracht hatte, hatte die Kogi besucht, die in diesen Bergen leben. Sie hatten ihn und in der Verlängerung auch mich eingeladen, um Menschen zu ihnen zu bringen. Sie hatten ihm mitgeteilt, sie hätten uns viel zu sagen über unsere Rolle als verantwortungsvolle Verwalter der Erde.

2015 und 2016 brachten Daniel und ich Reisegruppen zu ihnen. Ihre Botschaft verfehlte nie ihre Wirkung, doch mit jeder Reise öffneten sie sich uns gegenüber ein bisschen mehr. 2017 hatten die Kogi-*Mamos* (männliche Schamanen) unsere dritte Gruppe eingeladen, einen heiligen Ort zu besuchen, den ihrer Aussage nach zuvor noch nie ein Fremder betreten hatte.

Wir saßen in einer aus riesigen Felsblöcken gebildeten Höhle – zwölf Besucher, zwei Mamos und ein junger Mamo in der Ausbildung. Die Mamos trugen ihre traditionellen langen weißen Tuniken über locker sitzenden weißen Hosen und spitze weiße Hüte, die für die Berggipfel standen. »Wir sind Kolonisierungsexperten«, erklärte einer der Mamos auf Spanisch. Daniel übersetzte, während der Mamo weitersprach: »Wir sind viele Male kolonisiert worden. Vor langer Zeit marschierten die spanischen Konquistadoren bei uns ein. Unsere Vorfahren bekämpften sie, doch Pfeil und Bogen konnten ihren Waffen wenig entgegensetzen. Auf der Suche nach Gold rissen sie die Erde auf und versuchten, uns zum katholischen Glauben zu bekehren. Da verabschiedeten wir uns von der schönen Heimat unserer Vorfahren an der Karibik und kletterten höher in die Berge.

Jahre später kamen die Kaffee- und Marihuanafarmer. Erst versuchten wir, mit ihnen zu leben, doch dann holzten sie die Wälder ab, pflanzten ihre Sträucher, vergifteten das Land mit Chemikalien und verlangten von uns, unsere Lebensweise zu verändern und auf ihren Plantagen zu arbeiten. Da zogen wir uns in noch größere Höhen zurück. Dann kamen die Kokain-Barone, die Polizisten, die Soldaten, die Guerillas und die CIA. Ständig gab es Schießereien. Wir suchten ganz oben im Land der Gletscher Zuflucht.«

Der Mamo hielt inne und musterte die umliegenden Felsen. Zu uns gewandt fuhr er fort, dass er im Rahmen seiner Ausbildung zum Schamanen als Kind von 4 bis 13 Jahren in einer Höhle gelebt habe, um mit der Erde zu sprechen und ihr zuzuhören. »Wir begriffen, dass wir hoch in die Berge getrieben worden waren, um zu lernen und dem traurigen Gesang der abschmelzenden Gletscher zu lauschen. Es bot sich uns Gelegenheit, eine noch tiefere Verbindung zur Erde einzugehen. Nun ist wieder Frieden in diese Region eingekehrt, und wir fordern unser angestammtes Land zurück und stehen Menschen wie euch zur Verfügung, um euch beizubringen, wie ihr euch verhalten sollt. Wir sind die älteren Geschwister – unsere Kultur ist älter und weiser als eure. Es ist unsere Aufgabe, euch, den jüngeren Geschwistern, beizubringen, dass wir pfleglich mit unserer heiligen Mutter umgehen müssen, der Erde.« Sein Blick wanderte über die Gesichter unserer Gruppe. »Der Kolonisierung haben wir uns zwar widersetzt, doch die Ideen der Kolonisatoren sind in die Köpfe der jüngeren Geschwister eingedrungen. Wir sind hier, um das zu ändern.«

Dort zwischen den Felsen dachte ich an die Jaguare, denen sich die Kogi gestellt hatten. Statt aufzugeben und sich entmutigen zu lassen, weil sie sich immer höher in die Berge zurückziehen mussten, hatten sie die Chance genutzt, von den Gletschern und der Erde zu lernen. Sie hatten sich eine neue Realität geschaffen – die von Lehrern für die Welt.

»Du hast tatsächlich neun Jahre lang in einer Höhle gelebt?«, wurde der Mamo gefragt.

»Ja«, erwiderte er. »Wir lernen, der Erde zuzuhören. Und wenn wir zuhören, dann spricht sie. Und wir handeln danach.«

Offenbar sprach er einen weiteren Aspekt der modernen Welt an: eine Einstellung, die uns davon abhält, wirklich zuzuhören – mit unseren Sinnen und unseren Herzen. Wir haben zwar akzeptiert, dass die Gletscher abschmelzen und Jahrhundertereignisse wie Wirbelstürme inzwischen fast jedes Jahr stattfinden, doch wir verpacken diese Erkenntnisse in pedantische Berichte und wissenschaftliche Messgrößen und vertagen alle echten Gegenmaßnahmen. Die Kogi brauchen keinen wissenschaftlichen Bericht, um das Offensichtliche in Worte zu kleiden. Sie werden auch so aktiv.

Wir verbrachten vier Tage bei den Kogi, hörten uns ihre Geschichten an und nahmen an ihren Zeremonien teil. Dazu gehörte auch, der Erde – oder der »großen Mutter«, wie sie sie nennen – Dankesopfer darzubringen für alles, womit sie uns versorgt. Wie schon die anderen Gruppen, die Daniel und ich jedes Jahr hergebracht hatten, war auch diesmal jeder Teilnehmer tief beeindruckt von dem einfachen Leben der Kogi, von ihrer ständigen Achtsamkeit und Dankbarkeit für alles, was ihnen das Leben und die Erde geben, und von ihrer Entschlossenheit, die Welt zu verändern.

Kapitel 31

GUTE NACHRICHTEN

ICH KEHRE JEDES JAHR für eine Woche an die Tilton School zurück – das Internat in New Hampshire, an dem schon mein Vater lehrte – und halte dort Vorträge. Meine Eltern und ich lebten damals in einem Haus auf dem Schulgelände. Dort verbrachte ich die ersten 18 Jahre meines Lebens. Seinerzeit war die Schule ein streng reglementiertes reines Jungeninternat mit einer weiterführenden Schule, in der Uniform getragen wurde. Heute geht es dort längst nicht mehr so förmlich zu, und es werden auch Mädchen aufgenommen.

Als ich von meiner Reise zu den Kogi zurück war, lief ich durch die Flure von Plimpton Hall und inhalierte den Geruch, den ich meinem Vater als Fünfjähriger als »poliertes Schnöselholz« beschrieben hatte. Ich musste an die beiden Männer denken, die mich in Tilton mehr inspiriert hatten als jeder andere Lehrer, den ich kannte: mein Englischlehrer Richard Davis und mein Geschichtslehrer Jack Woodbury. Beide brachten uns Schülern bei, dass Geschichte durch das geschriebene Wort – die Einstellung – stärker verändert wird als durch das Schwert. Sie ermunterten uns auch dazu, nachzuforschen, was wirklich hinter der offiziellen Lesart einer Geschichte steckt. So erklärte uns Mr. Woodbury eindringlich, dass Geschichtsbücher von Siegern geschrieben werden und dass in der US-Geschichtsschreibung üblicherweise alle Fakten ausgelassen werden, die auf ein Kolonialreich hindeuten.

Ich blieb stehen und sah durch das Glasfenster einer Klassenzimmertür, wie die Schüler ihrem Lehrer aufmerksam zuhörten – ohne zu wissen, dass ich sie beobachtete. Ich fragte mich, ob diesen Schülern wohl die kolonialen Aspekte der amerikanischen Geschichte bekannt waren: die Maßnahmen, die die Vereinigten Staaten ergriffen hatten, um viele Gebiete zu kolonisieren – wie Guam, die Panamakanalzone, die Philippinen, Puerto Rico, Samoa und große Teile Mexikos. Oder unsere Bestrebungen, Regierungen und Volkswirtschaften in Ländern Afrikas, Asiens, Lateinamerikas, des Nahen Ostens und Ozeaniens zu kontrollieren. Alles keine Fakten, die ein Land, das sich zum Verteidiger der Demokratie aufschwingt, in seinen Geschichtsbüchern stehen haben möchte. Doch diese Geschichten müssen erzählt werden, damit wir den kollektiven Jaguar berühren können, der die Wirtschaft des Todes herbeigeführt hat.

Ich wandte mich ab und ging den Korridor hinunter. Bei meinem nächsten Vortrag musste ich unbedingt auf die Beziehung zwischen der US-Kolonisierung und der Wirtschaft des Todes eingehen. Da klingelte es. Die Schüler strömten an mir vorbei. Für heute war der Unterricht beendet. Ich ging weiter, tief in meine Erinnerungen versunken.

Plötzlich stand ich vor dem alten Klassenzimmer meines Vaters – dem Ort, an dem er abwechselnd Latein, Spanisch und Französisch unterrichtet hatte. Vor der Tür hing ein Foto, das ihn als jungen Mann in einem Anzug mit Fischgrätmuster zeigte – zu Ehren seiner vier Jahrzehnte in Tilton, wie die Aufschrift verriet. Mich überkam eine tiefe Traurigkeit – eine Sehnsucht, ihn noch einmal zu sehen, seine Stimme zu hören.

Das Zimmer war leer. Ich trat ein und setzte mich auf den Stuhl hinter dem Lehrerpult. Mit den Händen fuhr ich über das dunkle Holz und spürte die Präsenz meines Vaters. Ich erinnerte mich daran, wie er mir erzählt hatte, was ich aus einem Film über das antike Rom über die Gladiatoren erfahren hätte, sei ein Zeichen für eine dekadente Gesellschaft gewesen – ein im Niedergang begriffenes Weltreich. Ich schloss die Augen und wurde in die Nacht zurückversetzt, in der ich in Taishs Haus Ayahuasca eingenommen hatte.

Vor meinem inneren Auge lief eine Fotomontage ab – mit Bildern von Männern, die andere Männer, Frauen und Kinder misshandelten, von Soldaten, die Schwerter schwangen oder Drohnen steuerten, welche

Raketen abfeuerten, die oft Zivilisten töteten, von schwerem Gerät, das die Erde verwüstete und Gift in die Luft spuckte, von Obdachlosen in schmutzigen Decken unter Straßenbrücken und luxuriösen Anwesen hoch oben auf terrassenförmigen Anhöhen.

Dann sah ich die Frau, die mir am Ende dieser schamanischen Reise erschienen war, und hörte wieder ihre Stimme: »Die Reichen wollen immer reicher werden und ihre Macht konsolidieren. … Treulose Beherrscher.« Und ihre abschließende Mahnung: »Es wartet Arbeit auf dich.«

Ich öffnete die Augen. Mein Blick fiel auf das Pult meines Vaters. Noch während ich dasaß, begriff ich: Ich musste noch einmal meinen Jaguar berühren, um meine eigenen entmutigenden Gedanken und Versagensängste loszuwerden. Ich musste die Kraft und Weisheit annehmen, die mir der Jaguar geben konnte. Ich musste anderen helfen, zu erkennen, wie sie unser Narrativ und unsere Denkweise, unsere Werte und unsere Handlungen verändern können.

Als ich aufstand, sah ich ein Poster an der Wand des Klassenzimmers hängen: Versailles. Wir genießen es heute, Museen wie Versailles zu besuchen, und mokieren uns über die Gier der Könige, die dort Bankette veranstalteten, während ihre Untertanen draußen in den Gettos verhungerten. Wir fragen uns, wie diese Könige es fertigbrachten, angesichts so großen Elends solchen Überfluss zu rechtfertigen. Dabei müssten wir nur an den prunkvollen Anwesen, Mega-Yachten und Luxusjets heutiger Milliardäre vorbeifahren und könnten uns ähnliche Fragen stellen.

Ich trat ans Fenster. Draußen schien die Sonne auf die Bäume und auf das Städtchen am Fuße des Hügels in New Hampshire – einen Ort, den ich einmal gut gekannt hatte. Wie er sich doch verändert hatte! Die beiden Lebensmittelläden gab es nicht mehr. Auch nicht die Apotheke. Weder den Zeitschriftenladen mit der beliebten Eis- und Limobar, noch die kleine Bank oder die beiden Arztpraxen. Auch der Bahnhof war Geschichte. Alles weg. Es gab noch einen Friseursalon und ein paar andere kleine Geschäfte, doch die Hauptstraße wirkte auf mich wie eine Geisterstadt.

Aus dem Fenster konnte ich die Einkaufszentren nicht sehen, die es zu meiner Zeit noch nicht gegeben hatte, doch ich konnte sie mir vorstellen – drüben an der Fernstraße, die damals noch nicht gebaut war. Die Stadt hatte die meisten ihrer Geschäfte eingebüßt. Doch der Großraum Tilton bot Einkäufern aus dem ganzen Bundesstaat jetzt Walmart, Ralph Lauren, Banana Republic, Gap, Brooks Brothers, J.Crew, Coach, Nike …

Ich richtete meinen Blick wieder in das Klassenzimmer. Die heutigen Schüler dieser Schule würden Veränderungen erfahren, die sich rasant vollzogen und ganz anders waren als alles, was die Menschheit je erlebt oder sich erträumt hatte. Ich griff nach dem Handy in meiner Tasche. Hätte zu meiner Schulzeit ein Mitschüler behauptet, dass wir mit einem so winzigen Gerät einmal fast alle jemals gedruckten Informationen einsehen, Musik, Filme und Fernsehsendungen abrufen, Einkäufe und Bankgeschäfte erledigen und ständig mit Menschen auf der ganzen Welt kommunizieren können würden, wir hätten ihn lachend davongejagt.

Doch während meine Finger mit dem Handy spielten, kam mir ein positiver Gedanke. Trotz all der Probleme, vor denen wir heute stehen, haben wir heute Zugang zu Informationen, die uns wachrütteln und dazu motivieren können, die Dinge anders zu machen. Der lange Marsch der hierarchischen Kolonialgeschichte hat uns zu diesem Augenblick der Erkenntnis geführt. Wir lernen allmählich, dass die abschmelzenden Gletscher, die aussterbenden Arten, politische Unruhen und andere herzerweichende Ereignisse Symptome eines globalen Gesellschafts-, Regierungs- und Wirtschaftssystems sind, das sich so lange selbst verzehrt, bis es sich ausgelöscht hat: eine sterbende Wirtschaft, eine Wirtschaft des Todes, die auf der Annahme beruht, dass sich Erfolg für Unternehmen nach der Maximierung der kurzfristigen Gewinne und für den Einzelnen nach der kurzfristigen Anhäufung materieller Dinge bemisst, ungeachtet der Kosten für die Umwelt und die Gesellschaft.

Mein Blick wanderte wieder zu dem Poster von Versailles – einem Symbol für die Entschlossenheit der Reichen, ihre Macht durch die Jahrhunderte zu wahren. Ich war einen langen Abschnitt meines Lebens Teil dieses Vermächtnisses gewesen – ein moderner Soldat und Kolonisator, der eine Mischung aus Angst und Schuld eingesetzt hatte, um ein System zu verbreiten, das ich für Kapitalismus gehalten hatte, bis mir klar wurde, dass es eine räuberische, monopolistische Abart ist, die den Kapitalismus ad absurdum führt.* Ich und meine Kohorten, wir unterdrückten den Wettbewerb, stürzten demokratische Regierungen und förderten fremdenfeindlichen Nationalismus, wann immer das im Sinne der großen Konzerne war. Und nun stand ich in diesem Klassenzimmer und wusste: Es würde sich etwas ändern. So oder so.

Wenn wir in ausreichender Zahl den Jaguar berühren, der unsere Angst vor Veränderungen symbolisiert, dann wird sich diese Wirtschaft des Todes in eine Wirtschaft verwandeln, die Umweltverschmutzung beseitigt, Umweltschäden saniert und Technologien entwickelt, die die Umwelt nicht verwüsten: in eine lebendige Wirtschaft des Lebens. Geschieht das nicht, stehen uns immer größere Katastrophen bevor. Entweder verändern wir unsere Vorstellungen, Werte und Handlungen und finden uns mit neuartigen Beziehungen zu anderen, zu Ressourcen, Ländern, Regierungen und Kulturen ab, oder wir löschen uns am Ende selbst aus – oder entrinnen der Selbstzerstörung nur mit unvorstellbar knapper Not.

Ich erhob mich aus dem Stuhl meines Vaters und verließ das Klassenzimmer, das noch immer vertraut nach poliertem Schnöselholz roch. Langsam ging ich durch den Flur, die Treppe hinunter und ins Freie. Am anderen Ende des Schulgeländes stand das kleine weiß getünchte Haus, in dem ich mit meinen Eltern gelebt hatte. Heute wohnte dort ein anderer Lehrer, doch es sah noch genauso aus wie früher. Ich stellte mir vor, wie meine Mutter auf den Stufen stand und zu mir herüberwinkte.

Ich dachte an alles, was sie erlebt hatte: die Weltwirtschaftskrise, Hitler, Pearl Harbor und den Zweiten Weltkrieg. Doch die Zeiten wurden besser. Die Weltwirtschaftskrise ging vorüber. Die Deutschen und die Japaner kapitulierten. Aus ehemaligen Feinden wurden Freunde.

Ich dachte an meinen neunjährigen Enkelsohn Grant, den Urenkel, den meine Eltern nie kennengelernt hatten. Er war mir Inspiration und eine sehr unmittelbare Motivation, die Aufgaben in Angriff zu nehmen,

* Näheres über Raubtierkapitalismus und die Wirtschaft des Todes und des Lebens ist dem Ressourcenteil zu entnehmen.

die ich zu erledigen hatte, wie ich wusste. Meine Großeltern und Eltern hatten uns durch furchtbare Krisen gebracht. Unsere Aufgabe ist es, die Generationen, deren Vertreter die Schüler dieser Schule sind, und meinen Enkel Grant, auf die anstehenden Herausforderungen vorzubereiten.

Ich blickte mich um und sah die Wohngebäude, die Gehwege und die baumgesäumte Rasenfläche. Ich überlegte, wie viel ich im Laufe meines Lebens gelernt hatte. Ich dachte an die verschiedenen Orte in verschiedenen Ländern, an denen ich Vorträge gehalten hatte – von einer betriebswirtschaftlichen Fakultät in China bis zu einem Musikfestival in der Tschechischen Republik, von einem internationalen Wirtschaftsgipfel in Russland bis zu den Treffen verantwortungsbewusster Kapitalisten in den USA, von einem Yoga-Zentrum auf den Bahamas bis zu einer Topmanager-Konferenz in der Türkei und viele mehr. Ich erinnerte mich an Gespräche mit CEOs, die mir erklärten, sie würden ihre Unternehmen gern viel sozialer und umweltbewusster aufstellen. Doch sie hätten Angst, wenn sie dadurch Marktanteile verlieren oder Kursverluste an der Börse erleiden, gefeuert und durch jemanden ersetzt zu werden, dem es nur um Marktanteile oder Aktienkurse geht. Mehr als einmal baten mich diese CEOs dringend, das Publikum aufzufordern, Kampagnen in den sozialen Netzwerken zu starten, die Botschaften übermittelten wie: »Wir finden eure Produkte toll, werden sie aber nicht mehr kaufen, bis ihr euren ausländischen Beschäftigten existenzsichernde Löhne zahlt (oder nur recyceltes Material verwendet, und so weiter).«

Diese Botschaften können sie dann ihren Verwaltungsräten vorlegen und um die Veränderungen kämpfen, die sie selbst gern herbeiführen würden. Ein CEO sagte mir: »Selbst ein Topmanager, der ein Soziopath ist, wird sich der Umweltbewegung anschließen, wenn dies erst der Maßstab für Erfolg ist – und nicht mehr der kurzfristige Gewinn.«

Ich dachte an die unglaublichen Fortschritte, die die Pachamama Alliance erzielt hat, seit 1995 diese kleine Gruppe mit den Achuar zusammengetroffen war – und an all die Orte, die ich bereise, an denen Leute von der Pachamama Alliance alles dafür tun, die zerstörerischen Muster moderner Zivilisationen zu verändern. Offenbar begreifen weltweit immer mehr Menschen, dass sich etwas ändern muss. Sie wissen nur nicht, was sie tun sollen. Manche begeistern sich für rechte Regierungen. Andere orientieren sich nach links. Doch Menschen ganz unterschiedlicher politischer und kultureller Couleur merken, dass uns die bestehenden Systeme keine guten Dienste mehr leisten. Und diese Erkenntnis ist der erste Schritt hin zur Veränderung.

Ich erinnerte mich an das Zeitungsfoto von dem Schrumpfkopf, das ich auf meinem ersten Flug nach Ecuador gesehen hatte. Und an den Schreckensmoment, als unsere Maschine von Achuar-Kriegern angegriffen wurde. Ich dachte an die Amazonasnationen, Menschen, die sich jahrhundertelang gegenseitig umgebracht und sich dann zusammengetan hatten, um gemeinsam Maßnahmen zum Schutz ihrer Territorien zu ergreifen. Sie hatten sich dem gestellt, was sie am meisten fürchten – uns und unserer modernen Welt.

Jener Tag an der Tilton School hatte bleibende Wirkung auf mich. Er half mir, zu verstehen, dass wir sehr wohl wissen, dass wir Probleme wie Klimawandel, Krieg, Welthunger, Entwaldung und viele mehr angehen müssen, aber ignorieren, dass sie alle nur Symptome sind. Die Krankheit ist die Wirtschaft des Todes. Der Jaguar hindert uns offenbar daran, unsere Überzeugung abzulegen, dass wir etwas so Großes nicht ändern können. Statt zu handeln, reden wir uns ein, wir seien zu schwach, zu unzulänglich, zu unbedeutend oder zu bequem.

Dann merkte ich, dass der Jaguar, der uns offenbar im Wege stand, in Wirklichkeit von uns berührt werden wollte, damit er uns die Kraft geben kann, eine Wende herbeizuführen. Wenn so grundlegende Veränderungen möglich sind wie die Vereinigung ehemaliger Feinde in Amazonien oder nach dem Zweiten Weltkrieg, dann können sich die Menschen heute sicherlich auch zusammenschließen, um manche der gravierendsten Probleme zu lösen, vor denen die Menschheit je gestanden hat – die Probleme, vor denen wir heute stehen. Ob wir in Korea, Afghanistan, dem Jemen, Russland, China oder Amerika leben oder in irgendeinem anderen Land, in allererster Linie sind wir Weltbürger. Und wir sind klug genug, der kurzsichtigen Spaltung Einhalt zu gebieten und uns stattdessen zusammenzutun, um unser gemeinsames Territorium zu schützen – unsere Erde, die einzige Heimat, die wir haben.

Es gibt eine ausgesprochen wichtige objektive Realität: Die Welt ist mit reichen menschlichen und natürlichen Ressourcen gesegnet. Eine Brücke der Wahrnehmung bestimmt, wie wir mit dieser Realität in Beziehung treten. Übernehmen wir die Einstellung, dass wir diese Ressourcen nutzen müssen, um kurzfristig materialistischen Gewinn zu maximieren, ungeachtet der Kosten für Umwelt und Gesellschaft, wechseln wir in eine Wirtschaft des Todes über. Öffnen wir uns dagegen für die Einstellung, dass wir dieselben Ressourcen auch nutzen können, um nachhaltige, erneuerbare und regenerative Systeme zu schaffen, so gehen wir über die Brücke in die Wirtschaft des Lebens. Auf dieser Brücke steht ein Jaguar. Es ist an der Zeit, unsere Angst vor Veränderungen abzulegen und stattdessen die Kräfte zur Veränderung anzunehmen, die uns der Jaguar verspricht – mit einer Mentalität zu brechen, die uns versagende Systeme beschert, und die menschlichen und natürlichen Ressourcen einzusetzen, um Systeme zu schaffen, die noch über Generationen erfolgreich funktionieren werden.

Fazit

WAS UNS DER JAGUAR ZU SAGEN HAT

Spüre in diesen Spuren den Jaguar, der euer Volk zurückhält. Spüre den Jaguar, der euer Verbündeter ist für die Veränderung.

50 JAHRE NACH MEINEM ERSTEN BESUCH im amazonischen Regenwald kam ich im Rahmen einer weiteren Reise im Auftrag der Pachamama Alliance dorthin zurück. In einem Zwei-Mann-Kajak paddelte ich in Begleitung einer Dame, die schlicht unter dem Namenskürzel »Z« laufen soll, den Capahuari hinauf, nicht weit von der Kapawi Lodge entfernt.

Meine Begleiterin brach das Schweigen. »Dort schwimmt etwas im Fluss.«

»Wahrscheinlich der Tapir, den einer der Achuar gestern in dieser Gegend gesichtet hat.«

Z wandte sich zu mir um. »Nein. Es ist ein Jaguar!«, flüsterte sie.

Ich erstarrte, das Paddel hoch über dem Kajak. Mein Herz raste. Behutsam legte ich das Paddel auf dem Kajak ab und beugte mich vor, um an ihr vorbeizuschauen.

Ein weißes Band durchzog den Fluss – das Kielwasser eines schwimmenden Tiers. Ich schirmte meine Augen mit der Hand ab und folgte der Welle. Da sah ich es: den schwarzgefleckten hellbraunen Kopf und die Schultern eines ausgewachsenen Jaguars, nur ein paar Meter vor uns. Er hielt auf das Flussufer zu. Wir hatten noch so viel Schwung, dass wir rasch auf ihn zutrieben. Ich griff nach dem Paddel und bremste das Kanu ab.

Stumm saßen wir da, rührten uns nicht und beobachteten.

Ohne aus dem Rhythmus zu kommen, wandte sich der Jaguar um und schaute zu uns her. Dann schwamm er weiter bis ans Ufer, kletterte aus dem Wasser, schüttelte sich, warf uns noch einen Blick zu, sprang die Böschung hoch und verschwand im Blätterdickicht.

Ein paar *Hoatzine*, so groß wie Truthähne, schreckten auf und flatterten aus den Bäumen über den Fluss, um sich zu retten.

Noch am selben Tag nahm mich eine Gruppe Achuar-Männer in ihrem Einbaum mit auf den Fluss. Ich sollte ihnen zeigen, wo der Jaguar ans Ufer gestiegen war. Hinter mir saß einer der Männer, die vor Jahren unser Flugzeug angegriffen und versucht hatten, Yahanua zu töten, weil sie eine Shuar war. Inzwischen war er mit einer Shuar verheiratet. Mischehen zwischen diesen beiden Kulturen, die jahrhundertelang erbitterte Feinde gewesen waren, waren inzwischen an der Tagesordnung – ein Symbol für den Wandel der Zeiten. Sie hatten wahrhaftig ihren Jaguar berührt.

Das Kanu legte am schlammigen Flussufer an. Einer nach dem anderen stiegen die Achuar aus und legten ihre Hände auf die Tatzenabdrücke des Jaguars.

»Wir berühren den Jaguar«, sagte der Jüngste lachend. Er half mir aus dem Boot und forderte mich auf, meine Hände auf die Spuren zu legen. »Spüre in diesen Spuren den Jaguar, der euer Volk zurückhält. Spüre den Jaguar, der euer Verbündeter ist für die Veränderung«, sagte er.

Als wir wieder im Kanu saßen, fragte ich ihn, was er damit gemeint habe.

»Es kommt ein Jaguar, der euer Volk davon abhält, sich zu verändern – damit aufzuhören, diese Wälder zu vernichten und die ganze Welt. Dieser Jaguar bietet euch aber auch die Kraft an, euch zu verändern.«

So vertraut diese Worte klangen, in jenem Moment schienen sie schwerer zu wiegen denn je. Vielleicht war es, weil ich gerade einem echten Jaguar so nahe gekommen war und seine Spuren berührt hatte, vielleicht lag es auch an der Stimme des jungen Achuar. Was es auch war, ich musste unwillkürlich an die Schilderungen alter Kulturen denken, die ich gelesen hatte. Sie verehrten den Jaguar für seinen Mut, seine Körperkraft und seine Wachsamkeit. Ich dachte an die Achuar, die in dem Jaguar heute ein Symbol sehen, das uns dazu animiert, uns unseren Ängsten zu stellen, Barrieren zu durchbrechen und unseren Weg in die Zukunft zu bestimmen. Ich dachte an die Prophezeiung vom Adler und vom Kondor, an die Maya-Prophezeiung von 2012 und an die Shuar-Legende von Etsaa und den Evias. Und an die jüngste Völkervereinigung in Amazonien. Jede dieser Geschichten und jedes dieser Vorkommnisse machte deutlich, dass wir Menschen die Macht haben, die Realität zu verändern, indem wir Dinge anders sehen und anders handeln.

Während ich in dem Achuar-Kanu saß, ging mir auf, dass diese Geschichten zu einer Zeit ihren Weg in die moderne industrialisierte Welt gefunden hatten, in der es für uns überlebenswichtig ist, uns unseren Ängsten zu stellen und künftig so zu handeln, dass wir uns und die Welt verändern.

Unser Kanu fuhr flussabwärts auf die Lodge zu. Ich drehte mich noch einmal um und sah den Achuar an, der hinter mir saß. Dann ließ ich meinen Blick über den herrlichen Urwald schweifen, der uns umgab. Hier hatten diese Menschen aus diesem Wald vor reichlich 20 Jahren einen Samen ausgebracht: den Samen der Hoffnung, der die Botschaft von der Macht in sich trägt, die wir besitzen, wenn wir uns zusammenschließen, um unsere Heimat zu beschützen – unsere lebendige Erde. Dieser Samen ist aufgegangen, hat Wurzeln geschlagen und verbreitet sich über den ganzen Planeten.

RESSOURCEN

Was Sie tun können

ES WAR NIE SO WICHTIG WIE HEUTE, den Lauf der Geschichte zu verändern. Und es hat nie zuvor eine Zeit gegeben, in der globale Kommunikation solche Chancen für Veränderungen eröffnete. Entwicklungen wie die Erfindung des Internets und des Mobiltelefons haben es uns ermöglicht, unser Wissen über unseren Planeten und uns selbst zu erweitern und uns an Bewegungen zu beteiligen, die unsere Strategien und Handlungen verändern. Soziale Netzwerke geben uns die Möglichkeit, uns zusammenzutun und den Unternehmen begreiflich zu machen, dass sie sich für eine Wirtschaft des Lebens engagieren müssen.

Vieles weist darauf hin, dass wir in der Lage sind, mächtige Institutionen zu verändern: politische Initiativen wie der Green New Deal, Bewegungen wie die für verantwortungsbewussten Kapitalismus, innovative Ansätze für Unternehmen wie B Corporations, Benefit Corporations*, Genossenschaften und lokale Banken, Technologien für alternative Energien und Ansätze für ökologische Landwirtschaft, Programme wie Drawdown**

* Der Verlag in den USA, der die englische Ausgabe dieses Buches veröffentlicht, ist sowohl eine B Corporation (eine Zertifizierung, die strenge Standards für Verantwortung, Rechenschaftspflicht und Transparenz in sozialen und ökologischen Fragen erfüllt) als auch eine Benefit Corporation (eine Rechtsform, die ein Unternehmen dazu verpflichtet, zum Nutzen aller Interessengruppen betrieben zu werden, nicht nur zum Nutzen der Aktionäre). (Anmerkung der Redaktion: Diese Erklärung bezieht sich auf Zertifizierungen und Rechtsformen der USA.)

** Siehe Hawken, Paul (2019): Drawdown – Der Plan: Wie wir die Erderwärmung umkehren können, Gütersloh: Gütersloher Verlagshaus. (Anmerkung der Redaktion) und die Einrichtung der Long-Term Stock Exchange sind nur ein paar Beispiele dafür. Der Business Roundtable vom August 2019 war ein ausgesprochen bedeutsames Signal für anstehende Veränderungen. CEOs von 192 Unternehmen, die zum Teil zu den größten der Welt zählen, versprachen, »von der Idee abzugehen, dass Unternehmen vor allem anderen den Gewinn für die Aktionäre maximieren müssen«, und verpflichteten sich stattdessen »zu einer ausgewogenen Berücksichtigung der Bedürfnisse von Aktionären, Kunden, Beschäftigten, Zulieferern und Kommunen«.[11] Dieses Versprechen war wie die anderen Indikatoren auch eine Bestätigung dafür, dass sich die Konzepte der Wirtschaft verändern. Doch es liegt an jedem Einzelnen von uns, soziale Medien und alle sonst verfügbaren Mittel zu nutzen, um zu fordern, dass diese Unternehmen und auch die Regierungen, die sie unterstützen, Maßnahmen ergreifen, um ihre Verpflichtungen zu erfüllen.

In diesem entscheidenden Moment der menschlichen Entwicklung stehen wir vor der Herausforderung, die Maya-Prophezeiung, die Prophezeiung vom Adler und vom Kondor und viele andere Geschichten zu verwirklichen, die uns dazu auffordern, eine neue, höhere Bewusstseinsebene zu erreichen. Wir stehen vor der Herausforderung, uns den Evias entgegenzustellen, die unsere Umwelt, unsere Ressourcen und unsere Gedanken kannibalisieren, Maßnahmen zu ergreifen, die eingefahrene zerstörerische gesellschaftliche, politische, ökologische und wirtschaftliche Muster umkehren, und von den indigenen Völkern zu lernen, wie wichtig es ist, die Kolonistenhaltung abzulegen, die zu destruktiven Realitäten führt. Wir stehen vor der Herausforderung, Kulturen und Länder für eine gemeinsame Sache zu einen, damit unsere Heimat, die Erde, bewohnbar bleibt.

Sie sind an diesem entscheidenden Punkt angekommen, um dazu beizutragen, diese Herausforderungen zu meistern. Dass Sie bis hierher gelesen haben, zeigt, dass Sie bereit sind, das Ihre zu tun. Wenn Sie fragen: »Was kann ich tun?«, dann fordern Sie sich damit selbst auf, Ihren Jaguar zu berühren und den Mut, die Kreativität und die Weisheit aufzubringen, die erforderlich sind, um Schritte zu unternehmen, die die Realität für Sie selbst und für den Planeten verändern.

Die Antwort auf »Was kann ich tun?« lautet: Sie können sich selbst verändern – und die ganze Welt. Einen guten Ausgangspunkt dafür liefern ein paar weitere Fragen:

1. Wer und was bin ich?

- Warum wurde ich in diese kritische Zeit in der Geschichte hineingeboren, und zwar in die Situation und Gesellschaft, in der ich aufgewachsen bin?
- Was ist mein Auftrag im Leben, mein höchster Sinn, der mir Freude bringt und mir ein gutes Selbstgefühl verleiht?
- Wer oder was ist in mir kolonisiert worden?

2. Was sind meine Jaguare – meine Ängste?

- Was steht meinem Lebensauftrag, meinem höchsten Sinn, meiner größten Freude im Wege?
- Welche Barrieren stellt für mich dar, dass ich … (nennen Sie Ihre Herkunft, Ihren Hintergrund, Ihre Vorurteile oder ein beliebiges anderes Ihrer besonderen Merkmale)?
- Welche Gedanken, Vorurteile, Tendenzen und Wesenszüge halten mich davon ab, die Veränderungen vorzunehmen, die ich gerne vornehmen möchte – an mir, meiner Familie, meiner Gemeinschaft, meinem Land, der Welt?
- Welche vermeintlichen Schwächen muss ich überwinden?

3. Wie stelle ich mich meinen Jaguaren und verändere meine Einstellungen?

- Welche ersten Schritte muss ich tun, um meinem Auftrag, meinem höheren Sinn gerecht zu werden?
- Was genau muss ich tun, um die Barrieren zu durchbrechen, die mich zurückhalten?
- Wie verändere ich meine Einstellungen zu den Wesenszügen, die ich bisher als Fehler oder Schwächen empfunden habe, und lasse zu, dass sie mir helfen, voranzukommen?

- Welche neuen Einstellungen zu mir und meinem Leben muss ich übernehmen?

4. Welche Maßnahmen ergreife ich ganz persönlich?

- Was kann ich und wofür brenne ich? Wie kann ich das nutzen, um Maßnahmen zu ergreifen, die mir Freude machen und mich der Erfüllung meines Auftrags näherbringen?
- Welche Gaben kann mir der Jaguar verleihen, damit ich durch alles, wofür ich brenne und was ich kann, zu einem Menschen werden kann, den ich zutiefst respektiere und der ich gern werden möchte?
- Welche meiner Kenntnisse über indigene Völker und ihre Kulturen können mir helfen, besser zu verstehen, was nötig ist, um meine Familie, meine Gemeinschaft, mein Land und die ganze Welt zu vereinen?

5. Wie kann ich die Welt verändern?

- Wie kann ich lernen, die Welt durch die Augen indigener Völker zu sehen, und wie kann ich begreifen, dass das kleinste Insekt und der größte Baum für die Erde so lebenswichtig sind wie die kleinste Zelle und das größte Organ in meinem Körper für mich?
- Wie kann ich dazu beitragen, dass sich Unternehmen für eine Wirtschaft des Lebens starkmachen – vor allem die Unternehmen, bei denen meine Freunde und ich einkaufen, arbeiten, uns informieren und unser Geld investieren?
- Welche Arten von Weisheit, Stärke und Motivation kann mir der Jaguar vermitteln, die mich in die Lage dazu versetzen?
- Was muss ich tun, um die Brücke der Wahrnehmung zu überschreiten – um künftig nicht mehr die Wirtschaft des Todes zu fördern, sondern meine Rolle bei der Entstehung einer Wirtschaft des Lebens zu übernehmen?
- Was kann ich tun, um die Welt zu entkolonisieren?

Möchten Sie diese Fragen in Ihren Lebensalltag einfließen lassen und Ihren Handlungskurs skizzieren? Dann können Sie Folgendes tun:

1. Suchen Sie sich eine Technik, die Sie entspannt und inspiriert – die Ihnen Kraft gibt und Freude bereitet. Das kann Meditation sein, Yoga, schamanische Reisen, ein Spaziergang im Wald oder vieles andere. (Ein Beispiel für die tägliche Anwendung folgt.) Beim Einsatz dieser Methode kommt es darauf an, sich Fragen zu stellen wie die gerade angesprochenen und die Antworten darauf mit offenem Herzen und aufgeschlossenem Geist anzunehmen und entsprechend zu handeln.
2. Erzählen Sie Ihre neue, überzeugende Geschichte weiter. Vermitteln Sie anderen, dass wir uns neue Werte aneignen und eine Wirtschaft des Lebens schaffen müssen. Beklagt sich jemand in Ihrem Umfeld, wie schlimm alles ist – oder wenn Sie selbst in Versuchung geraten, sich zu beklagen –, dann suchen Sie Gegenargumente und formulieren Sie Ihre Geschichte positiv. Geschichten sprechen eine lautere Sprache als Fakten allein und sie werden ohne den Widerstand aufgenommen, auf den Versuche stoßen, Menschen durch Argumente zu überzeugen. Achten Sie bewusst auf alle guten Nachrichten (Sonnenenergie und Windkraft, Technologien, die Plastik aus den Weltmeeren fischen und recyceln, Supermärkte, die Bioprodukte und Produkte aus regionalem Anbau anbieten, CEOs, deren Maßnahmen die Verpflichtungen des Business Roundtable erfüllen, et cetera). Auch wenn Sie zunächst versucht sind, manche der Geschichten als »Werbegags« abzutun, sollten Sie wissen, dass solche Geschichten die Wahrnehmung verändern (wie bei dem Sklavenhalter Thomas Jefferson, dessen Worte in der Unabhängigkeitserklärung die Einstellung zur Sklaverei veränderten, oder bei der Frau, die zugab, dass sie ihre Wäsche zunächst nur draußen zum Trocknen aufgehängt hatte, um ihre Nachbarn zu beeindrucken, doch inzwischen erkannt hatte, dass das ihr erster Schritt in der Entwicklung zu einer Leitfigur der Energiesparbewegung war).

Verbreiten Sie gute Nachrichten an all Ihre Freunde und Netzwerke. Ermutigen Sie alle, die einen ersten Schritt tun – ganz gleich aus welchen Motiven heraus –, zum zweiten und zum dritten Schritt …

3. Erkennen Sie, dass es für Sie nichts Lohnenderes und Erfüllenderes im Leben gibt, als durch und durch Sie selbst zu sein und zum Aufbau einer Wirtschaft des Lebens beizutragen!

Es folgt ein Beispiel für eine Methode, die Ihnen helfen kann, diese Anregungen umzusetzen.

Beispiel für eine tägliche Übung

Fünf Schritte zu einem glücklicheren Leben und einer besseren Welt:

1. Was ist Ihr Traum, Ihr größter Wunsch? Wie würde ein Leben aussehen, das Sie wirklich glücklich macht? (Antwortbeispiel: »Ich möchte Bücher schreiben«, »Ich möchte meinen Lebensunterhalt als Yogalehrerin verdienen«, »Ich möchte als Schreiner mit meinen Händen und mit Holz arbeiten«.)
2. Beschreiben Sie mit einem Satz, wie Ihr Traum einer Wirtschaft des Lebens dienen kann. (»Ich werde Geschichten schreiben, die die Wirtschaft des Lebens voranbringen«, »Ich werde mithilfe von Yoga meine Kunden dazu inspirieren, sich zu trauen, sich selbst und die Welt zu verändern«, »Ich werde nachhaltige Werkstoffe einsetzen und meinen Kunden klarmachen, dass sie in die Zukunft investieren«.)
3. Beschreiben Sie mit einem Satz einen Jaguar, der Sie davon abhält, Ihren Traum zu verwirklichen. (»Ich habe keine Zeit zum Schreiben«, »Die Menschen kommen nicht zum Yogakurs, um die Welt zu verändern«, »Es gehört sich für mich als Schreiner nicht, mit meinen Kunden über die Zukunft zu sprechen«.)
4. Verpflichten Sie sich mit einem Satz dazu, den Jaguar zu berühren. (»Ich werde von nun an jeden Tag ein bisschen früher aufstehen

und eine halbe Stunde lang schreiben«, »Ich kann anderen, die Yoga machen, begreiflich machen, dass Veränderungen notwendig sind«, »Im Schreinerhandwerk geht es darum, für die Zukunft zu bauen«.)

5. Lesen Sie sich die vier vorausgegangenen Schritte jeden Morgen durch und unternehmen Sie jeden Tag etwas, um sie umzusetzen (schreiben Sie eine halbe Stunde lang, sprechen Sie mit Ihren Yogaschülern oder Schreinereikunden über Veränderungen und über die Zukunft). Bauen Sie sie nach Bedarf aus. Wichtig ist dabei: Tun Sie jeden Tag etwas, das Sie Ihrem Traum von einem glücklicheren Leben für Sie selbst und einer besseren Welt für uns alle näherbringt.

   Tipp: Solche täglichen Aktivitäten können viele Formen annehmen, von ganz einfachen (wie Twittern) bis hin zu hochkomplexen (Kandidatur für ein öffentliches Amt) und sämtlichen Zwischenstufen. Ein einfaches Beispiel, das nur wenig Zeit und Mühe erfordert: Suchen Sie sich ein Unternehmen aus, das Ihrer Ansicht nach sozial- oder umweltbewusster werden sollte, und starten Sie eine Kampagne auf einem sozialen Netzwerk (oder schließen Sie sich einer solchen an). Drängen Sie in Ihren Sozialnetzwerkkreisen darauf, dass alle dem Unternehmen eine Nachricht schicken wie: »Wir mögen Ihr Produkt, werden es aber nicht mehr kaufen, bis Sie ______________________________ (schreiben Sie in die Lücke, was immer Sie von dem Unternehmen erwarten).« Bitten Sie alle in Ihrem Umfeld, diese Botschaft in ihren eigenen Kreisen zu verbreiten. Verlassen Sie sich darauf: Sie unterstützen damit all jene Menschen in dem Unternehmen, die für den Wandel sind (und davon gibt es in jedem Unternehmen viele). Sie können diese Nachrichten verwenden, um ihre Chefs und Verwaltungsrats- und Vorstandsgremien davon zu überzeugen, dass Veränderungen unvermeidlich sind, wenn sie ihre Kunden halten möchten.

Jetzt sind Sie bereit, den Jaguar zu berühren und Ihre Ängste in Handlungen umzusetzen, um die Welt zu verändern.

Die Wirtschaft des Todes und die Wirtschaft des Lebens – ein Vergleich

Es gibt einen großen Unterschied zwischen Kapitalismus und dem, was viele Ökonomen als »Raubtierkapitalismus« bezeichnen – eine Abart, die mit dem Original nur wenig gemein hat. Im Wörterbuch *Merriam-Webster* wird »Kapitalismus« folgendermaßen definiert:

> *Ein Wirtschaftssystem, das sich dadurch auszeichnet, dass die Produktionsgüter im Besitz von Personen oder Unternehmen stehen, dass sich Investitionen nach persönlichen Entscheidungen richten und Preise, Produktion und Distribution von Waren überwiegend durch den Wettbewerb auf einem freien Markt bestimmt werden.*[12]

Das *Oxford Dictionary* beschreibt ihn als:

> *Ein Wirtschafts- und Politiksystem, in dem der Handel und die Industrie eines Landes von privaten Eigentümern mit Gewinnerzielungsabsicht gesteuert werden, nicht vom Staat.*[13]

Die heutige Wirtschaft des Todes hat mit keiner dieser Definitionen noch viel zu tun. Sie zeichnet sich durch Unternehmen aus, die ihre Mitbewerber vernichten oder schlucken und sich einer Politik der freien Marktwirtschaft widersetzen. Nicht der Staat bestimmt über die Unternehmen, sondern die Unternehmen und ihre milliardenschweren Aktionäre üben Macht über den Staat aus. Dabei handelt es sich um eine räuberische Abart, die eigentlich nicht als Kapitalismus zu bezeichnen ist.

Der Wirtschaft des Todes liegt das Ziel zugrunde, das in den 1970er- und 1980er-Jahren von einer Gruppe von Ökonomen propagiert wurde, zu denen auch die Nobelpreisträger Friedrich August von Hayek (Wirtschaftsnobelpreis 1974) und Milton Friedman (Wirtschaftsnobelpreis 1976) gehörten. Sie lässt sich folgendermaßen auf den Punkt bringen: »Die einzige Aufgabe eines Unternehmens besteht darin, die kurzfristigen

Gewinne für die Eigentümer zu maximieren – ungeachtet der Kosten für Gesellschaft und Umwelt.«

Die Geschichten, die mit dieser Einstellung einhergehen, geben Spitzenmanagern die Befugnis – ja, verpflichten sie sogar dazu –, alles Erdenkliche zu tun, um Gewinne zu maximieren. Dazu gehört auch, Staatsvertreter durch Wahlkampfspenden oder die Zusicherung lukrativer Beraterverträge oder Lobbyistenposten nach ihrer Amtszeit zu kaufen, Arbeitnehmer auszubeuten, Konkurrenten kaputtzumachen oder aufzukaufen, die Umwelt zu zerstören, Steuern und Löhne zu drücken, mit Lobbyarbeit gegen arbeitnehmerfreundliche, verbraucherfreundliche und umweltfreundliche Vorschriften vorzugehen, zu versprechen (beziehungsweise damit zu drohen), Einfluss auf die Wirtschaft zu nehmen, indem Anlagen in bestimmten Städten und Ländern betrieben (oder von dort abgezogen) werden, und eben die Ressourcen zu erschöpfen, von denen langfristig das Überleben ihrer Unternehmen abhängt. Diese Geschichten propagieren autoritäre, hierarchische Kommandoketten und einen autokratischen Managementstil – beim Staat ebenso wie in den Unternehmen.

Hauptmerkmale der Wirtschaft des Todes

- Ihr Ziel ist es, für relativ wenige auf kurze Sicht den Gewinn zu maximieren.
- Sie setzt auf Angst und Schuld, um Marktanteile und politischen Einfluss zu gewinnen.
- Sie verbreitet die Vorstellung, dass einer verlieren muss, damit ein anderer gewinnen kann.
- Sie ist räuberisch und ermutigt Unternehmen, einander, die Menschen und die Umwelt auszuplündern.
- Sie zerstört die Ressourcen, die sie selbst benötigt, um auf lange Sicht zu überleben.
- Sie bewertet »extraktive« und materielle Waren und Dienstleistungen höher als solche, die die Lebensqualität steigern (zum Beispiel Kindererziehung, Kunst).

- Sie wird stark durch unproduktive Finanzgeschäfte beeinflusst (Aktienkursmanipulation, Finanzialisierung, »Glücksspiel«).
- Sie ignoriert externe Effekte wie Umweltschäden und Ausbeutung von Arbeitnehmern bei der Bemessung von Gewinnen, BIP und anderen Kennzahlen.
- Sie investiert hohe Summen in die Militarisierung – darin, Menschen und andere Lebensformen zu töten oder damit zu drohen und Infrastruktur zu zerstören.
- Sie verursacht Umweltverschmutzung, ökologische Katastrophen, drastische Einkommensunterschiede und soziale Ungleichheit und kann zu politischer Instabilität führen.
- Sie verteufelt Steuern, statt sie als Investitionen zu definieren (in soziale Dienste, Infrastruktur, Militär et cetera).
- Sie ist undemokratisch und fördert das Wachstum großer Konzerne, die von wenigen Einzelnen kontrolliert werden, deren Geld großen Einfluss auf die Politik ausübt (Monopole, die zu Oligarchien führen).
- Sie beruht auf hierarchischen, autoritären Befehlsketten, die einen autokratischen Managementstil fördern – in der Wirtschaft und beim Staat.
- Sie misst unproduktiven Tätigkeiten (als Wagniskapitalgeber oder Investmentbanker) mehr Wert bei als produktiven (manuelle Arbeit, Fabrikarbeit) und solchen, die das Leben bereichern (als Lehrer, Musiker, Künstler).
- Sie sorgt dafür, dass Milliarden von Menschen arm bleiben.
- Sie klassifiziert Pflanzen, Tiere und die ganze Natur als erschöpfbare Ressourcen, respektiert und schützt die Natur nicht und sorgt dafür, das massenhaft Arten aussterben und andere irreversible Probleme eintreten.
- Sie ist der Hauptverfechter dessen, was sie als »Kapitalismus« bezeichnet, in aller Welt.

Die Zukunft steht und fällt mit der Umwandlung der Wirtschaft des Todes in eine Wirtschaft des Lebens, die die Umwelt saniert, zerstörte Ökosysteme regeneriert, Material wiederverwertet und Technologien entwickelt, die Ressourcen auffüllen und der Umwelt zugutekommen, statt sie zu verwüsten. Zur Erfolgsstory werden Unternehmen, die Anlegern Erträge zahlen, welche in eine Wirtschaft investieren, die ihrerseits eine erneuerbare Ressource ist.

Der Wirtschaft des Lebens liegt das Ziel zugrunde, den langfristigen Nutzen für alles Leben und für die Umwelt zu maximieren.

Hauptmerkmale der Wirtschaft des Lebens

- Ihr Ziel ist, dem öffentlichen Interesse zu dienen (den langfristigen Nutzen für Mensch und Natur zu maximieren).
- Ihre Gesetze sorgen für gleiche Spielregeln, die einen gesunden Wettbewerb (ohne Monopole), innovative Ideen und nachhaltige Produkte fördern.
- Sie begrüßt den Kooperationsgeist – die Überzeugung, dass wir alle gewinnen können, wenn wir uns den langfristigen Nutzen für alle zum Ziel setzen.
- Sie bewertet Lebensqualität und Aktivitäten, die uns spirituell weiterbringen, höher als solche, die nur auf Materialismus und Extraktion beruhen.
- Sie basiert auf nutzbringenden produktiven Aktivitäten wie Recycling, Bildung, Gesundheitswesen und Kunst statt auf unproduktiven wie Aktienkursmanipulation, Finanzialisierung und »Glücksspiel«.
- Sie beseitigt Umweltverschmutzung.
- Sie regeneriert zerstörte Ökosysteme.
- Sie wird von Mitgefühl und von der Vermeidung von Schulden getragen.
- Sie trägt dazu bei, dass sich Hungernde selbst versorgen können.
- Sie berücksichtigt externe Effekte in ihren Finanz- und Wirtschaftskennzahlen.

- Sie ist innovativ und entwickelt und begrüßt neue, regenerative, nachhaltige Technologien.
- Sie recycelt.
- Sie definiert Steuern als Investitionen. (Sollte Ihr Steuergeld lieber für die Gesundheitsversorgung oder für die Militarisierung verwendet werden?)
- Sie ist demokratisch, fördert das ortsansässige Gewerbe und Unternehmen, die im Eigentum ihrer Beschäftigten oder der Gemeinschaft stehen, von denen viele profitieren (zum Beispiel Genossenschaften, B Corporations et cetera).
- Sie stärkt demokratische Entscheidungsprozesse und Managementstile in der Wirtschaft und beim Staat.
- Sie misst Tätigkeiten einen hohen Wert bei, die das Leben bereichern (Musiker, Sozialarbeiter, medizinische Fachkräfte, Eltern).
- Sie basiert auf dem grundlegenden Wissen, dass der Mensch in einer symbiotischen Beziehung zu unserem Planeten steht und dass wir die Natur respektieren, ehren und schützen müssen.
- Sie belohnt Investoren, die die genannten Merkmale fördern.
- Sie war über große Teile der 2000-jährigen Menschheitsgeschichte die vorherrschende Form wirtschaftlicher Entwicklung.

Die Umstellung erfolgt durch die Veränderung der Wahrnehmungen, die Werten und Handlungen zugrunde liegen, und der Geschichten, die wir dazu erzählen. Aus der »Maximierung der kurzfristigen Gewinne einiger weniger, ungeachtet der Kosten für Gesellschaft und Umwelt« wird »die Maximierung des langfristigen Nutzens für alle Menschen und für die Natur«. Wenn Gruppen von Verbrauchern, Beschäftigten und Investoren diese Werte übernehmen und Maßnahmen ergreifen, um Unternehmen zu unterstützen, die sie fördern, und Druck auf Regierungen ausüben, sie gesetzlich festzuschreiben, dann kommt es zu den Veränderungen, die wir uns wünschen und brauchen.

Das alles geschieht bereits. Wir alle müssen dazu beitragen, dass es schneller vonstattengeht.

ANMERKUNGEN

1 Perkins, John (2016): *Bekenntnisse eines Economic Hit Man: Unterwegs im Dienst der Wirtschaftsmafia*, München: Goldmann, Seite 11.

2 (a) Doyle, Kate & Osorio, Carlos (2013): »U.S. Policy in Guatemala, 1966–1996«, National Security Archive Electronic Briefing Book No. 11, The National Security Archive, The George Washington University, https://nsarchive2.gwu.edu/NSAEBB/NSAEBB11/docs/, aufgerufen am 23.11.2019.
(b) Wikipedia: »Guatemalan Civil War«, https://en.wikipedia.org/wiki/Guatemalan_Civil_War, aufgerufen am 23.11.2019.

3 (a) Council on Hemispheric Affairs (2010): »Peeling Back the Truth on Guatemalan Bananas«, 28. Juli 2010, http://www.coha.org/peeling-back-the-truth-on-the-guatemalan-banana-industry/, aufgerufen am 23.11.2019.
(b) Nolan, Rachel (2020): »A Translation Crisis at the Border«, The New Yorker, 06.01.2020, https://www.newyorker.com/magazine/2020/01/06/a-translation-crisis-at-the-border.

4 Orkand, Bob (2017): »›I Ain't Got No Quarrel with Them Vietcong‹«, *New York Times*, 27.06.2017, https://www.nytimes.com/2017/06/27/opinion/muhammad-ali-vietnam-war.html, aufgerufen am 23. November 2019.

5 »Ayahuasca Shows Promise in Treating Addiction and PTSD«, *Psychedelic Times*, https://psychedelictimes.com/learn-more-ayahuasca/, aufgerufen am 23. Oktober 2019.

6 Näheres findet sich in: Perkins, John (2007): *Weltmacht ohne Skrupel: Die dunkle Seite der Globalisierung – Wie die USA systematisch Entwicklungsländer ausbeuten*, München: Redline, Seite 92.

7 Twist, Lynne (2017): *Die Seele des Geldes*, Dornach: Verlag am Goetheanum, 2. Auflage, Seite 158.

8 Twist, Lynne (2017): *Die Seele des Geldes*, Dornach: Verlag am Goetheanum, 2. Auflage, Seite 160.

9 Twist, Lynne (2017): *Die Seele des Geldes*, Dornach: Verlag am Goetheanum 2. Auflage, Seite 160.

10 »Early Success with Our Indigenous Partners« und »Educating, Inspiring, and Guiding People Into Action«, Origin Story, Pachamama Alliance, https://www.pachamama.org/about/origin, aufgerufen am 24. November 2019. (Deutschsprachige Version unter https://www.pachamama.org/about/origin, Anmerkung der Redaktion.)

11 McGregor, Jena (2019): »Group of Top CEOs Says Maximizing Shareholder Profits No Longer Can Be the Primary Goal of Corporations«, *Washington Post*, 19. August 2019, https://www.washingtonpost.com/business/2019/08/19/lobbying-group-powerful-ceos-is-

rethinking-how-it-defines-corporations-purpose/?noredirect=on, aufgerufen am 23. November 2019.

12 Merriam-Webster: »capitalism«, https://www.merriam-webster.com/dictionary/capitalism, aufgerufen am 23. November 2019.

13 Lexico: »capitalism«, https://www.lexico.com/en/definition/capitalism, aufgerufen am 23. November 2019.

KOMMENTAR UND DANKSAGUNG DES AUTORS

DIESES BUCH IST EIN SACHBUCH. Alle auf diesen Seiten geschilderten Ereignisse haben sich wirklich zugetragen. Ich wollte die Gefühle erfassen, die in den beschriebenen Situationen aufkamen, damit sich das Buch spannend liest, aber auch informiert und inspiriert. Daher entschied ich mich wie schon bei meinen früheren Büchern für die literarische Gattung des erzählenden Sachbuchs.

Zu den großen Herausforderungen dieser Literaturform zählt der Schutz der Personen, die sich durch die Preisgabe ihrer Identität bedroht fühlen könnten. Wer meine vorausgegangenen Bücher über indigene Kulturen gelesen hat – die ich in den 1980er- und 1990er-Jahren geschrieben habe –, wird vielleicht feststellen, dass ich Namen und Einzelheiten von Begebenheiten diesmal etwas anders wiedergebe. Ich fühlte mich damals gezwungen, die Identität bestimmter Personen zu verschleiern und Details zu Vorkommnissen im Zusammenhang mit Schamanen und indigenen Traditionen zu verändern. Doch die Zeiten und Einstellungen haben sich in den letzten Jahrzehnten stark gewandelt. Inzwischen sind schamanische Praktiken weithin akzeptiert. Ich fühle mich daher nicht mehr so in der Pflicht, Identitäten oder Traditionen zu verdunkeln. Mit wenigen Ausnahmen sind die Namen der Menschen und Orte, die in diesem Buch vorkommen, daher zutreffend. Eine solche Ausnahme mache ich bei den Reiseteilnehmern, für die ich mitunter Pronomina (»er« und »sie«) verwende.

Bei Berichten über Ereignisse oder Gespräche stütze ich mich auf meine persönlichen Aufzeichnungen, Notizen und Erinnerungen. Bei

Zitaten versuche ich nach Kräften, die Bedeutung des Gesagten und die Gefühle wiederzugeben, nicht den genauen Wortlaut. Manchmal lasse ich mehrere Ereignisse oder Gespräche zu einem einzigen zusammenlaufen, um den Erzählfluss zu fördern. Hört man sich Tonaufnahmen von Gesprächen an, fällt immer wieder auf, wie oft wir uns wiederholen, versprechen und Verzögerungslaute wie »hm« oder »äh« oder Floskeln wie »glaube ich« einflechten. So sprechen wir zwar, doch für den Leser ist das sehr ermüdend.

Ich bin den vielen Menschen, mit denen ich zusammengelebt habe und die auf diesen Seiten namentlich genannt sind, unglaublich dankbar. Ohne sie wäre dieses Buch nie geschrieben worden. Da ihre Namen und ihr Beitrag zu dieser Erzählung bereits ausführlich angesprochen wurden, erwähne ich sie hier nicht noch einmal eigens.

Mein tief empfundener Dank geht an die Maya, die Shuar, die Achuar, die Sápara, die Kichwa und die Kogi, die meine Lehrer und meine Inspiration sind. Unter den Personen, deren Namen nicht genannt wurden, bin ich vor allem Schamanen wie Manari Ushigua, Tata Julio Tot, Tata Domingo Bolom Xi, Nana Ernestina Reyes, Tata Marco Antonio Ramos, Mamo Alejandro Nieves, Mamo Lorenzo Pinto, Mamo Vicente, Mamo Marco, Juan Nieves, Manuel Dingula, Jaruen Rodriguez, Lucy Perez, Seinake Rodriguez, Sumpa, Tunduama, Chumpi und Daniel Wachapa und Anführern wie Luis Vargas, Domingo Peas, Santiago Kawarim, Luis Kawarim, Tio Walter und Ramiro Vargas zu Dank verpflichtet, die eine wichtige Rolle bei der Begründung der Partnerschaft spielten, zu der die Pachamama Alliance geworden ist. Mein Dank gilt aber auch den vielen Männern und Frauen, die diese Partnerschaft weitertragen.

Von Anfang an stand und fiel die Pachamama Alliance mit den Verwaltungsratsmitgliedern der ersten Stunde, Tracy Apple, Neal Rogan, Gordon Starr und Bob Curtis, den vielen weiteren herausragenden Verwaltungsratsmitgliedern, die sich uns später anschlossen, der absolut unglaublichen Belegschaft der Pachamama Alliance (die lieber »das Team« genannt werden möchte) und all den Tausenden von Menschen in aller Welt, die uns auf so vielfältige Weise weitergeholfen haben. Sie verändern den Traum der modernen Welt und erhalten den Regenwald, der für das Leben, wie wir es kennen, so wichtig ist. Mein herzlichster Dank an sie alle.

Der Gründer von Berrett-Koehler und brillante Verleger Steve Piersanti ermutigte mich zum Schreiben und stand mir bis zur Veröffentlichung zur Seite. Ich kann meine große Anerkennung für ihn und alle Beschäftigten von Berrett-Koehler gar nicht in Worte fassen – vor allem für die Abteilungen Editorial, Design and Production, Sales and Marketing und International Sales and Subsidiary Rights. Ich arbeite sehr gern mit Berrett-Koehler, und die vielen engagierten, fähigen Menschen dort inspirieren mich enorm. Besonders gefällt mir, dass Berrett-Koehler eine gemeinnützige B Corporation ist – und zwar nicht nur auf dem Papier.

Ewig dankbar bin ich Robert Rosenthal, einem preisgekrönten Journalisten, der im Zuge seiner glanzvollen Karriere dem Team der *New York Times* angehörte, das die Pentagon Papers präsentierte, Redakteur des *Philadelphia Inquirer*, Redaktionsleiter des *San Francisco Chronicle* und Geschäftsführer des Center for Investigative Reporting war. Als gründlicher Reporter las Robert meine früheren Bücher und ermunterte mich, detailliert über viele meiner Erlebnisse zu berichten – vor allem über solche aus Amazonien. Seine Brillanz und seine Fähigkeiten haben mir geholfen, viele der in diesem Buch geäußerten Gedanken auszuformulieren und ihnen den nötigen Feinschliff zu verpassen.

Ganz herzlich möchte ich mich bei den Menschen bedanken, die Entwürfe von *Das Vermächtnis eines Economic Hit Man* gelesen und kritisch kommentiert haben: Stephan Rechtschaffen, Kiman Lucas, Sheila Mitchel, David Korten, Rachel Henry und Rachel Neumann. Ihre Erkenntnisse und Ratschläge haben mich dazu animiert, das Buch auf eine andere Stufe zu heben. Besonderen Dank schulde ich Jeevan Sivasubramaniam von Berrett-Koehler, der mir in dieser Lektoratsphase organisatorisch zur Seite stand, Danielle Scott Goodman, weil sie mit ihren extrem wertvollen Ratschlägen zu gesellschaftlich und kulturell sensiblen Themen weit über ihre Aufgabe als Lektorin hinausging, Susan Berge, die die anspruchsvolle abschließende redaktionelle Überarbeitung übernahm und dabei den

Mut bewies, zu meinem Wunsch zu stehen, mitunter stilistische »Anforderungen« zu umgehen, um dadurch den Text spannender zu gestalten, und die mit mir im Team dafür gesorgt hat, dass alles pünktlich fertig wurde, Maureen Forys, Ausnahme-Designerin und -Schriftsetzerin, und Killian Lucas und Jessica Scheer, die das Team mit ihrem scharfen Verstand und ihrer fachlichen Kompetenz bei der Entwicklung von Websites und der Kommunikation der in diesem Buch geäußerten Ideen über Social-Network-Kanäle abrundeten. Die Kommentare und Anregungen dieser Gruppe ausgesprochen talentierter Helfer unterstützten mich dabei, ein Buch herauszubringen, das Sie, liebe Leserinnen und Leser, wie ich glaube und hoffe, gern lesen werden, das sie aber auch dazu inspiriert, Ihre Jaguare zu berühren und Ihr Leben und die Welt zu verändern.

REGISTER

O

P

Q

R

S

T

ÜBER DEN AUTOR

John Perkins hat vier Leben gelebt: (1) als Economic Hit Man (EHM), (2) als CEO eines erfolgreichen Unternehmens für alternative Energien, in dem er profitierte, weil er seine Vergangenheit als EHM unter Verschluss hielt, (3) als Experte für indigene Kulturen und Schamanismus, der diese Kenntnisse einsetzte, um einen verantwortungsvollen Umgang mit dem Planeten zu fördern, und (4) als Autor und Aktivist, der die wahre Geschichte über seine fragwürdigen Geschäfte als EHM erzählte und die internationalen Intrigen und die Korruption enthüllte, die die USA zu einem Weltreich werden ließen.

In diesem Buch beschreibt John Perkins, wie diese vier Leben ineinandergreifen. *Das Vermächtnis eines Economic Hit Man* ist eine Brücke, die die Welt des EHM und Topmanagers mit der Welt des Schamanen und Aktivisten in Berührung bringt. Das Buch taucht tief in die Problematik ein, die die derzeit herrschende Gier und die kurzfristigen Perspektiven verursachen, und bietet Lösungswege an. John Perkins verrät seinen Leserinnen und Lesern, was sie tun können, um ihr Leben zu verändern, eine »Wirtschaft des Todes« in eine »Wirtschaft des Lebens« zu verwandeln und die Welt zu einem Ort zu machen, den künftige Generationen gerne erben wollen.

Geschichte

Als EHM war es Johns Aufgabe, wirtschaftlich weniger hoch entwickelte Länder dazu zu überreden, riesige Kredite für Infrastrukturentwicklung aufzunehmen und zu garantieren, dass US-Unternehmen mit der Durchführung der Projekte beauftragt würden. Waren diese Länder erst hoch verschuldet, konnten die US-Regierung und internationale Entwicklungshilfeorganisationen auf die Wirtschaft dieser Länder Einfluss nehmen und dafür sorgen, dass Öl und andere Ressourcen in Kanäle flossen, die den Interessen des Aufbaus eines globalen Imperiums dienten.

John Perkins bereiste die ganze Welt und war an manchen der dramatischsten Ereignisse in der jüngeren Geschichte beteiligt, darunter die saudi-arabische Geldwäscheaffäre, der Aufstieg und Fall des Schahs von Persien, die Tode der Staatschefs von Ecuador und Panama, der anschließende Einmarsch in Panama, die Gründung terroristischer Gruppierungen in Kolumbien und die Entwicklungen, die zu den aktuellen Unruhen im Nahen Osten führten.

1980 gründete John Perkins Independent Power Systems Inc. (IPS), ein Unternehmen, das sich der Entwicklung umweltfreundlicher Energieprojekte widmete. Unter seiner Leitung als CEO erzielte IPS große Erfolge in einem hochriskanten Geschäft, in dem die meisten Konkurrenten scheiterten. Dass sich IPS zum Branchenführer aufschwingen konnte, war vielen »Zufällen« und Gefälligkeiten von Menschen in Machtpositionen zu verdanken. John Perkins war aber auch als hoch bezahlter Berater für gewisse Unternehmen tätig, denen er zuvor Geld in die Kassen gespült hatte. Diese Funktion übernahm er, weil er Morddrohungen erhalten hatte und finanziell ausgesprochen großzügig entlohnt wurde – dieselbe »Zuckerbrot und Peitsche«-Strategie, die er eingesetzt hatte, um als EHM Regierungschefs »auf Kurs zu bringen«.

John Perkins hatte im Studium zwar gelernt, dass das EHM-Modell für die wirtschaftliche Entwicklung das beste Modell sei, kam aber zu dem Schluss, dass es sich dabei um eine moderne Form des Kolonialismus handelte. Zurück in Amazonien sah er die zerstörerischen Folgen seiner Arbeit und stellte beeindruckt fest, dass eine amazonische Nation, die zuvor noch keine Berührung mit der Außenwelt gehabt hatte, vorbildhaft ihren Jaguar berührte, indem sie sich mit Erzfeinden zusammenschloss, um ihr Gebiet gegen die Invasion durch Öl- und Bergbaugesellschaften zu verteidigen.

Im Jahr 1990 verkaufte John Perkins IPS und wurde zu einem Fürsprecher für die Rechte indigener Völker und für Umweltbewegungen. Er arbeitete eng mit Amazonas-Nationen zusammen, um ihnen zu helfen, ihre Regenwälder zu erhalten. Er schrieb fünf Bücher über indigene Kulturen, Schamanismus, Ökologie und Nachhaltigkeit, die in vielen Sprachen erschienen sind, lehrte an Universitäten und Bildungszentren auf vier Kontinenten und gründete mehrere führende gemeinnützige Organisationen, deren Verwaltungsratsgremien er angehört.

Dann kam der 11. September 2001. Die schrecklichen Ereignisse jenes Tages brachten John dazu, die Heimlichtuerei um sein Dasein als EHM zu beenden. Er ignorierte die Drohungen und Bestechungsversuche und schrieb die *Bekenntnisse eines Economic Hit Man*. Damit gab er sein Insiderwissen darüber preis, welche Rolle die US-Regierung, multinationale »Entwicklungshilfe«-Organisationen und Unternehmen dabei gespielt hatten, dass die Welt zum Schauplatz eines solchen Vorkommnisses wurde. Er fand, dass er das seinem Land, seiner Tochter und all den Menschen in aller Welt schuldig war, die unter der Arbeit leiden, die er und seinesgleichen verrichteten – und sich selbst ebenfalls. Im vorliegenden Buch skizziert er den gefährlichen Weg, den sein Land eingeschlagen hat, als es sich von den ursprünglichen Idealen der amerikanischen Republik entfernte und sich dem globalen Imperialismus zuwandte.

Die Botschaft

Zwei der gemeinnützigen Organisationen, die John Perkins gründete oder mitbegründete – die Pachamama Alliance und Dream Change –, haben inzwischen Modellcharakter. Sie inspirieren Menschen, die Welt zu verbessern, und geben jedem Einzelnen die Möglichkeit, eine ökologisch nachhaltigere, sozial gerechtere und ausgewogenere Gesellschaft zu erschaffen. Diese Organisationen haben den Völkern Amazoniens auch wesentlich dabei geholfen, ihr Land und ihre Kulturen vor der Verwüstung durch Öl-, Bergbau- und andere »Entwicklungs«-Projekte zu schützen. Um die Schuldgefühle, die John Perkins wegen seiner Tätigkeit als EHM empfand, zumindest ein Stück weit zu überwinden, steckte er einen Großteil des Geldes, das er als Berater und Autor verdiente, in seine gemeinnützige Arbeit und seinen Beruf als Schriftsteller.

Die *Bekenntnisse eines Economic Hit Man* waren ein internationaler Bestseller. Sie hielten sich über 70 Wochen lang auf der Bestsellerliste der *New York Times* und trugen John Perkins eine Weltreise als Vortragsredner ein, die sich bis heute fortsetzt.

In der erweiterten Neuausgabe von *Bekenntnisse eines Economic Hit Man (The New Confessions of an Economic Hit Man)* enthüllte John Perkins, dass EHMs in den zwölf Jahren seit der Erstveröffentlichung noch allgegenwärtiger und gefährlicher geworden sind. Er erklärte, der moderne Kapitalismus, auch »Raubtierkapitalismus« genannt, habe ein System geschaffen, das sich bis zur Selbstzerstörung zerfleischt – eine »Wirtschaft des Todes«.

John Perkins' Bücher haben sich millionenfach verkauft und wurden in über 35 Sprachen veröffentlicht. Seine Botschaft von der Notwendigkeit, die Wirtschaft des Todes durch eine Wirtschaft des Lebens zu ersetzen, die selbst eine erneuerbare Ressource darstellt, Umweltverschmutzung beseitigt, geschädigte Ökosysteme saniert und ressourcensparende Technologien entwickelt, trägt er in die Welt hinaus. Er tritt in Ländern auf dem ganzen Erdball an verschiedenen Orten und vor unterschiedlichem Publikum als Redner auf – unter anderem auf Wirtschaftsgipfeln vor großen Gruppen von CEOs und anderen Wirtschaftslenkern und bei Versammlungen von Schamanen, auf Verbraucherkonferenzen und bei Musikfestivals.

John Perkins hat in Harvard, Oxford und an über 50 weiteren Universitäten gelehrt oder Vorträge gehalten. Er ist bei ABC, NBC, CNN, CNBC, NPR, A&E und auf dem History Channel aufgetreten. Über ihn wurde in der Zeitschrift *Time*, der *New York Times*, der *Washington Post*, *Cosmopolitan*, *Elle*, *Der Spiegel* und vielen anderen Publikationen geschrieben. Er war auch Gegenstand vieler Dokumentarfilme wie *The End of Poverty?*, *Zeitgeist: Addendum* und *Apology of an Economic Hit Man*. A&E berichtete in einer Sondersendung mit dem Titel »Headhunters of the Amazon« über ihn, mit Leonard Nimoy als Sprecher. Die Zeitschrift *Time* kürte Dream Change zu einer der 13 Organisationen weltweit, deren Webseiten den Idealen und Zielen des Earth Day am genauesten entsprechen. Perkins wurde mit dem LennonOno Grant for Peace und dem Rainforest Action Network Challenging Business As Usual Award ausgezeichnet.

Zu John Perkins' Büchern über Weltwirtschaft und Intrigen zählen neben den beiden *Bekenntnissen* auch *Weltmacht ohne Skrupel* (Redline) und *Hoodwinked* (Random House). Zu seinen Büchern über indigene Kulturen und Transformation gehören *Shapeshifting, Und der Traum wird Welt* (Integral), *Psychonavigation (Integral)*, *Spirit of the Shuar* und *O-Naami: Das Leben ohne Stress* (Integral) (alle englischsprachigen Titel erschienen bei Inner Traditions International—Bear & Company).

Den Autor kontaktieren und persönlich kennenlernen

Wenn Sie mit John Perkins auf eine der Reisen zu den in diesem Buch beschriebenen indigenen Völkern gehen, seinen Newsletter abonnieren oder ihn an verschiedenen Orten, wo er Vorträge hält oder Workshops veranstaltet, persönlich kennenlernen möchten, besuchen Sie bitte www.johnperkins.org. Vernetzen Sie sich mit John Perkins auf Facebook unter facebook.com/johnperkinsauthor, auf Instagram unter @johnperkinsauthor und auf Twitter unter @economic_hitman.

Mehr über die Arbeit der Pachamama Alliance und Dream Change, zwei seiner gemeinnützigen 501(c)-Organisationen, erfahren Sie auf www.pachamama.org und www.dreamchange.org.

ÜBER DIE PACHAMAMA ALLIANCE

Wir danken unserem Mitbegründer John Perkins ganz herzlich dafür, dass er unsere faszinierende Geschichte weitererzählt und einen Teil der Einnahmen aus der englischen Originalausgabe dieses Buchs an unsere Organisation spendet.

Die Pachamama Alliance ist eine globale Gemeinschaft von Menschen, die sich dem Ziel verschrieben haben, eine umweltverträgliche, spirituell erfüllende und sozial gerechte menschliche Präsenz auf diesem Planeten herbeizuführen, und wir laden Sie ein, sich uns anzuschließen.

Wir sind eine einzigartige Organisation mit einer Doppelmission: Wir wollen die indigenen Völker des Amazonas-Regenwaldes befähigen, ihr Land und ihre Kultur zu bewahren und anhand der aus dieser Arbeit gewonnenen Erkenntnisse Menschen überall zu erziehen und zu inspirieren, eine blühende, gerechte und nachhaltige Welt hervorzubringen.

Unser Schwerpunkt liegt darauf, es Einzelnen und Gemeinschaften zu ermöglichen, sinnvolle, messbare Maßnahmen zu ergreifen, um die globale Erwärmung umzukehren und die lebenden Systeme unseres Planeten wiederherzustellen.

Unsere **Sacred Headwaters Initiative** arbeitet mit indigenen Nationen in den Regenwäldern von Ecuador und Peru zusammen, um über 28 Millionen Hektar eines Ökosystems mit der größten Artenvielfalt weltweit dauerhaft vor zerstörerischen extraktiven Industrien zu schützen. Die einflussreiche Initiative schützt nicht nur dieses lebenswichtige Ökosystem, sondern gewährleistet auch nachhaltige, würdige Existenzgrundlagen für seine indigenen Völker.

Unsere Arbeit in der übrigen Welt eröffnet einen indigenen Blickwinkel auf unsere zunehmenden globalen Krisen. Durch unsere transformativen Bildungsprogramme versuchen wir, »den Traum der modernen Welt zu verändern« – einen Traum, der in Konsumdenken und Spaltung wurzelt, wie sie die in diesem Buch beschriebene Wirtschaft des Todes herbeigeführt hat. Unsere Bildungsprogramme stehen online und als Präsenzveranstaltungen in mehreren Sprachen und in über 80 Ländern zur Verfügung und fördern die Verwandlung der Wirtschaft des Todes in eine Wirtschaft des Lebens.

Wir bieten auch noch weitere Programme – live und online:

Pachamama Journeys nimmt Sie mit auf ganz besondere Reisen zu den Kulturen und den Schamanen, die Sie in diesem Buch kennengelernt haben. Sie sind eingeladen, eine lebensverändernde Reise zu einem der Ökosysteme der Welt mit der größten Artenvielfalt zu unternehmen: ins heilige Quellgebiet des Amazonas.

Awakening the Dreamer (den Träumer erwecken) ist ein Multimedia-Workshop, der tief auf die Ursachen und Lösungen unserer aktuellen ökologischen, sozialen und spirituellen Krisen eingeht und unsere Einstellung verändern soll – von Apathie und Resignation zu Hoffnung und Engagement.

The Game Changer Intensive ist ein achtwöchiger Onlinekurs, der Sie dazu anleitet, inspiriert und rüstet, zur proaktiven Leitfigur zu werden – zu einem Menschen, der in seinem Umfeld die Spielregeln verändert.

Pachamama Alliance Communities sind Ortsgruppen, die uns an über 50 Standorten in den USA und mehreren anderen Ländern bei unserer Arbeit unterstützen.

The Global Commons ist unsere Online-Community, in der Sie über unsere Arbeit informiert werden und an lebhaften Diskussionen und Webinaren teilnehmen können.

Mehr über all diese Möglichkeiten erfahren Sie auf unserer Website Pachamama.org.

Des Teufels Banker

Bradley Birkenfeld

Bradley Birkenfeld war Meister im Spiel um Millionen, die er für vermögende Kunden in den Untiefen des Schweizer Bankensystems versteckte. Für die Großbank UBS jettete er um die Welt, traf sich mit den Schönen und Reichen und half, deren Vermögen vor den Steuerbehörden zu verbergen. Als er Wind davon bekam, dass ihn die UBS für jene Tätigkeiten als Sündenbock opfern wollte, brach er sein Schweigen und wandte sich an die US-Regierung. Aber anstatt auf offene Ohren zu stoßen, wurde er als Verschwörungstheoretiker abgestempelt. Doch Birkenfeld ließ sich nicht einschüchtern und gab seine Informationen an den US-Senat weiter. Das hochbrisante Material führte zum Fall des Schweizer Bankgeheimnisses. 2012 gewährte ihm die Bundessteuerbehörde eine Belohnung von 104 Millionen Dollar, die größte jemals an einen Whistleblower ausbezahlte Belohnung.

352 Seiten | Hardcover | 24,99 € (D) | 25,70 € (A) | ISBN 978-3-95972-050-2

Kopf Geld Jagd

Florian Homm

Sein Ruf ist legendär. Sein Leben ein Abenteuer. Seine Häscher gnadenlos. Florian Homm. Ein Zweimeterhüne. Ein Plattmacher. Ein skrupelloser Hedgefonds-Manager. Einer, der für südamerikanische Regierungen und Vermögende Millionen bewegte. Einer, der etliche Villen, zwei Flugzeuge und mehrere Hundert Millionen Dollar Vermögen besaß und trotzdem eines nicht hatte: genug. Im Laufe seiner Karriere verdiente er am Bankrott der Bremer Vulkan-Werft, sanierte den Fußballklub Borussia Dortmund und wurde in Venezuela niedergeschossen. Doch auch dann, dem Tod nur knapp entronnen, gibt es für Florian Homm nur eine Richtung: die Flucht nach vorne. Bis ihn sein rücksichtsloses Leben plötzlich einholt. Die Geschichte eines genialen Finanzjongleurs, eines Gesuchten, eines Gejagten, des berüchtigtsten Enfant terrible der europäischen Finanzwelt.

368 Seiten | Hardcover | 19,99 € (D) | 20,60 € (A) | ISBN 978-3-89879-788-7